U0054901

投資中國需預防的72種經濟犯罪陷阱

投資中國自我保護法律完全手冊

彭思舟◎著

推薦序（一）

台商投資中國大陸必備的工具書

淡江大學陸研所教授
中華港澳之友協會秘書長
張五岳

台商到中國投資，大致受兩個因素的影響，一個是中國優惠政策的吸力，以及全球化商業布局的推力，前者，其實初期成效有限，因為任何台商企業都不會在不考慮實際市場狀況下，決定任何一項投資策略，但隨著台商進入中國邁入開墾期，越來越多外商參與角逐競爭，這時中國對台商的政策優惠，關係到台商面對外商時，是否能增加競爭力，因此，這時的台商遂有可能受到中國優惠政策的吸引，前往大陸投資。但台商投資中國，更重要的理由其實是全球化的因素，因為，大陸已是全世界製造業的中心，能提供製造業所需的廉價與年輕的勞動力，傳統製造業的台商為了讓產品在國際上能繼續保有成本上的競爭優勢，所以不得不到大陸投資；其次，就是為了大陸的內銷市場。

在這樣的背景下，中國大陸目前的台商企業（包含以境外公司進入大陸投資者，以及內資企業），依據一般官方與媒體較可靠的數據，約有將近六萬家左右，每年進出大陸人次高達數百萬人，總投資額超過千億美金，這些台商所面臨的經營風險相當高，尤其是關係到人身安全的問題，聖經上說：「縱使讓你得到了全世界，卻失去自己的生命，這有什麼益處？」

而思舟所苦心蒐集資料鑽研寫出《投資中國需預防的 72 種經濟犯罪陷阱——投資中國自我保護法律完全手冊》一書，正可以有效降低台商投資大陸經營與人身安全的風險，思舟為本人任教淡江大學中國大陸研究所時畢業之優秀學生，並取得文化大學法學博士學位。彭生在學期間除鑽心研究、努力不懈外；課餘閒暇亦多所從事相關文化與財經研究領域及新聞採訪等實務工作。除曾任職於中央通訊社，創辦台商網成績斐然外；另亦有派駐北京、上海等地之蹲點採訪實務經驗，目前也在真理大學擔任專任助理教授，不管是在國際企業實務、財經法律實務經驗上，都擁有極為豐厚的實務與理論教學經驗，思舟來撰寫這個題目，並且整理出書，有重大的學術與實務價值，在這裡我願意將這本書推薦給所有台商朋友、兩岸學界，這是一本值得一看、參考的好書。

推薦序（二）

前進大陸比旅遊指南更重要的一本書

台灣上市公司法務長
中國人民大學經濟法碩士
中國人民大學經濟法博士研究生
林家亨

近日甫讀完法國經濟學者，也是法國國家經濟委員會委員埃里克.伊茲拉萊維奇（Erik Izraelewicz）博士所寫的《當中國改變世界》（Quand La Chine Change Le Monde）一書，筆者尚在為大陸經濟實力崛起的驚人速度對普世影響力感到驚訝，對照於台灣海峽兩岸經濟實力的消長現況，正思索著台灣的未來路。此時國民黨榮譽主席連戰二度赴大陸「國共會談」也才剛剛落幕，鴻海、長榮、富邦、裕隆、威京等等台灣企業界具有舉足輕重地位的集團負責人，這次也正式出現於檯面上，陪同連戰前往大陸召開了「兩岸經貿論談」，企業界似乎已經按耐不住台灣政府對大陸「戒急用忍」、「積極管理有效開放」的鎖國政策，而以更積極的行動參與來表達對兩岸經貿長遠往來合作的關切，再再顯示出大陸這個快速崛起中的經濟巨人是舉世無法漠視的存在事實，也是台商西進大陸加碼投資勢不可擋的經濟潮流！

而台商西進大陸投資所必須面對的諸多經濟因素以外的潛在風險，卻鮮見台灣政府當局或學術界專家學者有系統的研究並加以宣說以提醒台商投資人，台商只能自求多福各憑本事摸著石頭過河，於是乎台灣大小集團企業以八仙過海之姿，到大陸大江南北各地經濟開發區去考察、比較投資環境與獎勵投資的優惠條件，而當定案落地建廠完成開始營運之後，才是許多問題的開始。當投資人因為不熟悉大陸多如牛毛的法令規定而誤觸法網；當許多法令的解釋與運作規範尺度因人而異而有不同適用標準與結果；當洽談投資當時的地方政府為達成招商引資的階段性任務所承諾的優惠政策不再適用；當台商投資人視為理所當然的營運操作模式放諸大陸而不準，行將觸法時，台商應如何自救保障權益，這是所有到大陸投資的台商不得不事先了解與預防的課題。

值此兩岸經濟發展如火如荼之際，思舟君完成了《投資中國需預防的 72 種經濟犯罪陷阱——投資中國自我保護法律完全手冊》一書，恰好提供給有意到大陸投資或者已經在大陸投資的台商一份值得好好研讀的資料，這是到大陸的台商除了旅遊指南以外，另一隨身必備的實用書籍。其中有關稅賦、發票使用及外匯等相關的問題是台商最常碰到的，也是台商一般最容易誤蹈法網的項目，書中所舉案例值得台商深思借鏡。

筆者於台灣上市公司服務多年，也因跟隨企業西進的腳步而常往來台灣與大陸處理法律事務，更進而在大陸進修以論證實務於經濟法學理論，相互為用矣！今欣見思舟君耗費心力將其多年大陸經驗彙整集結付梓，嘉惠台商，於我心有戚戚焉，樂為之序也！

推薦序（三）

企業投資中國大陸的最佳保單

互動資通股份有限公司（Every8D.com）總經理

郭承翔

當看到思舟所撰寫《投資中國需預防的72種經濟犯罪陷阱——投資中國自我保護法律完全手冊》，著實認為這真是一本不可多得的法律工具書。此乃集合思舟過去這十多年來專業領域，同時結合他個人敏銳的觀察力，以及在兩岸與企業主接觸的機會，亦或對整體產業界的接觸與瞭解，經由其擅長的筆墨技巧，提出許多非常精闢的見解以及法律問題的探討，對台商而言是非常受益的觀念。對於在學的學生以及職場中的中高階主管，本書不僅提供一個非常完整的答案，亦讓自身的企業在大陸的投資能更有保障，避免台商走一些不必要的冤枉路。

很高興能看到思舟可以在百忙之中，將自己的所學回饋給社會，有機會為本書提序真是深感榮幸，閱讀完本書的內容之後，對於書中所提及「案例實戰篇」此段落特別有感受，非常精準的整理出相關案例讓許多台灣企業做為借鏡，畢竟能夠將法律知識與商業活動結合說明，作者除了點出注意的方向之外，藉由案例的說明將能夠讓讀者更精準的體悟每一個案例發生的背景狀況以及可能的迷思。

思舟對問題的觀察入微已經相當難得，更可貴的是他對問題的論述與表達更是獨到，在閱讀本書的過程中，可以在作者的流暢語法引導中，很輕易的吸收書中的知識，對於讀者來講也是一大福音。期待將來思舟能夠繼續貢獻他的研究以及專長，將其化為文字繼續提供讀者更多的觀點與知識。

在日益頻繁的兩岸交流過程中，如何在商業模式找出企業的定位之外，更重要的可能必須熟悉當地的法律規範，才能讓台商的獲利有實質的保障，閱讀本書已做出成功的第一步，本人也藉由作者的觀念來與所有的讀者勉勵，更預祝所有的讀者讀完本書之後皆能夠像本人一樣，有非常豐碩的收穫。

推薦序（四）

投資中國的趨吉避凶之道

寶來集團香港資產管理業務董事總經理

陳至勇

1999年第一次到中國，就是和幾個朋友去東莞看思舟，順便看看東莞這個台企的生產基地。多年來，東莞變了，從地處蠻荒的製造工廠，到如今建設的步伐隨處可見。中國的經濟實力明顯提升，根據剛公布的資料，中國第一季GDP成長率為10.2%，在可以預見的未來，中國將持續以8%～10%左右的速度增長。

唯一不變的是，在中國營商的風險，依然讓每一個想要進去的企業家不敢等閒視之。

中國古諺說，賠錢的生意沒人做，殺頭的生意有人做。多年前我曾經聽過一家著名上市公司發言人說過一個故事。她提到，她們公司出貨給當地中盤商，結果該中盤商蓄意拖延貨款，該公司眼看大筆貨款即將成為呆帳，不敢強壓地頭蛇，不得已只好找一些外地人代為索回出貨。根據未經證實的說法，該受託人是趁夜進倉庫將貨物搬回。

乍聽之下我們會覺得非常不可思議，怎麼當時的中國營商關係，仍然相當原始而充滿風險。幾年下來，陸續聽到不同的案例，才發現類似的情節還真是不少，只是程度略有不同。

但是我們也的確觀察到台企湧入中國的步伐，絲毫未曾停歇。原來在中國賺錢之道，除了商業模式，更重要的是風險管理，尤其是法律風險。只要嚴守此一底線，即使辛苦一些，都可以全身而退甚至滿載而歸。

「孫子兵法」強調先算，所謂「夫未戰而廟算勝者，得算多也；未戰而廟算不勝者，得算少也。多算勝少算，而況於無算乎！」

既然中國市場已經成為全球企業必爭之地，與其被風險所困而停步不前，不如積極去瞭解中國的營商風險，並且盡力去避免。

思舟這一本著作《投資中國需預防的72種經濟犯罪陷阱——投資中國自我保護法律完全手冊》，就是這樣的一本好書。思舟法律專業的背景，與長期參與和觀察台企營商的酸甜苦辣，他所整理的72個不同的案例與情境，相信對於想進入中國，或是正在中國經商的讀者，提供了清晰的指引和趨吉避凶之道。

目次

認識篇

台商投資中國守法第一

避免「關係」迷思

前　言

有鑑於已有超過百萬台商在大陸經營事業，隨著中國大陸政府正式承認台灣學歷，也將有不少在學校的台灣同學畢業後，非常有機會到大陸擔任企業經理人，這個族群只會越來越大。在不熟悉大陸法律狀況下，又迷信中國做生意一定要靠「關係」，其實有「關係」在真的一旦發生事情時，就沒關係嗎？

筆者擔任兩岸記者多年，又曾經參與創辦台灣國家通訊社中央社台商網，主要經營台商新聞，自然認識不少台商大老闆，其中不可否認有相當多的台商老闆都很迷信在中國做生意要靠「關係」，甚至不少老版本身都是留學歐美國家出身。他們都告訴我，連老外也相信在中國做生意要靠關係，所以在國外不少著名學校的 MBA 課程，都開設有講到亞洲做生意的「關係學」這個科目，而且連課程名稱，都直接用中文的發音「guan-si」。

不過，根據筆者擔任中國東莞台商協會總會副秘書長，以及台商網新聞組長的經驗，都曾經遇到過許多誇稱自己在中國關係多好的台商，包括認為中國的法律只是擺飾、並自誇到機場可以請公安直接派車開道登機，不用在候機室等的特權台商，最後一旦遇到事情時，尤其是觸犯稅務等中國刑法規定的經濟犯罪後，他所迷信的「關係」，一夕之間完全崩盤，原本平時很輕易隨時可以找到的中國黨政高官，在事情爆發時，都突然避不見面，為什麼會這樣呢？

那是因為中國的法律，在平常台商不觸犯時，的確是擺在旁邊的，然而一旦你觸犯了，並且遭到檢舉告發，那時中國的法律，就變成清算違法台商一切違法罪證的最好工具，所以，有「關係」就沒關係，這是指沒有事情的時候，或者只是發生類似需要警車開道的小事時，「關係」所能夠發生的作用，然而一旦發生事情，關係就再也沒有任何作用。屆時，面對迷信關係的台商的，就只是中國冰冷的法律。所以，不管到任何地方做生意、工作，最起碼要遵守當地法律，即是台商保護自己的最好武器。

畢竟台商在大陸所面對各種經營風險相當大，近年時有聽聞不少事業有成的台商，因陷入經濟犯罪陷阱，而被判入獄。造成這些悲劇發生的一個重要原因，就在於他們不懂得對經濟犯罪風險有效防範，對大陸法律狀況沒有基礎認識。根據中國大陸新刑法的規定，主要涉及企業經理人的經濟犯罪風險就有 72 種，而大多數經理人並不知道這些犯罪規定和具體罪名。有不少台商，都是在不明究理下、糊塗誤觸大陸經濟犯罪風險，因此，台商必須學會用法律武器保護好自己。

本書特別花費許多心血，從中國各地法院蒐集「大陸 72 種經濟犯罪陷阱實戰案例」，並加以點評，由於這些案例大部分都是有台灣民眾涉案的案例，所以彌足珍貴，且對於中國百萬台商有重大的參考價值，此外，筆者也在本書的最後，增加了萬一台商突然面對中國警方的刑事拘留，所應該有的因應措施與態度，不過，這是筆者最不願意看到的發生情況，畢竟，台商不管到哪裡工作、投資，遵守當地的法律，避免掉入當地的經濟犯罪陷阱，就是自我保護的最好武器。

案例實戰篇

中國 72 種經濟犯罪陷阱

1 虛報註冊資本

（違反中國刑法第158條，以下各項犯罪直接簡稱「中國刑法第XX條」）

申請公司登記使用虛假證明檔或者採取其他欺詐手段虛報註冊資本，欺騙公司登記主管部門，取得公司登記，涉嫌下列情形之一的，應予追訴：

1.實繳註冊資本不足法定註冊資本最低限額，有限責任公司虛報數額占法定最低限額的百分之六十以上，股份有限公司虛報數額占法定最低限額的百分之三十以上的；

2.實繳註冊資本達到法定最低限額，但仍虛報註冊資本，有限責任公司虛報數額在一百萬元人民幣（以下提及金額，幣值單位皆為人民幣）以上，股份有限公司虛報數額在一千萬元以上的：

3.虛報註冊資本給投資者或者其他債權人，造成的直接經濟損失累計數額在十萬元以上的；

4.雖未達到上述數額標準，但具有下列情形之一的；

(1) 因虛報註冊資本，受過行政處罰二次以上，又虛報註冊資本的；

(2) 向公司登記主管人員行賄或者註冊後進行違法活動的。

實戰案例

◎被告人職XX，男，臺灣省新竹人，1959年3月3日出生。1997年12月被捕。

◎被告人章XX，女，河南省蔚州人，1972年3月29日出生。1997年12月被捕。

1996 年 10 月，職××、張××在申請河南托日實業有限公司登記過程中，使用偽造的銀行進帳單和虛假的驗資證明，虛報註冊資本 1200 萬元人民幣，欺騙公司登記主管部門，取得了河南托日實業有限公司的公司登記。法院認為，職××、張××為申請公司登記，虛報註冊資本，數額較大，其行為均構成虛報註冊資本罪。依照刑法第 158 條，第 25 條第一款，第 72 條的規定，對職××、張××被分別判處拘役 6 個月，緩刑 1 年，並處罰金 12 萬元。

深入剖析

《中華人民共和國刑法》158 條規定，申請公司登記使用虛假證明文件或者採取其他欺詐手段虛報註冊資本，欺騙公司登記主管部門，取得公司登記，虛報註冊資本數額巨大、後果嚴重或者有其他嚴重情節的，處三年以下有期徒刑或者拘役，並處或者單處虛報註冊資本金額 1%以上 5%以下的罰金。

「虛報註冊資本」與臺灣一般辦理公司登記的過程相比較，台商在中國大陸很容易觸犯這項罪名。一般而言，在臺灣辦理公司登記事項，經常委由代書、工商登記代理人、會計師代辦，公司登記資本額，在經由銀行出示存款證明之後，除非是面市公司或者證券商、旅行社等政府管理較為嚴格的事業，否則所謂「註冊資本」大都只是表面帳目而已，臺灣對此管理較為寬鬆。但在大陸「假資金證明，真公司營運」，除了違反大陸公司法的規定外，《中華人民共和國刑法》（之後簡稱《刑法》）第 158 條也明文規定「申請公司登記使用虛假檔或者採取其他詐欺手段虛報註冊資本，欺騙公司登記領導部門，取得公司登記」等對公司直接領導人員判處三年以下徒刑，而且企業單位要處 5%以下，1%以上的註冊資本額罰金。中國大陸對此的立法理由是虛假註冊的公司會擾亂市場經濟，而虛設註冊登記資本，無法真正承擔風險責任。

2 虛假出資、抽逃出資

（中國刑法第 159 條）

公司發起人、股東違反公司法的規定未交付貨幣、實物或者未轉移財產權，虛假出資，或者在公司成立後又抽逃其出資，涉嫌下列情形之一的，應予追訴：

1. 虛假出資、抽逃出資，給公司、股東、債權人造成的直接經濟損失累計數額在十萬元至五十萬元以上的；
2. 雖未達到上述數額標準，但具有下列情形之一的；
   (1) 致使公司資不抵債或者無法正常經營的；
   (2) 公司發起人、股東合謀虛假出資、抽逃出資的；
   (3) 因虛假出資、抽逃出資，受過行政處罰二次以上，又虛假出資、抽逃出資的；
   (4) 利用虛假出資、抽逃出資所得資金進行違法活動的。

實戰案例

※案例一：

◎被告人：周雲慶，男，31 歲，原係上海金福針織制衣有限公司副董事長兼總經理。1994 年 8 月 19 日被逮捕。

1992 年 8 月間，被告人周雲慶以香港福豐針織制衣廠有限公司代理人的身份，與上海市金山縣上海華嚴絲綢時裝廠（鄉辦集體企業）洽談合資開工廠事宜。同年 11 月 8 日，周又冒用香港福豐針織制衣廠有限公司代表的名義，偽造公司授權書，與上海華嚴絲綢時裝廠簽訂了合資成立上海金福針織制衣有限公司的合同書，並取得了該公司副董事長兼總經理的職務。根據合同書的規定，註冊資金

35 萬美元，上海華嚴絲綢時裝廠出資 20 萬美元，香港福豐針織制衣廠有限公司出資 15 萬美元。為此，周雲慶個人籌借資金，先後向上海中聯色織廠、福建省福清市宏路聯營紙箱廠等處，共籌借人民幣 158 萬元，並在香港兌換成港幣 1160400 元。1993 年 5 月 18 日，周雲慶將上述港幣匯入合資成立的上海金福針織制衣有限公司的帳戶上，用此抵充以香港福豐針織制衣廠有限公司名義認繳的投資款。

隨後，周雲慶為了償還其為籌集投資款所欠下的債務，於 1993 年 6 月 5 日至 19 日，以購貨為名，動用福金公司的資金，先後三次開具三張總金額為人民幣 1317500 元的支票和匯票，分別轉入和匯入上海中聯色織廠、福建省福清市宏路聯營紙箱廠，歸還個人借款。並偽造銀行對帳單，提供虛假購貨發票，以掩蓋事實真相。同年 7 月 6 日，周雲慶又利用其擔任金福針織制衣有限公司總經理的職務便利，擅自將公司的 120000 元人民幣匯至回港，用於歸還其在香港銀行開戶的費用及兌換港幣的損失等債務，並以偽造銀行對帳單的手法加以掩蓋。由於周雲慶從福金公司抽出大量資金歸還個人債務，致使該公司瀕臨破產。

上海市金山縣人民檢察院向金山縣人民法院提起公訴。金山縣人民法院經過公開審理認為，被告人周雲慶作為上海金福針織制衣有限公司的發起人，違反國家對公司、企業管理的有關規定，在公司成立後又抽逃其出資，合計人民幣 1437500 元，數額巨大，後果嚴重，其行為已構成抽逃出資罪。依法於 1996 年 10 月 3 日作出刑事判決如下：被告人周雲慶犯抽逃出資罪，判處有期徒刑二年六個月，並處罰金 28000 元。

※案例二：

◎被告人薛玉泉，男，1948 年 8 月 4 日出生，原係山東省黃金工業局局長，兼山東省黃金集團有限公司黨委副書記、董事長、總經理。

1997 年 10 月，被告人薛玉泉與山東萬通企業有限公司總經理邢某多次商議兩人成立私有公司「山東通信企業有限公司」。薛指使黃金公司財務部部長李某，在與本單位帳戶所在的工行濟南曆下支行開設一個臨時帳戶，從本公司開出兩張各為 200 萬元、收款人為通信公司的轉帳支票，將 400 萬劃入該臨時帳戶，交給邢某，辦理驗資，等到會計師事務所出具了驗資報告，工商行政管理局申請成立通信公司後，劃轉 400 萬到黃金公司。濟南市中級人民法院認為被告人薛玉泉犯抽逃出資罪，判處有期徒刑 2 年，並處罰金 4 萬元。

深入剖析

抽逃出資罪是指公司發起人、股東違反公司法的規定，在公司成立後又抽逃其出資，數額巨大，後果嚴重或者有其他嚴重情節的行為。其實質是一種變相的虛假出資行為。台灣民眾在外商企業和合資企業中出現「虛假出資、抽逃出資」的情況和「虛報註冊資本」一樣，是常常容易犯的，只是由於大陸各地地方政府為了吸引投資，對外商企業和合資企業出現「虛假出資、抽逃出資」行為時，總是採取「大事化小、小事化無」的保護措施，一般給予行政處罰，而不採用刑事處罰。但隨著法制的不斷完善，這種有法不依、執法不嚴的狀況不久將會得到改變，在外商企業和合資企業中犯有「虛假出資、抽逃出資」罪時，一樣地要受到刑事處罰。

3 提供虛假財會報告

（中國刑法第161條）

公司向股東和社會公眾提供虛假的或者隱瞞重要事實的財務會計報告，涉嫌下列情形之一的，應予追訴：

1. 造成股東或者其他人直接經濟損失數額在五十萬元以上的；
2. 致使股票被取消上市資格或者交易被迫停牌的。

實戰案例

◎吳某，男，1933年9月27日出生，臺灣金門人。原係廈門某股份有限公司董事長，法定代表人。2000年6月23日因涉嫌公司、企業人員受賄罪被逮捕。

陳某，男，1935年4月8日出生，福建廈門人。原係廈門某股份有限公司副董事長。2000年11月因涉嫌挪用資金罪和公司、企業人員受賄罪被逮捕。

廈門某股份有限公司係上市股份有限公司，其股票於1996年12月18日在深圳證券交易所正式掛牌交易，為了取得配股權，公司在達不到連續三年年利潤率10%配股要求的情況下，召開董事會，採取虛增利潤的方法取得配權，嗣後，由公司董事長、法定代表人吳某全面負責此事，公司分管證券的副董事長陳某負責具體操作，對公司下屬的太平洋船隊、貝勞船隊、遠洋二隊、經營部、漁業燃料供應部和能達網廠等企業的利潤情況進行摸底後，布置相關企業必須完成虛增利潤的指標，再由各相關企業通過虛開發票、人為提高燃料售價、將進口應退餘款回合在實際的出口業務中等多種手段，在1996年至1998年間共虛增上市公司利潤106,623,235.64

元，致使公司股票於 2000 年 5 月 9 日被深圳證券交易所實施特別處理並強制停牌一天。

法院在查明事實的基礎上根據《刑法》第 161 條的規定，判決如下：被告吳某犯提供虛假財會報告罪，判出有期徒刑 1 年，並處罰金人民幣 2 萬元。被告陳某提供虛假財會報告罪，判出有期徒刑 1 年，並處罰金人民幣 2 萬元。

深入剖析

在本案中，台灣被告的辯護人曾提出被告人提供虛假財會報告的行為並未造成嚴重後果，要求量刑時從輕處罰，從《刑法》第 161 條規定和《最高人民檢察院公安部關於經濟犯罪案件追訴標準的規定》都可以看到提供虛假財會報告行為，只有嚴重損害股東或者其他人的利益時才構成犯罪。因而在實務上，法院對於該罪名成立的認定通常也是以是否嚴重損害股東或者其他人的利益為判定標準。「嚴重損害股東或者其他人的利益」究竟是結果犯還是實行犯，其理解在中國刑法學界學理上目前仍存在著很大的爭議。大多數學者認為是行為人所實施的行為具備了造成嚴重損害的可能，則構成本罪，並不一定需要已經出現損害性後果。本案的最後判決在一定程度上採用了這種觀念。

4 隱匿、銷毀會計資料

（中國刑法第162條之一）

隱匿或者故意銷毀依法應當保存的會計憑證、會計賬簿、財務會計報告，涉嫌下列情形之一的，應予追訴：

1. 隱匿、銷毀的會計資料涉及金額在五十萬元以上的；
2. 為逃避依法查處而隱匿、銷毀或者拒不交出會計資料的。

實戰案例

※案例一：

◎被告人：楊雲法，浙江省江山市人，原係浙江省江山市造紙廠廠長、法定代表人。

2000年3月，時任被告單位江山造紙廠廠長的被告人楊雲法，召集該廠經營副廠長、財務科長、副科長、出納和該廠勞動服務公司的出納到其辦公室，指使上述人員共同對該廠勞動服務公司上年度（1999年3－4月至當日止）的財務支出流水賬、憑證等會計資料進行審核，確認無異議後，將餘額結轉到新賬簿上，由在場人簽名。之後，楊雲法決定延用該廠以往的做法，將審核過的會計資料讓人拿到鍋爐房予以燒毀。2001年4月5日，被告人楊雲法仍延用前次做法，將審核過的該廠財務和該廠勞動服務公司上年度的財務流水賬、憑證等會計資料，指使他人拿到鍋爐房予以燒毀。被告單位江山造紙廠的勞動服務公司兩次被燒毀的會計資料，涉及收入金額共計567952.52元。

江山市人民法院在查明事實的基礎上，2001年11月16日判決：被告單位江山造紙廠犯銷毀會計資料罪，判處罰金10萬元。被告人楊雲法犯銷毀會計資料罪，判處有期徒刑一年，緩刑一年，並處罰金 5 萬元。

※案例二：

◎被告人程澤江，男，漢族，1962 年 5 月 22 日生於四川省雅安市，原任川糧集團廣漢種雞場場長。

被告人程澤江為隱瞞其與副場長蔣宜林在金山雞場分紅等事實，於 2000 年 7 月以對賬為藉口，從金山雞場會計簡曉芹手中將金山雞場建場至 2000 年 6 月的全部財務資料取走，交給廣漢種雞場會計車繼賢隱匿於家中。在偵查機關對案件初查時，被告人程澤江夥同蔣宜林於 2001 年 3 月 19 日晚竄至車繼賢家，在車家院外將以上會計資料全部燒毀。當晚 10 時許，程、蔣兩人又先後趕到金山雞場，于當晚將金山雞場乘餘的財務資料全部用塑膠袋和鐵桶裝好後埋藏於雞舍後的農田內。法院經審理認為：被告人程澤江身為廣漢種雞場場長，與其副場長蔣宜林將其所屬企業應當保存的會計憑證、會計賬簿等，隱匿、故意銷毀，情節嚴重，其行為已觸犯刑律，構成了隱匿、銷毀會計資料罪判決：被告人程澤江犯隱匿、銷毀會計資料罪，判處有期徒刑一年零六個月，緩刑二年。

深入剖析

會計憑證、會計賬簿是會計法規定依法應當保存的會計資料，任何單位與個人均不得隱匿或者故意銷毀。1998 年 8 月 21 日財政部、國家檔案局發布的《會計檔案管理辦法》第四條規定：「各單位必須……保證會計檔案妥善保管、有序存放、方便查閱，嚴防毀損、散失和洩密。」1999 年 10 月 31 日第九屆全國人民代表大會常務委員會第十二次會議修訂的《中華人民共和國會計法》第 23 條規定：「各單位對會計憑證、會計賬簿、財務會計報告和其他會計資料應當建立檔案，妥善保管。會計檔案的保管期限和銷毀辦法，由國務院財政部門會同有關部門制定。」依照全國人大常委會法制工作委員會《關於對「隱匿、銷毀會計憑證、會計帳簿、財務會計報告構成犯罪的主體範圍」問題的答覆意見》，本罪名的犯罪主體可以是單位，也可以是個人。中國刑法第 30 條規定，所謂單位犯罪是指由公司、企業、事業單位、機關、團體實施的依法應當承擔刑事責任的危害社會的行為。其犯罪物件則必須是應當保存的會計資料，犯罪的主觀方面是直接故意，並且具有逃避國家依法對單位財務進行監督的目的。應該注意到的是，隱匿、銷毀會計憑證、會計帳簿、財務會計報告罪與幫助毀滅、偽造證據罪的界限是非常模糊的，通常在實務中認為兩者的關係適用「特別法優於一般法」的原則，對其只按照隱匿、銷毀會計憑證、會計帳簿、財務會計報告罪處理。

5 公司、企業人員受賄

（中國刑法第 163 條）

公司、企業的工作人員利用職務上的便利，索取他人財物或者非法收受他人財物，為他人謀取利益，或者在經濟往來中，違反國家規定，收受各種名義的回扣、手續費，歸個人所有，數額在五千元以上的，應予追訴。

實戰案例

※案例一：

◎被告人何某，男，浙江寧波人，1958 年 3 月 22 日出生。原係浙江省某煉化工業貿易總公司綜合經營站主任。

被告人何某 1997 年起任浙江省某煉化工業貿易總公司綜合經營站主任。該綜合經營站負責對煉化公司的有關設備進行清汙，並對清出的廢水、廢渣、廢油進行綜合利用處理。寧波特種油品廠需要的廢油絕大多數都是從該經營站購買，每次買廢油都要經過經營站採樣檢測汙油含量並審核。何某在六年時間內幾乎每月都要收一次寧波特種油品廠負責人卓某（另案處理）的賄賂，數額從 20 萬元到 100 萬元不等以及進口轎車、勞力士手錶、手提電腦、彩色電視等貴重物品。在收受了卓某的巨額現金財物賄賂後，該經營站就處於一種失控狀態，煉化的廢油就源源不斷地被「放」了出去。

浙江省寧波市鎮海區法院 4 月 27 日作出判決，被告人何某被以公司、企業人員受賄罪判處有期徒刑十三年，沒收財產人民幣 100 萬元，收受賄賂 1515 萬元現金以及進口轎車、勞力士手錶、手提電腦、彩色電視等貴重物品予以沒收，上繳國庫。

※案例二：

◎被告人許某，男，1946 年 3 月 8 日出生。原係浙江省嘉興天天集團有限責任公司董事長。

1995 年至 1999 年間，許某在擔任五礦嘉興航空箱包廠廠長期間，利用職務便利，長期為嘉善塑膠材料廠在承接箱包加工業務等方面謀取利益，並接受該廠廠長 1.2 萬餘元。1996 年，嘉興天天集團有限責任公司資產重組，許某擔任董事長。由於他為公司副董事長、總經理曹某在職務任命、資金發放等方面爭取到很多好處，曹某為表示謝意先後兩次共送給許某人民幣 10 萬元，許某都收下了。1999 年 12 月至 2001 年 5 月間，許某利用擔任嘉興天天集團有限責任公司董事長的機會，積極為嘉善塑膠材料廠承接加工業務，向嘉興金愛斯熱電有限公司銷售煤炭，為此得到好處費 3 萬元的好處費。法院經審理認為許某的行為構成公司、企業人員受賄罪，對其判處有期徒刑 3 年，並沒收賄款。

深入剖析

台商中國經商，「潛規則」相當多，收紅包很多人認為是常見的現象，但這其實隱含巨大風險，本罪犯罪主體是特殊主體，即公司、企業的工作人員。根據刑法和相關司法解釋，這裏的公司、企業的工作人員包括國有公司、企業中從事公務的人員以及國有公司、企業委派到非國有公司、企業從事公務的人員。國有公司、企業中從事公務的人員以及國有公司、企業委派到非國有公司、企業從事公務的人員觸犯《刑法》163 條的規定的兩款罪名，按照第 385 條、386 條的規定定罪處理。本罪在主觀方面，公司、企業人員受賄罪必須是直接故意，即明知利用職務上的便利索取他人財務或者非法收受他人的財物，為他人謀取利益的行為會導致危害中國對公司、企業的管理秩序，損害公司、企業的利益的結果發生，仍希望或放任這種結果發生，並且具有索取和收受他人財物的目的。

6 對公司、企業人員行賄

（中國刑法第 164 條）

為謀取不正當利益，給予公司、企業的工作人員以財物，個人行賄數額在一萬元以上的，單位行賄數額在二十萬元以上的，應予追訴。

實戰案例

◎被告人蔡某，男，香港籍，1957 年 11 月 19 日出生。原係山東某有限公司董事長。

2000 年 12 月，蔡某找到原某石化公司某煉油廠一油品車間丙烯罐裝區班長付某（另案處理），讓其從所在單位通過管道私下秘密向自己公司輸送丙烯。2000 年 12 月至 2001 年 4 月間，付某利用其值班之機會，先後 10 餘次將其單位價值約 40 萬元的丙烯 100 餘噸私下秘密輸送給蔡某的公司。 蔡某為此先後送給付某現金人民幣 16.8 萬元。法院經審理，認為蔡某的行為構成對公司、企業人員行賄罪，且數額達到法定追述標準，依法處以相應的刑罰。

深入剖析

台商中國經商，「潛規則」相當多，收紅包很多人認為是常見的現象，但這其實隱含巨大風險，對公司、企業人員行賄罪是指為謀取不正當利益，給予公司或企業的工作人員以財物的行為，數額較大的，處三年以下有期徒刑或者拘役；數額巨大的，處三年以上十年以下有期徒刑，並處罰金；單位犯公司、企業人員行賄罪的，對單位判處罰金，並對其直接負責的主管人員和其他直接責任人員依照前面的規定處罰。關於罰金數額多少的問題，按照《刑法》第五十二條「判處罰金，應當根據犯罪情節決定罰金數額」的規定確定的。本罪和公司、企業人員受賄罪一樣，犯罪客體是中國對公司、企業的管理秩序，應將其對中國官方工作人員行賄做出區別。

7 非法經營同類營業

（中國刑法第165條）

國有公司、企業的董事、經理利用職務便利，自己經營或者為他人經營與其所任職公司、企業同類的營業，獲取非法利益，數額在十萬元以上的，應予追訴。

實戰案例

※案例一：

◎被告人楊文康，男，1968年12月14日出生。任嘉陵—本田發動機有限公司營業部副部長。

嘉陵—本田發動機有限公司係中國嘉陵工業股匪有限公司（國有公司）與日本本田株式會社等額出資組建的合資公司。2000年4月，被告人楊文康被該公司董事會聘任為營業部副部長，主管銷售零件和售後服務。2000年7月楊擬增加重慶一坪高級潤滑油公司生產的SC15-40型機油為指定用油予以銷售。2002年8月8日，楊以其母賴發英為法定代表人，其妻潭繼蘭等為股東註冊成立重慶嘉本物資有限公司。隨後，楊指使其下屬黎海以嘉陵—本田發動機有限公司營業部名義，委託重慶嘉本物資有限公司在銷售網路中銷售重慶一坪高級潤滑油公司生產的SC15-40型機油給客戶。9月至11月嘉本物資有限公司共向嘉陵—本田發動機有限公司的用戶銷售重慶一坪高級潤滑油公司生產的SC15-40型機油1684件，銷售金額385805.13元，獲利115023.18元。法院認為，嘉陵—本田發動機有限公司不屬於國有公司，楊的罪名不成立，判決其無罪。

※案例二：

◎被告人劉立華，男，原係湘東化工機械廠汽輪機廠廠長。

劉立華 1999 年至 2001 年 2 月任國有湘東化工機械廠汽輪機廠（簡稱氣輪機廠）廠長期間，與湘東化工機械廠（簡稱機械廠）簽訂了承包經營責任合同。為了非法獲利，1999 年 5 月 10 日，劉立華與其妻林裏鶯一起以林的舅舅彭治國的名義，註冊了一家名稱為「湖南攸縣湘東汽輪機廠」的私人企業，其經營範圍與汽輪機廠類似。該私營廠的法人代表彭治國從未參與和過問該廠的經營管理。劉立華利用其任汽輪機廠廠長之便，以「為企業職工謀福利」為幌子，指使汽輪機廠業務員劉某等人在外出攬業務時，以汽輪機廠的名義簽訂合同。然後，將絕大部分業務放在國營廠生產、加工。在加工成品交業務單位時，由林裏鶯以私營廠的名義向業務單位開出增值稅發票。其間，共與業務單位簽訂了總金額為 269 萬余元的合同，收回貨款 224 萬餘元，支出加工、銷售、管理、原材料等各種費用 113 萬餘元。此外，尚有 44.2 萬元貨款因案發未收回。同時，法院還查明，劉立華擔任國營廠廠長期間，因管理不善，致使國營廠虧損 147.6 萬餘元。株洲市中級法院認為，被告人劉立華利用職務之便夥同林裏鶯經營與本廠相同的營業，獲取非法利益，數額特別巨大，侵犯了國營企業的合法財產權益，其行為構成非法經營同類營業罪，判處劉立華有期徒刑 5 年，林裏鶯有期徒刑 3 年、緩刑 4 年，各處罰金 5 萬元；並沒收二人非法所得。

深入剖析

台灣專業經理人，已經有越來越多擔任中國國營企業的專任經理人，所以這種案例有重大參考價值，非法經營同類營業罪的主體是特殊主體，即國有公司、企業的董事、經理。在實務中，一些國有公司、企業將其中層管理人員也稱為經理，但這不是法律用語，一般不認為上述人員也可以構成本罪。對本罪在法律規定上應有兩點認識：要求行為人具有具體的經營活動，不管是為自己，還是為他人，行為的經營行為必須是自己積極的作為，並其經營行為具有實質性的意義，同時還必須是利用了職務上的便利；要求行為人獲得直接相關聯的非法利益，且數額達到法定標準。

8 為親友非法牟利案

（中國刑法第 166 條）

有公司、企業、事業單位的工作人員，利用職務便利，為親友非法牟利，涉嫌下列情形之一的，應予追訴：

1.造成國家直接經濟損失數額在十萬元以上的；

2.致使有關單位停產、破產的；

3.造成惡劣影響的。

實戰案例

※案例一：

◎被告人李某某，男，原係中科院研究生院（國家事業單位）聘任為科研開發處代理處長。

2000 年 12 月，中科院研究生院將「校園網路改造、辦公自動化」的工作交科研開發處具體負責，李某某係該項工作的負責人，同時也是工程評標會的評委，負責工程的籌備、招標和投標工作。在工作期間，李某某隱瞞了其與投標人北京中科物恒技術開發中心的法定代表人係母子的親屬關係，經評標會的評委確定中標人為中科物恒中心。工程完工後，2001 年 7 月由中科院研究生院工程驗收小組對該工程進行了驗收，並向中科物恒中心支付了 169.13 萬元工程款。工程交付使用後出現諸多問題，網路管理人員和用戶經常投訴，嚴重影響了研究生院的正常工作。2001 年 11 月研究生院組織網路專業技術公司對該項目進行測試，發現技術品質通過率很低，並要求李某某找中標公司補修，但李某某經常拖延，並表示和中標公司不熟悉。2002 年 1 月，研究生院開始對此事進行調查，瞭解到中科物恒中心已於2001年11月7日註銷，且李某某的母親係該中心的法定代表人。研究生院向公安機關報案。經查，研究生院從2001年9月到2003年12月為網路工程的修復支付費用，共計人民幣12.6341萬元。北京市石景山區價格認證中心做出價格鑒定，該項工程造價僅為78萬餘元。2001年4月，研究生院在校園網路改造中，李某某在負責該網站伺服器的購買時，通過中科物恒中心以47.65萬元的價格，購買了IBM伺服器3台、IBM硬碟12塊，經北京市石景山區價格認證中心價格鑒定為人民幣10.329萬元，為此，造成經濟損失37.321萬元。法院以為親友非法牟利罪，判處被告人李某某有期徒刑一年緩刑一年，並處罰金人民幣一萬元整。

※案例二：

◎被告人余卉，男，雲南人，原係中國國泰證券有限公司昆明營業部總經理。

1995年1月至1998年11月，被告人余卉在擔任中國國泰證券有限公司昆明營業部總經理期間，將營業部自有資金以及經營管理的其他資金共計人民幣21.92億元，以網上透支、無抵押借款和虛構債券回購等方式借給與其有非法同居關係的劉朝坤（另案處理）的南山公司使用，營業部收取了相應利息。此外，余卉在明知做網下和網上申購新股可以贏利的情況下，將此兩筆業務交由南山公司進行經營，致使營業部少獲利潤4100餘萬元。此外，余卉在明知昆明營業部已經購買的46.5萬股雲維股票上市即可獲利的情況下，於該股上市前低價賣給了南山公司，致使營業部少獲利潤610餘萬元。法院認定余卉犯為親友非法牟利罪、怠忽職守罪，兩罪並罰判處其有期徒刑九年，並處罰金30萬元。

深入剖析

很多台商因為娶了當地的女子，很多時候會安排妻子娘家的人進入自己的公司工作，或者與自己的公司做生意，這其實隱含巨大風險，為親友非法牟利罪是 1997 年刑法中新增罪名（見刑法第 166 條），指國有公司、企業、事業單位的工作人員，利用職務便利，將本單位的盈利業務交由自己的親友進行經營，或者以明顯高於市場的價格向自己的親友經營管理的單位採購商品或者以明顯低於市場的價格向自己的親友經營管理的單位銷售商品，或者向自己的親友經營管理的單位採購不合格商品，使中國國家利益遭受重大損失的行為。按照法律規定，對造成中國直接經濟損失數額在十萬元以上，或者致使有關單位停產、破產，或者造成惡劣影響，均應予以追訴，一般應處以三年以下有期徒刑或者拘役，並處或者單處罰金；致使中國國家利益遭受特別重大損失的，處三年以上七年以下有期徒刑，並處罰金。在本罪中，行為人是否有利用職務便利從事非法活動是構成要件之一，並要求主觀要件為故意。

9 簽訂、履行合同失職被騙

（中國刑法第167條）

國有公司、企業、事業單位直接負責的主管人員，在簽訂、履行合同過程中，因嚴重不負責任被詐騙，造成國家直接經濟損失數額在五十萬元以上的，或者直接經濟損失占註冊資本百分之三十以上的，應予追訴。

金融機構、從事對外貿易經營活動的公司、企業的工作人員，嚴重不負責任，造成國家外匯被騙購或者逃匯，數額在一百萬美元以上的，應予追訴。

實戰案例

※案例一：

◎被告人魏某某，福建省廈門市人，係廈門市某某糧油發展總公司（以下簡稱A公司）副總經理、法定代表人。

魏某某在擔任A公司副總經理、法定代表人期間，於1996年2月間代表公司與另一糧油開發公司簽定了購買1100噸（價為2180元／噸）進口小麥，及為該公司代儲3300噸同品種進口小麥的協議，因A公司無足夠倉容儲存這批小麥，被告人魏某某未經事先調查就與漳州東郊糧油貿易公司（私營企業，註冊資本88萬元）黃某某達成口頭協定，將1900噸小麥交其代儲保管。該批小麥從廈門港啟運到全部進倉完畢，魏某某既未親自到漳州，也未派員前往進行驗貨、進倉、點包、查看存放情況，一切均由黃某某一手包辦。黃某某因賭博負巨額債務，於1996年5月23日，擅自將代為保管的A總公司的2396包進口小麥（淨重215.64噸，價值470095.20元）

提走變賣，同月 28 日，A 公司人員發現該批小麥被黃私自提走變賣，當日下午，魏某某才向主管局某區糧食局彙報此事。由於這批小麥代儲係口頭協議，該局領導決定將由黃代為儲存的剩餘小麥立即轉倉或直接賣出，在處理小麥期間應派員守住小麥，防止再次發生類似事件，並要求趕緊補簽合同，以備訴訟，並責令魏某某負責處理。1996 年 6 月初，魏某某與黃某某補簽 1900 噸小麥儲存書面協定，但無視局領導「立即轉倉或直接賣出，虧本也要處理」的決定，竟然在明知黃某某負巨額債務和已私自賣出一批小麥的情況下，擅自決定對存放在黃某某自辦的中龍米廠倉庫內的 700 噸小麥暫緩轉移處理，致使 7 月 13 日這批小麥中的 2205 包（淨重 198.45 噸，價值 432621 元）又被黃某某再次私自提出賣給南安某麵粉公司。由於 A 公司及時發現，公安機關出面制止，封存倉庫，才未發生更大損失。現黃某某攜款潛逃，漳州東郊糧油貿易公司已被吊銷營業執照，A 公司蒙受了 902716.20 元的重大經濟損失。法院經審理查明，於 1997 年 10 月 9 日宣告判決，認為被告人魏某某身為國有公司直接負責的主管人員，在簽訂、履行合同過程中，因嚴重不負責任被詐騙，致使國家利益遭受重大損失，根據《中華人民共和國刑法》第 12 條、第 167 條之規定，其行為構成簽訂、履行合同失職被騙罪，判被告人魏某某有期徒刑二年。

※案例二：

◎被告人楊某，男，51 歲，原任海城市某鎮政府經委副主任兼建築公司經理。

被告人楊在任職期間，在與大連市某建築公司簽訂建築承包合同過程中，與不是法人單位、無權簽訂合同的十四工區簽訂了合同，並且在資金走向上沒有執行「資金雙控監管」程式，造成被騙 70 餘萬元的重大經濟損失。案發後，追回被騙資金30萬元。法院經審理認為，楊某在簽訂合同過程中，因嚴重不負責任而被詐騙，致使國家利益受到重大損失，已構成國家機關工作人員簽訂、履行合同失職被騙罪，遂依法作出一審判決：以簽訂、履行合同失職被騙罪判處被告人楊某拘役6個月，緩期6個月執行。

深入剖析

許多台灣專業經理人擔任中國國營企業經理人，應注意這項罪名，簽訂、履行合同失職被騙罪，是指國有公司、企業、事業單位直接負責的主管人員，在簽訂、履行合同過程中，因嚴重不負責任被詐騙，致使中國國家利益遭受重點損失的行為。本罪侵犯的客體是對中國國有資產的經營管理制度和中國國家財產所有權，主觀方面既有過失犯罪也有間接故意犯罪，但應當將其區分為正常的工作失誤，正常的工作失誤一般指在簽定合同和履行過程中，雖做到了應有的注意，但由於合同對方並不是出於詐騙目的，而是由於其無履行合同的能力，造成重大損失的情況。另外，應把本罪和和怠忽職守罪相區別，本罪是一種怠忽職守的行為，但因刑法對其單獨定罪，因此在實踐中，凡國有公司、企業、事業單位之間負責的主管人員在簽訂、履行合同中因嚴重不負責任而被詐騙，致使中國國家利益遭受重大損失的，均以本罪論處。

10 有公司、企業、事業單位人員失職

（中國刑法第 168 條）

公司、企業的工作人員利用職務上的便利，索取他人財物或者非法收受他人財物，為他人謀取利益，或者在經濟往來中，違反國家規定，收受各種名義的回扣、手續費，歸個人所有，數額在五千元以上的，應予追訴。

實戰案例

※案例一：

◎被告人吳順義，男，52 歲，原係中國民用航空湖北省管理局局長、黨委書記。

被告人吳順義在擔任中國民用航空湖北省管理局局長、黨委書記期間，違反工作程序，於 1995 年 3 月 25 日在僅聽取本單位原財務處朱某（另行處罰）一次彙報後，既未認真審查，又未進行集體研究，就草率決定與武漢七環實業公司聯合成立湖北民航經濟發展有限責任公司，並簽署《聯合經營合同》。同年 3 月 28 日和 5 月 19 日，吳順義又先後簽署申辦湖北民航經濟發展有限責任公司代理人的《委託書》、《湖北民航經濟發展有限責任公司章程》以及《關於設立湖北民航經濟發展有限責任公司的申請書》等，致使在湖北省民航局和武漢七環實業公司均未實際出資的情況下，湖北民航經濟發展有限責任公司領取企業法人執照，並由武漢七環實業公司單獨經營。1996 年 2 月初，武漢七環實業公司原總經理魏祝銜（已判刑）因公司銀行貸款到期，便以湖北民航經濟發展有限責任公司業務資金缺乏為由找到吳順義，要求湖北省民航局開出貸款擔保承兌

匯票。吳順義在未核實湖北民航經濟發展有限責任公司經營的情況下，違規為該公司提供三千萬元貸款擔保，並被武漢七環實業公司挪作他用，一直未能歸還，導致武漢市中級人民法院依法強制從湖北省民航管理局劃賬 2940 萬元歸還銀行。法院認為，被告人吳順義身為國有企業負責人，對工作嚴重不負責任，不正確履行自己的工作職責，對企業造成 2940 萬元的直接經濟損失，致使國家利益遭受特別重大損失，其行為已構成國有公司、企業、事業單位人員失職罪。武漢市中級人民法院以國有公司、企業、事業單位人員失職罪判處吳順義有期徒刑三年，緩刑四年執行。

※案例二：

◎李某，男，1957 年 5 月 2 日出生，原海南鋼鐵公司銅鈷采選廠廠長，海南三利實業貿易聯營公司法定代表人。

1998 年初，未經上級部門海南鋼鐵公司同意，被告人李某和海南三利公司外聘會計陳某（另案處理）等人，從三利公司調出 100 萬元，成立海南利軍有限公司，並於 1998 年 5 月 11 日取得營業執照。1999 年底，海南鋼鐵公司紀檢部門發現銅鈷廠違規成立利軍公司的情況後，對銅鈷廠進行審計，責令銅鈷廠對利軍公司進行清算，停止一切經營活動。2000 年 3 月，利軍公司被責令進行清產核算，辦理公司註銷手續。2000 年 4 月 10 日，陳某擅自將利軍公司變更為海南桂川實業有限公司，並將法人代表變更為其妻張某。由於清算組沒有履行職責監督註銷利軍公司並進行公告，在辦理手續時沒將陳某保管的公章收回，使得陳某在桂川公司經營業務時，利用利軍的印章和名義，收取了安徽池州冶煉廠的債權款，導致銅鈷廠 125 萬元的經濟損失。法院認為，李某身為國有企業負責人、利軍銅鈷有限公司法人，監督不力，致使企業 125 萬元被外聘會計陳某轉走，已經構成國有公司、企業、事業單位人員失職罪。

深入剖析

許多台灣專業經理人擔任中國國營企業經理人，應注意這項罪名，本罪在客觀構成要件上具體表現為行為必須發生在合同的簽訂、履行過程中，是因為嚴重不負責任而被詐騙，並出現了嚴重後果。這裏既有定性的分析，又有定量的分析，有法定數額要求。本罪的主觀方面表現為過失，故意不構成本罪。對於那種國有公司、企業、事業單位直接負責的主管人員在簽訂、履行合同時，與詐騙犯罪分子通謀，相互勾結的，在實踐中一般按貪污罪論處，不以本罪。如果沒有通謀，只是由於出於個人私利，明知簽訂、履行合同可能被騙，採取放任的心理態度，仍與詐騙犯罪分子簽訂、履行合同，最終導致中國國家利益遭受重大損失的，將被認定為是詐騙罪，也不構成本罪。

11 國有公司、企業、事業單位人員濫用職權

（中國刑法第 168 條）

國有公司、企業、事業單位的工作人員，濫用職權，涉嫌下列情形之一的，應予追訴：

1.造成國家直接經濟損失數額在三十萬元以上的；

2.致使國有公司、企業停產或者破產的；

3.造成惡劣影響的。

實戰案例

◎被告人林某，男，福建福州人，原福州市健康教育所所長。

1998 年 1 月，以附屬單位市健康教育圖片社名義，與葉某簽約聯合開辦門診部。後因圖片社未能如約，致使門診部停業。為此圖片社與葉某商定，願出資彌補其損失。在葉某多次要求圖片社還錢未果的情況下，2001 年 2 月 20 日，林某與時任福州市健康教育所黨支部書記兼副所長的周某未經所務會議研究和主管部門批准，擅自決定由該所及屬下第三產業分期歸還圖片社欠葉某的錢。後來葉某仍未收到錢，遂於同年 6 月向法院起訴，法院依福州市健康教育所與葉某簽訂的協定內容作出判決，由福州市健康教育圖片社和市健康教育所支付葉某人民幣 30 多萬元及有關利息和訴訟費。判決生效後，法院從福州市健康教育所帳戶上劃走一些存款，並查封了該所部分房產擬進行拍賣。2004 年 8 月，林某和周某因涉嫌濫用職權罪被檢察院依法取保候審。一審法院認為，被告人林某、周某未經單位集體研究或主管部門批准，擅自在福州市健康教育圖片社與葉某存在債務關係的終止協議書上簽註意見並加蓋公章，致使本來與

健康教育所無關的債務產生了連帶關係，使國家利益遭到重大損失，作出判決：被告人林某犯合同詐騙罪和國有事業單位人員濫用職權罪，判處有期徒刑 3 年 6 個月，並處罰金 3000 元。被告人周某犯國有事業單位人員濫用職權罪，判處有期徒刑 1 年、緩刑 1 年。

深入剖析

許多台灣專業經理人擔任中國國營企業經理人，應注意這項罪名。國有公司企業、事業單位人員濫用職權罪與怠忽職守、濫用職權罪的根本區別在於犯罪主體不同，前者的犯罪主體是國有公司、企業、事業單位人員，後者的犯罪主體是國家機關工作人員。在司法實踐中，爭議較大的是具有雙重身份的人員適用問題。中國政治體制的固有特點是國家機構中存在一批不屬於國家機關（屬事業單位）卻行使著國家行政管理職能　如專利局、氣象局、地震局等的機構；也有的是兩塊牌子一套班子，既行使行政管理職權，又行使國有企業經營管理權，如煙草專賣局（公司）、供電局（公司）、郵政局（公司）、電信局（公司）等。對這些具有雙重身份的人員儘管依法行使一定的行政管理權，但畢竟不是嚴格意義上的中國國家機關工作人員，這些人員在履行公務中嚴重不負責任、濫用職權，致使中國國家利益遭受重大損失，構成犯罪的，應按照中國刑法第 168 條定罪處罰，本案例就是屬於這種情況。

12 徇私舞弊低價折股、出售國有資產

（中國刑法第 169 條）

國有公司、企業或者其上級主管部門直接負責的主管人員，徇私舞弊，將國有資產低價折股或者低價出售，涉嫌下列情形之一的，應予追訴：

1.造成國家直接經濟損失數額在三十萬元以上的；

2.致使國有公司、企業停產或者破產的；

3.造成惡劣影響的。

實戰案例

※案例一

◎被告人陳楚原，廣東普寧人，45 歲。1996 年開始擔任廣州經濟技術開發區國際信託投資公司（下稱國投公司）董事長，後調任廣州經濟技術開發區東區有限責任公司董事長。

被告人陳楚原及其部下在兌付數億元中央專項再貸款的過程中，製作虛假個人存款憑證，虛報兌付資金，截留 6900 多萬元，犯金融憑證詐騙罪。據瞭解，中央專項再貸款是一筆用來處理危機的資金，是在國投虧損無力還錢的情況下，用來幫助國投兌付個人存款的。此外，陳楚原還犯有徇私舞弊低價折股、出售國有資產罪、私分國有資產罪。另 2000 年 6 月，陳楚原在組織並參與下屬子公司友林集團有限公司的改制過程中，徇私舞弊，違反有關規定，令某民營學校在認購友林公司股權時，適用只有公司內部員工才能享有的下浮 20%，和一次性付款再享受 10%的優惠待遇，導致國有資產損失 620 多萬。廣州市中級法院 28 日上午對陳楚原一案進行一審宣

判，法院判決如下：陳楚原犯金融憑證詐騙罪，被判處有期徒刑 15 年；犯徇私舞弊低價折股、出售國有資產罪，被判處有期徒刑 7 年；犯私分國有資產罪，被判處有期徒刑 4 年。決定執行有期徒刑 20 年。

案例二：

◎犯罪嫌疑人張鳳蓮，女，原係呼和浩特市商標印刷廠廠長、法定代表人。

呼和浩特市公安局經偵支隊立案偵查：2004 年 11 月，呼和浩特市商標印刷廠廠長張鳳蓮利用職務之便，將呼和浩特市商標印刷廠的一台價值 157 萬元的德國羅蘭彩色膠印機以 81 萬元的價格出售給了其愛人喻某，並低價租用了廠房等設備，成立了呼和浩特市精美華晨印務有限責任公司，喻某任法定代表人，張鳳蓮為股東之一。呼和浩特市人民檢察院於 2005 年 11 月 11 日將犯罪嫌疑人張鳳蓮以涉嫌徇私舞弊低價折股、低價出售國有資產罪依法批准逮捕。現此案正在進一步審理中。

深入剖析

台灣的中國國企專業經理人，應注意這項罪名，本罪侵犯的客體是中國國有資產的正常管理制度和國有資產的所有權。根據公司法、企業法、破產法和《國有資產評估管理辦法》、《國有企業財產監督管理條例》等規定，行為人損害國有資產的行為主要有兩種表現形式：一是將國有資產低價折股；二是將國有資產低價出售。本罪的主觀目的是為了非法占有國有資產，這是本罪與貪污罪的最大區別。如果行為人以非法占有為目的內外勾結，利用職務便利故意將國有資產低價折股或低價出售，則實際是欺騙的手段利用職權占有了國有資產，應構成的是貪污罪。

13 出售、購買、運輸假幣

（中國刑法第 171 條第 1 款）

出售、購買偽造的貨幣或者明知是偽造的貨幣而運輸，總面額在四千元以上的，應予追訴。

實戰案例

◎程運順，男，1968 年 10 月 27 日出生，香港人，1999 年 7 月 14 日被刑事拘留，1999 年 8 月 18 日被逮捕。

1998 年被告人程運順以 460 元真人民幣的價格從周祥祿（另案處理）手中購得假人民幣 2700 元，爾後在湖南省株洲市以購物的方式將假幣全部換成真幣。1999 年 2 月至 7 月間，被告人程運順先後五次從唐成豐（另案處理）以真人民幣 7290 元購買假人民幣 45280 元。1999 年 7 月 13 日，被告人在攜帶購買的假幣到株洲市××商場消費時，被公安幹警抓獲，之後在其住所查獲尚未使用完的假幣 14780 元。

深入剖析

本法條的表現形式為三種：出售、購買、運輸，違反任一類即構成犯罪。但應該注意的是，購買假幣罪和使用假幣罪是兩個不同罪名。一般情況下行為人同時觸犯兩個罪名，應實行數罪並罰，但當行為人使用的假幣是其購買的假幣時，因使用假幣的行為是購買假幣的自然後果，二者存在牽連關係，在此涉及對牽連犯該如何處罰的問題。所謂牽連犯是指行為人實施一個犯罪，其犯罪方法行為或結果行為又觸犯了其他罪名的一種犯罪形態。一般司法實踐中是採用「擇一重罪從重處罰」的原則。本案就是根據《最高人民法院關於審理偽造貨幣等案件實體應用法律若干問題的解釋》第 2 條關於「行為人購買假幣後使用構成犯罪的以購買假幣罪從重處罰」。

14 持有、使用假幣

（中國刑法第172條）

明知是偽造的貨幣而持有、使用，總面額在四千元人民幣以上的，應予追訴。

實戰案例

◎被告人穆罕默德·阿明，男，29歲，巴基斯坦國籍。

2004年3月20日淩晨2時許，巴基斯坦籍人穆罕默德·阿明帶5張百元面額的假美圓到上海市衡山路某娛樂城進行消費，結帳時以沒有人民幣為由，用3張假鈔與一名服務員兌換成人民幣2400。當晚22時許，穆罕默德又攜帶5張百元面額的假美圓至該市古北路太郎日本料理店消費，結帳時，穆罕默德故伎重演，拿出其中一張假美圓要求兌換。該店老闆懷疑美圓有假，要求其用人民幣支付，但穆罕默德卻試圖搶回該張美圓逃跑。該店老闆報警後，公安人員將穆罕默德抓獲，並從其身上查獲另4張假美圓。

上海市某中級人民法院認為，被告人穆罕默德在明知所持有的800美圓（折合人民幣6500餘元）係偽造的外國貨幣情況下，仍在中國境內使用其中400美圓，應當認定其持有假幣數額達較大程度，其行為構成持有假幣罪，判處被告人穆罕默德·阿明有期徒刑9個月，並處罰金1萬元，8張百元假美圓予以沒收。

深入剖析

根據《刑法》第6條的規定，即只要犯罪行為發生在中國境內，不管犯罪主體是中國人或者是外國人，原則上都適用中國刑法，這是刑法理論中關於刑法的效力範圍中屬地原則的體現。持有使用假幣罪屬刑法中的選擇性罪名，從刑法理論上來看，只要行為人具備了其中一種行為就構成犯罪。如果行為人同時實施了持有和使用兩種行為，也只能定一個罪名，不能進行數罪並罰。

15 擅自設立金融機構

（中國刑法第174條第1款）

未經中國人民銀行等國家有關主管部門批准，擅自設立金融機構，涉嫌下列情形之一的，應予追訴：

1.擅自設立商業銀行、證券、期貨、保險機構及其他金融機構的；
2.擅自設立商業銀行、證券、期貨、保險機構及其他金融機構籌備組織的。

實戰案例

◎被告人曹某某，女，58歲，臺灣新竹人，1989年因涉嫌擅自設立金融機構罪被逮捕。

◎被告人周某某，男，58歲，福建莆田人，1989年因涉嫌擅自設立金融機構罪被逮捕。

1985年9月，被告人曹某某藉回大陸探親之際，為了牟取暴利，夥同福建親戚周某某共同組織所謂的「民間金融互助會」，曹充任會主。被告採用先由會員向會主交納一筆大額會費，然後由會主分期返還會員和先由會主付給會員一筆大額會款，然後有會員分期返還會主兩種非法經營方式，利用多收少付的差額，從中牟取暴利，其他會員則利用所得會款放高利貸而非法獲利。該會以發展新會員、收取會員會款作為周轉資金，將後收取的會費付給先入會的會員，以此作為誘餌擴大規模。共收取會費130萬元，支付104萬元，收支差額26萬，其中大部分差額款項用做曹、周的揮霍。破案後，在對會款的收支、借出等情況進行清查後，曹、周造成了21萬餘元的實際損失。1986年3月23日，曹、周畏罪潛逃。同年4月30日，周某某在上海市黃浦區公安機關自首，同年7月6日，曹某某在江蘇金壇縣被捕。法院經審理認為，曹某某、周某某為了牟取非法暴利，未經國家有關金融機關批准，擅自設立所謂「民間金融互助會」，作為其獲取非法融資的手段和機構，其行為違反了國家金融管理法規，破壞了國家金融管理秩序，對社會和國家利益具有嚴重的危害性，應當依法予以嚴懲。

深入剖析

本罪的理解有如下幾點：首先，犯罪嫌疑人主觀上表現為直接故意。即犯罪嫌疑人明知設立商業銀行等金融機構需要經過國家有關主管部門的批准，自己沒有申請審批或者沒有獲得批准就擅自設立商業銀行等金融機構。其次除了刑法第174條所規定的「設立商業銀行、證券交易所、期貨交易所、證券公司、期貨經紀公司、保險公司或者其他金融機構的行為」，還包括未經中國人民銀行批准，擅自設立從事或者主要從事吸收存款、發放貸款、辦理結算、票據貼現、資金拆借、信託投資、金融租賃、融資擔保、外匯買賣等金融業務活動的非法金融機構，及其籌備組織和未經中國人民銀行批准，擅自設立外資金融機構的。這些行為只要實施就夠構成犯罪，不論贏利與否。此罪名易與刑法第176條的非法吸收公眾存款罪混淆，它們的主要區別在於客觀方面表現不同：前者在客觀方面表現為未經中國有關部門批准，擅自設立商業銀行等金融機構的行為；後者在客觀方面表現為非法吸收公眾存款或者變相吸收公眾存款，擾亂金融秩序的行為。如果犯罪嫌疑人擅自設立金融機構的目的是為了非法吸收公眾存款並且實施了非法吸收公眾存款的行為的，這種情況屬於牽連犯罪，應擇一重罪從中處罰。

16 高利轉貸

（中國刑法第175條）

以轉貸牟利為目的，套取金融機構信貸資金高利轉貸他人，涉嫌下列情形之一的，應予追訴：

1.個人高利轉貸，違法所得數額在五萬元以上的；

2.單位高利轉貸，違法所得數額在十萬元以上的；

3.雖未達到上述數額標準，但因高利轉貸，受過行政處罰二次以上，又高利轉貸的。

實戰案例

※案例一：

◎被告人劉某，男，廣西梧州人，原係賀州市盛乾商業集團有限公司（下稱盛乾公司）董事長兼總經理。

◎被告人陳某，男，廣西梧州人，原係賀州市盛乾商業集團有限公司（下稱盛乾公司）副總經理。

1997年1月30日，被告人劉某以盛乾公司名義先從銀行低息借款，然後高息轉借給他人，從中獲取利息差價。經劉某和陳某多方張羅，截至1997年9月9日為止，盛乾公司以白糖銷售貨款回籠及自籌款償還借款為由，先後從中國交通銀行梧州分行貸得相關款項1300萬元，此後盛乾公司以購買白糖定金的形式全部轉貸給武宣縣糖廠，而至2001年3月期間，盛乾公司則從武宣縣糖廠獲取非法利益828萬多元。武宣縣人民法院經審理於2003年4月判處劉某犯高利轉貸罪有期徒刑3年、陳某犯高利轉貸罪1年6個月。

※案例二：

◎被告人郝某，男，42歲，原係某市商貿公司經理。1999年2月17日因涉嫌高利轉貸罪被某區公安局逮捕。

◎被告人季某某，女36歲，某市機電工程公司某工程對會計。1999年2月17日因涉嫌高利轉貸罪被某區公安機關逮捕。

1997年10月至1998年11月，郝某在擔任某市商貿經理期間，得知某工程隊急需資金，於是便企圖以發放貸款的形式收取高額回報。由表妹季某某出面與某工程隊經理李某聯繫借款事宜，然後由郝某作為貸款人將資金借給李某所屬工程隊。李某與郝某達成借款協定：郝某按月息18%收取利息貸款給李某所屬工程隊；李某每兩個月支付郝某一次利息，本金及剩餘利息款在兩年內還清。之後，郝某將其中800萬元貸款以月息18%轉貸給李某的工程隊。案發後，銀行提前收回了貸款的65%，其餘已由郝某用於購銷和李某用於支付工程款，對國家造成了較大的經濟損失。某區人民法院判決如下：

1.被告人郝某犯高利轉貸罪，判處有期徒刑5年，並處罰金50萬元；

2.被告人季某某犯高利轉貸罪，判處有期徒刑3年，並處罰金15萬元。

深入剖析

高利轉貸罪是刑法修訂後新增加的罪名。所謂高利轉貸罪，是指以轉貸牟利為目的，採取非法手段套用金融機構信貸資金，然後高利轉貸給他人從中牟利，屬情節嚴重的行為。本罪侵犯的客體是中國對金融機構信貸資金的管理制度。所謂高利轉貸，是指其轉貸利息高於中國人民銀行規定的貸款利息的上限，即商業銀行、非銀行金融機構和城市信用社貸款利率上下浮動幅度為 10%，農村信用社為 40%。處理類似案件，應當注意區別罪與非罪的界限，一是看行為人是否從中牟利，如果沒有或是只收取適當的勞務費，或是沒有進行轉貸，只是自己用來牟利，則不應認定為本罪。二是看數額是否達到法定標準，本罪是數額犯，數額是構成本罪的必備條件。

17 非法吸收公眾存款

（中國刑法第 176 條）

非法吸收公衆存款或者變相吸收公衆存款，擾亂金融秩序，涉嫌下列情形之一的，應予追訴：

1.個人非法吸收或者變相吸收公衆存款，數額在二十萬元以上的，單位非法吸收或者變相吸收公衆存款，數額在一百萬元以上的；

2.個人非法吸收或者變相吸收公衆存款三十戶以上的，單位非法吸收或者變相吸收公衆存款一百五十戶以上的；

3.個人非法吸收或者變相吸收公衆存款，給存款人造成直接經濟損失數額在十萬元以上的，單位非法吸收或者變相吸收公衆存款，給存款人造成直接經濟損失數額五十萬元以上的。

實戰案例

◎被告人：蔡立新，臺灣人，56 歲，男。1995 年 4 月 21 日被逮捕因涉嫌非法吸收公衆存款罪。

被告泉州市僑鄉典當行原係泉州僑鄉典當拍賣行，法定代表人蔡立新，雖被准予經營金融業務，但屬於不具有向社會吸收存款，貸款資格的法人單位。被告人蔡立新在任職期間，為發展經營業務，於 1995 年 7 月到 1996 年 4 月擅自向社會上張某某，徐某某等 60 多人吸收存款 219 萬元。被告人蔡立新於 1995 年 3 月到 11 月期間利用擔任僑鄉典當行拍賣行經理之職務便利，以該行的名義，分別以千分之二十五，千分之二十，千分之五等不同的月利率，向吳某，黃某，等人吸收存款 73 萬元。法院經審理判決：蔡立新犯非法吸收公眾存款罪，判處有期徒刑 1 年，緩刑 1 年，並處罰金 2 萬元。

深入剖析

非法吸收公眾存款罪，指違反中國國家金融管理法規，在社會上吸收不特定眾多人的資金的行為。非法吸收公眾存款罪包括兩種情況：一是行為人不具有吸收存款的主體資格而吸收公眾存款，二是行為人雖然具有吸收公眾存款的主體資格，但採用非法的方式吸收公眾存款。構成本罪首先要求物件是公眾，即人數眾多並且屬於社會上不特定的群體，另外，存款數額或者可能吸收的存款數額巨大。如果僅限於親朋好友之間或者本單位的人員，不以犯罪論。

18 偽造、變造金融票證

（中國刑法第 177 條）

偽造、變造金融票證，涉嫌下列情形之一的，應予追訴：

1.偽造、變造金融票證，面額在一萬元以上的；

2.偽造、變造金融票證，數量在十張以上的。

實戰案例

◎被告人王昌和，男，香港籍，1968 年 2 月 10 日出生。

被告人王昌和於 1998 年 10 月 18 日在廣東省東莞市、深圳市、珠海市所轄的小城鎮，以病人就診需轉賬付款為由，向醫院索取財務帳號及開戶行。之後便將少量現金轉入銀行帳戶。接著又以病人別處另診為由要求退款，拿至院方退款轉賬支票後，將支票金額、用途、收款人進行塗改，退款金額往往由原來的幾百元變成數十萬元，之後透過「轉賬業務」將款轉至事先開立的活期存戶上，隨後便取出現金。先後作案 6 次，詐騙金額高達 343300 元。法院經審理認為，被告人王昌和犯有偽造、變造金融票證罪，判處有期徒刑 9 年，並處罰金 15 萬元，沒收違法所得。

深入剖析

中國票據的使用，要相當小心，不同於台灣票據法，中國個人不可以開立本票，本票專指「銀行本票」，一旦私人開立本票，就可能發生偽造票據的無妄之災，支票的使用也是不管日期（到期期限），一旦開立就要立刻兌現，若是戶頭金額不足而退票，就會有刑責問題出現，本罪的侵犯客體為複雜客體，即既侵犯了金融票證的公共信用，又侵犯了金融機構的信譽與中國國家的金融票證管理秩序。金融票證是指證明債權債務關係的合法的財產性文書憑證，主要具有償還性、流動性、安全性和收益性幾個特徵。本罪犯罪主體為一般主體，即任何達到刑事責任年齡、具有刑事責任能力的自然人和刑法第 30 條規定的單位均可。主要有以下幾種：一是銀行或者其他金融機構及其從業人員；二其他與銀行或其他金融活動密切相關的單位和個人；社會上其他的投機分子。

19 偽造、變造國家有價證券

（中國刑法第 178 條第 1 款）

偽造、變造國庫券或者國家發行的其他有價證券，總面額在二千元以上的，應予追訴。

實戰案例

1998 年 10 月 7 日，被告人羅某與被告人葉某經商議後，有被告人羅某利用工作之便，從銀行營業部竊取了一張蓋有作廢字樣的某縣自來水廠財務印鑒的支票，然後仿照該廠匯出的 7.5 萬元的現金支票並非法入帳，並蓋上「某縣工商銀行計畫股」的公章，趁計帳員不在將對帳號改掉，又由葉某在該支票背面填上「5 月 24 日」的字樣。5 月 24 日上午，被告人羅某指使被告人葉某持偽造的現金支票從某縣工商銀行營業部取走現金 7.5 萬元，法院審理，認為羅某犯偽造、變造國家有價證券罪，判處有期徒刑 5 年，並處罰金 2 萬元，葉某犯偽造、變造國家有價證券罪，判處有期徒刑 3 年，並處罰金 1 萬元。

深入剖析

本罪行為人雖然具有以偽造、變造中國有價證券牟取非法利益的目的，但其既遂的標準不是以其目的是否實現來判定。行為人只要出於故意實施了偽造或變造國家證券的行為並且達到了數額較大，即就構成本罪既遂，其是否已牟取了非法利益，則不影響其既遂成立。如果數額較大的國家有價證券因意志以外的原因沒有偽造、變造出來，即偽造、變造行為量已開始實施但未完畢的，則構成未遂。本罪在客觀方面表現為偽造、變造中國國庫券或者國家發行的其他有價證券數額較大的行為。所謂偽造，是指仿照有價證券的圖案、形式、顏色、面值、格式等外面形態特徵，通過複印、繪製、印刷等方法制作假證券的行為，使非有價證券搖身而變成「有價證券」，是從無到有的假。所謂變造，是指對真實有效的有價證券使用塗改、挖補、拼湊、剪接、覆蓋等各種方式進行加工，使其主要內容如發行的面額、發行期限或張數等加以改變的行為。中國有價證券，包括國庫券和中國發行的其他有價證券。前者即國庫券，是指中國為解決急需的預算支出而由財政部發行的一種中國債券。所謂中國發行的其他有價證券，是指中國發行的國庫券以外的載明一定財產價值的其他有價證券，如中國建設債券、保值公債、財政債券等。

20 偽造、變造股票、公司、企業債券

（中國刑法第178條第2款）

偽造、變造股票或者公司、企業債券，總面額在五千元以上的，應予追訴。

實戰案例

※案例一：

◎被告人張某，男，24歲，四川省某縣人，原係四川省某投資公司某市辦事處證券部工作人員。1993年12月7日因涉嫌偽造股票、公司、企業債券罪被公安機關逮捕。

1993年9月9日，被告人張某，私自到某市印刷廠，以替企業幫忙的名義，要求該廠印製股票買賣委託單，並向該廠提供了樣票。9月18日張某再次去該廠，支付3500元現金後，將印好的1萬份股票買賣委託單運回某地。從9月20日起，張某將他私印的股票買賣委託單摻入證券部的正式股票買賣委託單中，在證券交易廳諮詢台出售。截止11月27日，張某共賣出假股票委託單9964份，獲利82000元，用於賭博、還債、揮霍等。法院認為，張某身為證券部的工作人員，利用其負責出售股票買賣委託單的職務之便，以非法占有為目的，將其私自印製的股票買賣委託單摻入證券部的股票買賣委託單中出售，實施了隱瞞真相的欺騙行為，非法獲利數額巨大，其行為應當受到刑罰。

※案例二：

◎被告人陸志祥，男，原係海安縣雙溪合作基金會吸股員。

被告人陸志祥在 1997 年 5 月初，到海安縣農村信用合作社申請股單質押貸款，用該社交給他的抵押存單凍結申請書到海安縣雙溪合作基金會辦理核押手續，陸同時向該基金會提供了兩份股單，一份戶名為周愛國，入股時間 1996 年 8 月 19 日，票號 164757，金額為 800 元。一份戶名為黃厚道，入股時間 1996 年 9 月 13 日，票號 164769，金額為 2000 元。雙溪合作基金會承辦人顏太金審核後，加蓋了「海安縣雙溪合作基金會財務專用章」並簽名，對周、黃兩份股單予以凍結。被告人陸在凍結申請書上劃去已被凍結的周愛國、黃厚道的兩份股單，改填為另兩份由其虛開的股單，一份戶名為金樹蘭，入股時間 1995 年 12 月 8 日，票號 188748，金額為 30000 元。一份戶名為於金山，入股時間 1995 年 12 月 13 日，票號 188749，金額為 22000 元。並多次塗改其他相應內容，偽造基金會負責人周曉勇簽名。1997 年 5 月 3 日，被告人陸志祥憑上述抵押存單凍結申請書及虛開的金樹蘭、於金山的股單到信用社簽訂了質押擔保借款合同，騙取 50000 元貸款。法院審理認為被告人陸志祥構成變造股票罪，合同詐騙罪，予以刑罰。

深入剖析

本罪是中國 97 刑法中新增的罪名，犯罪主體為一般主體，其侵犯的客體為股票或公司、企業債券的公共信用與中國關於股票或公司、企業債券的證券管理秩序。在客觀方面，本罪表現為偽造、變造股票、公司、企業債券，數額較大的行為。應該注意的是本罪的認定上，成立的要件之一為主觀存在故意，並且具有意圖形式或流通的目的。如果僅僅只是偽造或者變造股票或者公司、企業債券行為，而不具有使用或流通的意圖，不構成犯罪，而視為一般違法行為。另外到達法定數額標準也是區分本罪與非罪的關鍵。

21 擅自發行股票、公司、企業債券

（中國刑法第179條）

未經國家有關主管部門批准，擅自發行股票或者公司、企業債券，涉嫌下列情形之一的，應予追訴：

1.發行數額在五十萬元以上的；

2.不能及時清償或者清退的；

3.造成惡劣影響的。

實戰案例

※案例一：

◎被告單位：某市藥業有限責任公司

◎被告人羅某，男，55歲，某市藥業有限責任公司董事長。

◎被告人吳某，男，39歲，某市藥業有限責任公司總經理。

自1995年至1998年期間，某市藥業有限責任公司曾向國家證券管理部門提出上市申請，但因公司管理及經濟規模沒有達到企業上市標準及要求，沒有獲得國家證券部門批准。被告人羅某、吳某等人召開公司董事會商議決定自行發行債券。1997年3月至1998年2月，某市藥業有限責任公司在未取得證券管理部門正式批准的情況下，擅自將本公司債券8000萬元開始發行。法院審理查明：在製造這起擅自發行公司債券的活動中，被告人羅某、吳某起了主要作用，遂判決被告單位某市藥業有限責任公司犯擅自發行公司、企業債券罪，判處罰金100萬元；被告人羅某犯擅自發行公司、企業債券罪，判處有期徒刑1年，緩期2年；被告人羅某犯擅自發行公司、企業債券罪，判處拘役4個月。

※案例二：

◎被告人嚴某，男，浙江余姚人，65 歲。

被告人嚴某在 1995 年至 1999 年 7 月期間擔任了四家集體單位的負責人，經營期間以月息 2 分的優厚條件向職工集資。1999 年 7 月四家集體單位轉資後，債權債務都轉入他個人名下。嚴某將楊某等 5 名職工原先的集資款轉為「大眾廣告公司麗都夜花園債券」，還以「大眾廣告公司麗都夜花園債券」、「大眾廣告公司麗都夜花園股票」、「麗都美食林麗都中心廚房及麗都華聯食堂債券」的形式，向曹某等 7 人發行股票、債券。案發時，嚴某發行的股票、債券合計 76.75 萬元，有 44.75 萬元未清償。法院認定嚴某未經國家主管部門批准擅自發行股票、公司企業債券，犯了擅自發行股票、公司、企業債券罪，依法判處嚴某有期徒刑 8 個月，並處罰金 10 萬元。

深入剖析

擅自發行公司、企業債券罪是 97 刑法中新增的罪名。所謂擅自發行公司、企業債券罪，是指未經國家有關主管部門批准，擅自發行公司、企業債券，數額巨大，後果嚴重或者有其他嚴重情節的行為。本罪侵犯的客體是中國對股票或公司、企業債券發行的管理制度。1998 年 12 月 29 日通過的《證券法》第 10 條規定：公開發行證券，必須符合法律、行政法規規定的條件，並依法報國務院證券監督管理機構或者國務院授權的部門核准或者審批；未經依法核准或者審批，任何單位或個人不得向社會公開發行證券。

22 內幕交易、洩露內幕資訊

（中國刑法第 180 條）

證券、期貨交易內幕資訊的知情人員或者非法獲取證券、期貨交易內幕資訊的人員，在涉及證券的發行，證券、期貨交易或者其他對證券、期貨交易價格有重大影響的資訊尚未公開前，買入或者賣出該證券，或者從事與該內幕資訊有關的期貨交易，或者洩露該資訊，涉嫌下列情形之一的，應予追訴：

1.交易數額在二十萬元以上的；
2.多次進行內幕交易、洩露內幕資訊的；
3.致使交易價格和交易量異常波動的；
4.造成惡劣影響的。

實戰案例

※案例一

◎被告人李某，男，46 歲，某市煤氣集團股份有限公司董事，1998 年 3 月 11 日因涉嫌內幕交易、洩露內幕資訊罪被公安機關依法逮捕。

◎被告人程某，女，41 歲，某市煤氣集團股份有限公司董事，1998 年 3 月 11 日因涉嫌內幕交易、洩露內幕資訊罪被公安機關依法逮捕。

1997 年 11 月 2 日，某市煤氣集團股份有限公司與某物資公司簽定了一份購買工業用鋁的合同。物資公司以煤價上漲、貨源緊缺等為由，要求煤氣集團公司預付貨款 1000 萬元。某市煤氣公司同意了該要求，即把 1000 萬元匯到物資公司帳戶上。事實上，該物資公司已經嚴重虧損，失去履約能力。李、程得知此消息後，知道肯定會對公司股票價格產生不利影響。為避免個人損失並獲利，利用自己特殊身份所獲消息，拋售所持股票，並建議親戚拋售股票。法院審理後，認為李、程二人的行為構成了內幕交易、洩露內幕資訊罪，判處李某有期徒刑2年6個月，緩刑3年，並處罰金6萬元；程某有期徒刑1年6個月，並處罰金4萬；沒收二被告人違法所得。

※案例二：

◎王某，原某市某房地產有限公司董事長。
◎李某，原某市某科技有限公司總經理。

2000年4月底，李某利用王某將其安排在某市某房地產公司下屬某數碼投資有限公司籌備辦工作的職務便利，掌握了包括該房地產有限公司董事會將於2000年6月19日就該數碼投資有限公司正式揭牌一事在中國證券時報作重大事項公告在內的大量內幕資訊。為抓住時機炒作該房地產有限公司的股票牟利，李某向西安某股份有限公司借款1000萬元人民幣。5月16日至19日，李某將1000萬元人民幣全部買入某市某房地產股票。同年7月26日至8月10日，李某將所買該房地產有限公司的股票全部拋出，盈利78萬餘元人民幣，李某、王某兩人均分了非法所得。2003年4月，某市人民法院以李某、犯內幕交易、洩露內幕資訊罪，判處有期徒刑2年，罰金人民幣80萬元；以王某犯內幕交易、洩漏內幕資訊罪，判處有期徒刑3年，罰金人民幣80萬元。

深入剖析

台商在中國投資股票，要特別注意這個案例，本罪的犯罪客體是證券、期貨交易時常的資訊披露制度和投資者的合法權益《中國人民共和國證券法》第67條規定：「禁止證券交易內幕資訊的知情人員利用內幕資訊進行證券交易活動。」依據中國《刑法》和《股票發行與交易管理暫行條例》涉及證券的發行，證券、期貨交易或者其他對證券、期貨交易價格有重大影響的、尚未公開的資訊，屬於內幕資訊。內幕資訊的範圍，依照法律、行政法規的規定確定。中國《禁止證券欺詐行為暫行辦法》第 5 條詳細的規定了 26 種可能為內幕資訊的重大資訊，讀者有興趣可以上網查詢參考。

23 編造並傳播證券、期貨交易虛假資訊

（中國刑法第 181 條第 1 款）

編造並且傳播影響證券、期貨交易的虛假資訊，擾亂證券、期貨交易市場，涉嫌下列情形之一的，應予追訴：

1.造成投資者直接經濟損失數額在三萬元以上的；

2.致使交易價格和交易量異常波動的；

3.造成惡劣影響的。

實戰案例

◎被告人李定興，男，30 歲，湖南省株洲縣人，原係株洲縣人民政府駐廣西壯族自治區北海市辦事處廣西北海淩海貿易公司業務員。2000 年 12 月 20 日因涉嫌編造並傳播證券、期貨交易虛假資訊罪被公安機關逮捕

1993 年 10 月 7 日，李定興在深圳證券交易所購進價格為每股 9.85 元的江蘇省昆山市三山實業股份有限公司（以下簡稱「蘇三山」公司）的股票 9 萬股；次日，又購進價格為每股 9.60 元的「蘇三山」公司股票 6 萬股。包括購股票的手續費在內，這兩次購「蘇三山」公司股票 15 萬股共花去人民幣 1472737.50 元。同年 10 月 8 日，李定興以「北海一投資公司」的名義，分別向深圳證券交易所、「蘇三山」公司郵寄匿名信，謊稱該公司已持有「蘇三山」公司股票，並準備再收購「蘇三山」公司 18.8%以上的股份，成為「蘇三山」公司的大股東。但李定興的這一行為未能奏效。同年 10 月 28 日，李定興在北海市中山路一個體攤位上私刻了一枚「廣西北海正大置業有限公司」的假印章。同年 11 月 2 日，李定興以「廣西北海正大

置業有限公司」的名義，分別向「蘇三山」公司、深圳證券交易所、《深圳特區報》編輯部、海南省《特區證券報》編輯部等單位郵寄信函，稱已持有「蘇三山」公司股票 228 萬股，占該公司流通股份的 4.56%，並稱已將上述資料報告中國證監會、深圳證券交易所，要求報社根據中國證監委發布的《股票發行與交易管理暫行條例》第四十七條規定，公布這一「資訊」。然後，李定興從北海市回到株洲縣。同月 5 日，李定興見報社沒有登報公布，即於當日下午 5 時許採用內部傳真形式，在株洲縣郵電局 8641 傳真機上分別向海南省《特區證券報》編輯部、《深圳特區報》編輯部等單位發出傳真稿件，謊稱至 11 月 5 日下午 3 時 30 分止，「廣西北海正大置業有限公司」共收購「蘇三山」公司股票 250.33 萬股，占「蘇三山」公司流通股的 5.006%，要求報社公布此事。當日晚 6 時許，李定興又分別打電話給《深圳特區報》編輯部和海南省《特區證券報》編輯部，詢問函件與傳真是否收到，並詢問是否登報公布。11 月 6 日，海南省《特區證券報》原文刊登了李定興提供的假資訊並加了「編者按」。11 月 7 日是交易所的休息日。11 月 8 日是李定興編造並傳播的假資訊見諸報端後的第一個股票交易日。這天，「蘇三山」公司股票的成交價即由開盤時的每股 8.30 元漲至每股 11.50 元，到當日收盤時仍達到每股 11.40 元：「蘇三山」公司股票成交股數高達 2105.8 萬股，占該公司流通股份的 42.12%，其單股成交金額高達 2.2 億元，破深圳個股交易紀律。李定興於當日打電話給湖南省證券股份有限公司深圳業務部大戶室經理舒××，詢問「蘇三山」公司股票價格變動情況。當得知已漲至每股 11.40 元時，李定興即委託舒××代為拋售「蘇三山」公司股票 9500 股，得款 108300 元。即日下午，深圳交易所及時召開新聞發布會，向社會說明該所和深圳證券登記公司均沒有「廣西北海正大置業有限公司」開戶及其交易記錄，也未發現擁有「蘇三山」公司5%以上流通股份的股東，且在北海市工商行政管理部門登記過的公司或企業中未見有「廣西北海正大置業有限公司」，並告誡股民，所謂「收購事件」不排除有人實施欺詐行為的可能，請投資者慎重決策。同年11月9日，「蘇三山」公司股票價格跳空跌至每股8.60元，後又穩定在每股9.45元。李定興得知這一情況，當即又委託舒××以每股9.45元的價格將所剩14.05萬股全部拋售出去，得款1327725元。由於李定興的所為，造成了1993年11月8日和9日深圳股市中「蘇三山」股票價格異常波動，嚴重損害了廣大股民的利益，擾亂了證券交易市場的正常管理秩序。株洲縣人民法院經公開審理後認為，被告人李定興為一己私利編造並且傳播影響證券交易的虛假資訊，擾亂證券交易市場，且後果嚴重，其行為已構成編造並傳播證券交易虛假資訊罪。認定被告人李定興犯編造並傳播證券交易虛假資訊罪，判處有期徒刑2年6個月，並處罰金1萬元。

深入剖析

編造並傳播證券、期貨交易虛假資訊罪是故意犯罪，行為人在主觀上具有主觀故意是其構成的必要條件。如果行為因工作馬虎，不負責任而提供有關虛假資訊，或者是想顯示自己消息暢通而將道聽途說的資訊散布出去的，不能成立本罪而以其他論。在認定本罪時還應將其與從事證券、期貨交易中的預測行為相區分。兩者之間區別如下：是主觀上出於善意還是有犯罪意圖，考察預測是否有合理依據，其預測方法是否科學等方面綜合比較。中國的《禁止證券欺詐行為暫行辦法》的第8條，第12條對此罪的客觀表現作出了具體闡述。

24 誘騙投資者買賣證券、期貨合約案

（中國刑法第 181 條第 2 款）

證券交易所、期貨交易所、證券公司、期貨經紀公司的從業人員，證券業協會、期貨業協會或者證券期貨監督管理部門的工作人員，故意提供虛假資訊或者偽造、變造、銷毀交易記錄，誘騙投資者買賣證券、期貨合約，涉嫌下列情形之一的，應予追訴：

1.造成投資者直接經濟損失數額在三萬元以上的；

2.致使交易價格和交易量異常波動的；

3.造成惡劣影響的。

實戰案例

◎被告人張某，男，35 歲，某市證券投資公司總經理。

1997 年 10 月，被告人張某獲悉 B 機構欲投入巨額資金狂炒 C 上市公司的股票，認為這是一個擴大成交量、收取規定的傭金、完成全年利潤指標的好機會。張某明知該資訊可能失實，但卻責令大廳交易員將次資訊透露給一些在本營業部開戶的投資者。投資者受到資訊的誘惑，大量購進 C 上市公司的股票，以期待價格上揚時拋出。然而 B 機構在對 C 上市公司進行認真考察後，認為 C 上市公司的新產品暫時無法克服技術障礙，決定放棄投入計畫，不久 C 上市公司公布了下半年報表，每股收益率與市場傳聞相差甚遠，其股票連續下跌，投資者損失慘重。法院經審理認定某市證券投資公司犯誘騙投資者買賣證券罪，判處罰金 50 萬元，張某犯有誘騙投資者買賣證券罪，判處有期徒刑 5 年，並處罰金 5 萬元。

深入剖析

本罪的犯罪主體既可以是自然人，也可以是單位，但都屬於特殊主體，作為單位構成本罪的，僅限於證券、期貨交易所、證券公司、期貨經紀公司、證券、期貨業協會和證券、期貨管理部門。犯罪客體為複雜客體，既侵犯了中國關於證券、期貨市場的管理制度，也侵犯了證券、期貨投資者的財產利益。在主觀方面，本罪是直接故意，行為人必須具有誘騙投資者買賣證券、期貨合約之故意。

25 操縱證券、期貨交易價格

（中國刑法第 182 條）

操縱證券、期貨交易價格，獲取不正當利益或者轉嫁風險，涉嫌下列情形之一的，應予追訴：

1.非法獲利數額在五十萬元以上的；

2.致使交易價格和交易量異常波動的；

3.以暴力、脅迫手段強迫他人操縱交易價格的；

4.雖未達到上述數額標準，但因操縱證券、期貨交易價格，受過行政處罰二次以上，又操縱證券，期貨交易價格的。

實戰案例

※案例一：

◎被告人鄧貴安，男，原三峽證券法定代表人、董事長。

◎被告人李洪堯，男，原三峽證券總裁。

◎被告人李曉春，男，原三峽證券副總裁。

1999 年至 2001 年，被告人鄧貴安擔任三峽證券法定代表人、董事長，全面負責公司工作；被告人李洪堯擔任三峽證券總裁，主持三峽證券日常經營管理工作；原審被告人李曉春擔任三峽證券副總裁，分管資產管理。2000 年初，鄧貴安和李洪堯、李曉春等成員商量後，決定將三峽證券自營業務由「組合投資」轉為「重點投資」。其後，鄧貴安通過中國南玻科技控股（集團）股份有限公司（簡稱深南玻），瞭解到該公司 2000 年主營業務收入預計翻番的資訊後，意圖操縱「深南玻 A」股票，並向當時公司主要成員李洪堯、李曉春等人作了通報。鄧貴安、李曉春又多次指派三峽證券員工到深南玻調研，進一步獲取該公司有關資訊。2000年3月，三峽證券在宜昌市桃花嶺賓館召開辦公會，鄧貴安、李洪堯決定用資產委託、同業拆借等方式融資10億元人民幣。此後，李洪堯多次召開公司各部門協調會，以保證公司操縱「深南玻A」股票的資金。同時，鄧貴安指使李曉春及該公司交易部經理陳家鋼，使用三峽證券的7個自營帳戶和控股或相關聯的湖北安豐資產管理有限責任公司、湖北正奇投資有限公司、湖北鎮偉建築房地產開發有限責任公司的證券帳戶，分別在三峽證券深南中路部、武漢信託花橋部、佳木斯證券天津部等19個證券營業部，開設股東資金帳戶29個，從2000年3月2日起買賣「深南玻A」股票。2000年3月2日至2000年12月29日，三峽證券採取不轉移證券所有權的自買自賣方式，買入「深南玻A」股票130457329股，累計賣出「深南玻A」股票92049586股，投入資金123265萬元人民幣，致使該股股價由2000年3月2日的6.41元漲至同年12月29日的25.47元，漲幅高達297%。其中，2000年5月11日三峽證券持有「深南玻A」股票59755897股，占「深南玻A」總流通股的55.76%；2000年12月12日，三峽證券以自己為交易物件，不轉移證券所有權自買自賣該股票840785股，占當天總成交量的90.61%，嚴重影響了證券交易。截至2000年12月29日，三峽證券共獲利2.8億多元。2003年8月22日，李曉春到公安機關投案。武漢市中級人民法院的一審判決，以操縱證券交易價格罪，判處鄧貴安有期徒刑2年6個月；判處李洪堯有期徒刑2年；判處李曉春有期徒刑1年；判處三峽證券罰金人民幣2億8千萬元。

※案例二：

◎被告人周正毅，上海人，原上海農凱發展（集團）有限公司董事長、法定代表人。

被告人周正毅於1999年6月至2003年5月間，指使他人通過融資方式，集中巨額資金，連續買賣或者不轉移股票所有權的自買自賣徐州工程機械科技股份有限公司的流通股，持股量最高時占這一股票流通股的95.93%，導致這一股票價格上漲402%的異常波動，從中獲取非法利益。周正毅還於1998年10月至2000年9月間，採用將虛增的7億餘元資本公積金轉為實收資本的手法，使用虛假驗資報告，欺騙公司登記主管部門，取得公司登記，把上海農凱發展（集團）有限公司的註冊資本從人民幣1億元增至8億元，虛報註冊資本人民幣7億元。法院經審理對上海農凱發展（集團）有限公司以操縱證券交易價格罪判處罰金人民幣3千3百萬元；以虛報註冊資本罪判處罰金人民幣 7 百萬元，決定執行罰金人民幣四千萬元。對被告人周正毅以操縱證券交易價格罪判處有期徒刑2年6個月；以虛報註冊資本罪判處有期徒刑1年，決定執行有期徒刑3年。

深入剖析

本罪的犯罪主體是一般主體，可以是任何自然人和單位，只有故意才能構成本罪。本罪中國刑法中的刑事顯然輕於台港澳法律規定，同時中國的刑法並沒有對操作證券市場給他人造成損失所應承擔的民事賠償責任做出明確規定。另外對刑法條款中「獲取不正當利益或轉嫁風險」應該理解為行為人的目的，而非結果，只要行為人以此為目的，實施了行為，不論其是否獲取不正當利益，或已經轉嫁風險，該罪名都是成立的。

26 違法向關係人發放貸款

（中國刑法第 186 條第 1 款）

銀行或者其他金融機構的工作人員違反法律、行政法規規定，向關係人發放信用貸款或者發放擔保貸款的條件優於其他借款人同類貸款的條件，涉嫌下列情形之一的，應予追訴：

1.個人違法向關係人發放貸款，造成直接經濟損失數額在十萬元以上的；

2.單位違法向關係人發放貸款，造成直接經濟損失數額在三十萬元以上的。

實戰案例

※案例一：

◎被告人楊林軍，原鄭州城市合作銀行紫荊山支行原負責人。

1997 年 4 月 23 日，楊林軍違反規定，以紫荊山支行名義為其妻范淑華任股東的森氏保齡公司作擔保，使中國農業銀行鄭州市二七支行（以下簡稱二七支行）向森氏保齡公司辦理了三份共計價值 300 萬元的銀行承兌匯票，用於購買保齡球設備。同年 10 月 25 日，承兌擔保合同到期後，森氏保齡公司未能還款，二七支行向法院起訴，經判決，由紫荊山支行負連帶責任，向二七支行支付本息共計 354 萬元。法院經審理認為，被告人楊林軍身為金融機構的工作人員，利用職務之便，挪用本單位資金或者客戶資金，數額巨大，其行為已構成挪用資金罪。又違反法律、行政法規的規定，向關係人發放貸款和為他人出具保函，造成重大損失，其行為又構成違法向關係人發放貸款罪和非法出具金融票證罪，應數罪並罰，予以懲處。

另外，楊林軍於1996年4月至1997年5月期間挪用單位資金共計1453萬元給森氏保齡公司等單位使用，經查，這些單位均辦理了貸款手續，且屬於商業銀行法中關係人的範圍，符合違法向關係人發放貸款罪的構成條件，應按違法向關係人發放貸款罪定罪。楊林軍於1996年1月25日和同年4月5日向阜康典當行發放貸款110萬元，經查，其中80萬元是與省技經所簽訂的貸款合同，省技經所亦屬於關係人的範圍，亦應按違法向關係人發放貸款罪定罪。鄭州市金水區人民法院審理作出一審判決，楊林軍被法院以非法出具金融票證罪、違法向關係人發放貸款罪和挪用資金罪並罰，決定執行有期徒刑二十年，罰金十萬元，涉案贓款、贓物依法予以追繳。

※案例二：

◎被告人巫丹磐，原汕頭商業銀行天融支行原行長。

◎被告人李庭發，原汕頭商業銀行天融支行信貸員。

1996年11月至1999年2月期間，被告人巫丹磐夥同被告人李庭發，在沒有任何信用擔保或抵押擔保的情況下，向李庭發胞兄李庭武任法定代表人的公司或實際經營單位發放貸款24筆，共計人民幣3126萬元，造成約1000萬元的重大經濟損失。法院認為：被告人巫丹磐、李庭發身為金融單位的負責人和工作人員，利用職務之便，在沒有任何信用擔保或抵押擔保的情況下，向關係人發放貸款，造成重大的經濟損失，兩被告人的行為構成違法發放貸款罪，依法判決，被告人巫丹磐犯違法向關係人發放貸款罪，判處有期徒刑8年；被告人李庭發犯違法向關係人發放貸款罪，判處有期徒刑5年。

深入剖析

隨著中國逐步開放銀行業登陸，以下幾項相關金融的罪名，都值得台灣銀行從業人員參考。本罪侵犯的客體是國家的貸款管理制度和金融機構的信譽，客觀方面表現乃行為人必須是違反法律、行政法規的規定，貸款物件必須是法律規定是「關係人」，並出現重大損失。這裏的關係人按刑法第 186 條第 4 款和商業銀行法第 40 條的規定，包括商業銀行的董事、監事、管理人員、信貸業務人員及其近親屬和前述人員投資或者擔任高級管理職務的公司、企業和其他經濟組織。犯罪主體是特殊主體，只限於銀行或者其他金融機構的工作人員，而其主觀方面應當注意到，在法律上的規定為過失，一般是過於自信的過失。

27 違法發放貸款

（中國刑法第 186 條第 2 款）

銀行或者其他金融機構的工作人員違反法律、行政法規規定，向關係人以外的其他人發放貸款，涉嫌下列情形之一的，應予追訴：

1.個人違法發放貸款，造成直接經濟損失數額在五十萬元以上的；

2.單位違法發放貸款，造成直接經濟損失數額在一百萬元以上的。

實戰案例

※案例一：

2000 年 5 月至 2002 年 5 月，林哲在擔任溫州市郊藤橋農村信用合作社副主任（主持工作）期間，利用其負責審批個人、企業貸款的職務上的便利，採取冒用、借用他人或其他單位名義及授意他人貸款歸己使用，冒用貸款保證人等手段，先後獲取藤橋信用社 19 筆貸款，共計人民幣 219 萬元，歸個人使用，且上述貸款均是超過三個月。案發後，尚有人民幣 74、5 萬元貸款無法歸還。2001 年 8 月至 2002 年 3 月，林哲先後在為溫州原野天然石業有限公司、溫州市華特製衣有限公司發放貸款時，沒有按照有關規定對上述二個公司和溫州原野天然石業有限公司的保證單位的借款用途、還貸能力等進行嚴格的審查，並且在明知溫州華特製衣公司無擔保人的情況下，擅自冒用他人名義為該公司提供擔保，致使上述二個公司順利貸到款項，各為人民幣 40 萬元，致使二筆貸款共計人民幣 80 萬元至今無法歸還藤橋信用社，造成重大損失。溫州市鹿城區法院公開審理了藤橋農村信用合作社副主任冒用、借用他人或其他單位名義自批自貸挪用資金歸自己使用、違法向關係人以外的其他人發放貸款案，並當庭作出一審判決，該信用社副主任林哲犯挪用資金罪和違法發放貸款罪，數罪並罰，判處有期徒刑7年，罰金10000元。

※案例二：

◎被告人古澤其，原中國建設銀行中山分行三鄉辦事處主任。

◎被告人古漢權，原中國建設銀行中山分行三鄉辦事處下屬的中山市建鑫發展有限公司經理。

1994年5月，被告人古澤其經人介紹認識了深圳光速電子通訊有限公司（簡稱光速公司）董事長陳偉光（另案處理），隨後陳提出貸款要求，被告人古澤其無視貸款的地域限制，即答應考慮。1994年8月，古澤其應邀到深圳市光速公司「考察」，被陳弄虛作假的表面現象所迷惑，當陳提出以其公司在東莞市大嶺山鎮元嶺管理區所有200畝土地使用權作擔保，貸款人民幣1千萬元時，被告人古澤其在未對該土地使用權進行認真的貸前審核的情況下，提出讓陳引資到其賬外經營的存貸款帳戶上，就答應承諾。1994年12月1日，陳偉光從湖南省常德市鼎城區信用合作社聯社引資人民幣1千萬元到被告人古澤其、古漢權違章經營的賬外存貸款帳戶，從中劃出人民幣721.56萬元到陳指定的外地帳戶。次日，被告人古漢權以中山市建鑫發展有限公司（簡稱建鑫公司）法人代表的身份與陳偉光補簽了一份名為合作經營，實為借貸人民幣721.56萬元的合同書，致使該款至今無法追回。1994年8月，陳偉光再次向被告人古澤其提出，要求光速公司與中國銀行中山分行三鄉辦事處（簡稱三鄉辦事處）以合作經營方式收購「包頭市銅廠」的65%股權，欲成立「包頭市興聯銅業有限公司」，被告人古澤其竟違章越權承諾，只要陳能引資到其賬外經營的存貸款帳戶上，就以貸款方式支援。之後，陳偉光向被告人古澤其提供了兩份偽造的貸款擔保書（一份為新華通訊社基建房地產管理局出具，一份為香港興聯集團有限公司出具）。被告人古澤其、古漢權既未作深入的貸前調查，也不瞭解陳的資信狀況，更未對擔保的真實性進行認真審核，擅自超越審批許可權，於 1994 年 12 月 8 日與陳偉光簽訂了一份人民幣 5500 萬元的資金借貸合同。1995 年 1 月至 5 月間，被告人古漢權以建鑫公司法人代表的身份又違法越權與陳簽訂了 6 份價值人民幣 4590.6 萬元的名為合作經營實為借貸的合同書。為逃避上級銀行的監督，被告人古澤其、古漢權於同年 1 月至 9 月將陳偉光從湖南省常德市、廣東省廣州市、深圳市、江門市、中山市等地引進的 13 筆資金共計人民幣 12450 萬元（其中 1000 萬元為古澤其引進）劃入其違章經營的賬外存貸款帳戶上，並於 1995 年 1 月 6 日至 9 月 20 日從該帳戶中以三鄉辦事處和建鑫公司的名義向光速公司共放貸人民幣 10215.5 萬餘元（其中三鄉辦事處分 13 次共放貸 5678.9 萬元，建鑫公司分 7 次共放貸 4536.6 萬元）。1995 年 6 月被告人古澤其發現光速公司董事長陳偉光去向不明，又於 1995 年 11 月致電包頭市得知陳並未投入資金到包頭市銅廠時，頓感問題嚴重，遂向中山市中級人民法院起訴光速公司，法院通過司法途徑截回人民幣 860 萬元，其餘款項無法追回。 1997 年 3 月 25 日，中山市人民法院審理認為，被告人古澤其、古漢權違反規定向關係人以外的其他人發放貸款罪，分別判處被告人古澤其有期徒刑 6 年，古漢權有期徒刑 4 年，並各處罰金人民幣 2 萬元上繳國庫。

深入剖析

本罪侵犯的客體是中國國家的金融管理制度中的貸款管理制度。客觀的表現為違反法律、行政法規規定，向關係人以外的人員發放帶快，造成重大損失的行為。其主觀方面是過失，即行為人對於其非法發放的貸款的行為可能造成的重大損失是出於過失，一般都是過於自信的過失，雖然行為人實施的發放貸款的行為本身則是出於故意，但本罪是結果犯，即一定要求出現了損失這種後果才能定罪，若無重大損失，不能以本罪論處。

28 用賬外客戶資金非法拆借、發放貸款

（中國刑法第 187 條）

銀行或者其他金融機構的工作人員以牟利為目的，採取吸收客戶資金不入賬的方式，將資金用於非法拆借、發放貸款，涉嫌下列情形之一的，應予追訴：

1.個人用賬外客戶資金非法拆借、發放貸款，造成直接經濟損失數額在五十萬元以上的；

2.單位用賬外客戶資金非法拆借、發放貸款，造成直接經濟損失數額在一百萬元以上的。

實戰案例

※案例一：

鄭立強在 1994 年至 1999 年 12 月任梅州興寧市興城鎮城市信用合作社主任，在此期間，鄭立強為牟取暴利，以興寧城信社的名義，從湖北黃岡、孝感、紅安及廣東珠海、廣州、深圳、梅州等地 30 多個金融單位、企業和個人處，採取吸儲或同業拆借方式長期吸儲資金，短期拆借資金，不記入興寧城信社的法定帳戶，而是指使城信社工作人員給客戶開出城信社定期存單或拆借合同，直接將客戶資金記入興寧城信社的由鄭本人掌握三個活期儲蓄存款帳戶，然後以興寧城信社的名義將這些客戶資金以高於銀行同期貸款利率，賬外放貸給單位和個人，從中牟取利益。最後查實，鄭立強總共將定期儲蓄資金 15500 萬元，拆借資金、貸款 64300 萬元，用於賬外經營。其中賬外放貸 38045 · 76 萬元。拆借資金、吸儲資金尚未返還的有 2892 · 57 萬元，非法拆借、發放貸款，造成賬外經營放貸資金未能

收回的有7312·06萬元。梅江區法院審理後認為，被告人鄭立強的行為破壞了國家對信貸資金的總量控制和比例管理，直接影響到國家金融管理制度，同時增加了客戶資金的風險，侵犯了客戶資金的合法權益，嚴重損害了金融部門的信譽，造成合計人民幣10204·63萬元的特別重大損失，其行為已構成用賬外客戶資金非法拆借、發放貸款罪，應依法嚴懲。鑒於鄭立強歸案後有自首悔罪表現，酌情從輕處罰，遂作出對鄭立強犯用賬外客戶資金非法拆借、發放貸款罪判處有期刑10年6個月，並處罰金20萬元。

※案例二：

◎被告人徐世平，男，上海人，原上海某農村信用合作社職工。

被告人徐世平作為金融機構的工作人員，為幫他人牟利，採取吸收客戶資金不入帳戶的方法，將農村養老中心的100萬元資金非法借給上海國貨公司，至今仍有人民幣86萬元無法收回，造成特別重大損失，其行為已構成用賬外客戶資金非法拆借、發放貸款罪。被告人徐世平收受他人賄賂人民幣1.2萬元，其中1萬元用於本單位業務往來，該1萬元不宜以受賄犯罪數額認定；被告人徐世平關於收受的人民幣2000元作為獎金分給本單位鬱敏的辯解，經查，沒有得到鬱敏的證實，故不予採納。被告人徐世平收受他人賄賂人民幣1.2萬元，個人實得人民幣2000元，未達到受賄犯罪的數額標準。依照《中華人民共和國刑法》第一百八十七條第一款、第六十四條規定，以上海市南匯縣人民法院一審審理認為：被告人徐世平犯用賬外客戶資金非法拆借、發放貸款罪，判處有期徒刑五年，罰金人民幣5萬元；被告人徐世平違法所得人民幣2000元予以追繳沒收。

深入剖析

本罪侵犯的客體是中國的金融信貸管理制度和金融機構的信譽。非法拆借是指不按照法律的規定在銀行之間拆借資金。根據有關法律規定，銀行之間可拆借資金，但拆借的期限不得超過 4 個月，不能利用拆入的資金發放固定資產貸款或用於投資；拆出的資金限於交足存款準備金、留足備付金和歸還中國人民銀行到期貸款之後的閒置資金。拆入資金用於彌補票據結算、聯行匯差頭寸的不足和解決臨時性周轉資金的需要。將不入帳的客戶資金用於拆借當然屬於非法拆借。本罪的主觀方面由故意構成，並以牟利為目的。（王躍，黃久萍，陳亞軍：《破壞市場經濟秩序犯罪案件的立案和認定》）

29 非法出具金融票證案

（中國刑法第188條）

銀行或者其他金融機構的工作人員違反規定，為他人出具信用證或者其他保函、票據、存單、資信證明，涉嫌下列情形之一的，應予追訴：

1.個人違反規定為他人出具金融票證，造成直接經濟損失數額在十萬元以上的；

2.單位違反規定為他人出具金融票證，造成直接經濟損失數額在三十萬元以上的。

實戰案例

※案例一：

◎被告人黃大波，男，廣西人，個體經營者。

1995年初，淩雲縣個體戶王淩正從湖北引進2000萬元資金，定期存入建行淩雲縣支行，支行按王的要求將該款轉為他用，並從中得到72萬元的利差和手續費。爾後，為了到期能償還湖北的2000萬資金及收取利差和手續費，黃大波與王淩正商量後決定由支行提供假存單給王淩正到外地引資。同年9月的一天，黃大波攜帶5份蓋好章的建行定期整存整取儲蓄空白單（簡稱存單），夥同王淩正到南京等地聯繫引資。兩人先以南京某大酒店為存款戶虛開了2份數額為3000萬元、1000萬元，存期為1年的存單，隨後在黃大波的委託下，王淩正又與常州某公司簽訂引資協定，並給該公司虛開了1份數額為1500萬元、存期為1年的存單用於貸款抵押。10月31日，黃大波又領取4份空白存單並指派被告人陳國華（支行副行長）、詹志興（支行房貸部主任）帶到南京和王淩正辦理引資事宜，先後給常州某公司虛開了 3 份存款數額分別為 1500 萬元、1500 萬元、1000 萬元的存單，虛開 1 份存款數額為 1000 萬元的存單給南京某公司，同時相繼出具了每份存單的保兑證明，一起交給兩公司作質押引資。1995 年 11 月，青島某公司負責人將常州某公司提供的其中 1 份金額為 1000 萬元的存單，以其公司名義到中國建設銀行青島市南區支行作質押貸款。該行在得到黄大波謊稱存單真實的回復後，於 11 月 23 日至 27 日將 1000 萬元資金貸款給青島某公司，該公司截留 300 萬元，給了常州某公司 700 萬元。案發後，公安機關從常州某公司追回 600 萬，尚有 400 萬元的損失無法追回。近日，百色地區中院以非法出具金融票證罪，分別判處黄大波 7 年、王淩正 6 年、陳國華 3 年（緩刑 4 年）、詹志興 2 年（緩刑 3 年）有期徒刑。

※案例二：

◎被告人朱邦一，男，原海南南方信託公司法定代表人。
◎被告人張洪莊，男，中山市　豐空調銷售公司法定代表人。
◎被告人殷志遠，男，原中山市交通銀行孫文路辦事處副主任。
◎被告人沈堅，男，原中山市交通銀行孫文路辦事處副主任。

1996 年 8 月至 1997 年 1 月，被告人朱邦一、洪莊與被告人殷志遠、沈堅密謀後，由殷、沈二人以交通銀行中山分行孫文路辦事處的名義為朱、張屬下企業開出虛假的《信託（委託）存款合同》，從中收取手續費，後朱邦一、張洪莊用簽訂的 14 份《信託（委託）存款合同》作質押，到高科技信用社申請貸款。被告人殷志遠、沈堅向高科技信用社出具了虛假的確認書，被告人張洪莊向高科技信用社出具了虛假的《不可撤銷提款委託書》。被告人韓可義（原中山市高科技開發區城市信用社副主任）及同案人王海燕（在逃）明知高科技信用社無實際資金發放貸款，卻違反金融法規，將發放給朱邦一、張洪莊的貸款轉為朱、張二人的存款，開出91張定期存單後，總金額為25576萬元。朱邦一、張洪莊騙取上述貸款後，將存單用於抵押、還債等經營活動，91張存單到期後全部不能收回。中山市中級人民法院以非法出具金融票證罪，分別判處殷志遠有期徒刑15年，與其前犯挪用公款罪余刑實行數罪並罰，決定執行無期徒刑，剝奪政治權利終身。判處沈堅有期徒刑13年，與其前犯挪用公款罪余刑實行數罪並罰，決定執行有期徒刑20年。判處韓可義有期徒刑20年，並處罰金人民幣12萬元；判處朱邦一、沙甯、陳健鋒、張洪莊有期徒刑12年和10年不等，以及數額不等的罰金。

深入剖析

本罪的客觀方面表現為違反規定，為他人出具信用證或者其他保函、票據、存單、資信證明，造成較大損失的行為。犯罪主體是特殊主體僅限於銀行及其他金融機構及其工作人員。本罪是結果犯，只有造成較大損失的，才能構成本罪。從實質而言，本罪是一種怠忽職守的行為，但根據「特別法優於一般法」的規定，本罪於怠忽職守罪競合時，以本罪論處。另外，本罪的主體可以是單位。而怠忽職守罪僅限於中國國家機關工作人員。

30 對違法票據承兌、付款、保證案

（中國刑法第189條）

銀行或者其他金融機構的工作人員在票據業務中，對違反票據法規定的票據予以承兌、付款或者保證，涉嫌下列情形之一的，應予追訴：

1.個人對違反票據法規定的票據予以承兌、付款、保證、造成直接經濟損失數額在五十萬元以上的；

2.單位對違反票據法規定的票據予以承兌、付款、保證，造成直接經濟損失數額在一百萬元以上的。

實戰案例

※案例一：

◎被告人孫某，男，原建行包頭市分行某分理處主任。

2000年4月，孫某擔任建行包頭市分行某分理處主任期間，在一次酒席宴上認識了謝某和李某二人。謝某和李某兩人以做生意資金周轉有困難為由，要求孫某在提供資金方面給予幫助，日後必有重謝。孫某表示可以為他們提供的商業匯票辦理貼現。謝某與李某見有機可乘，連忙趁熱打鐵，聯繫辦理商業匯票的相關事宜。7月23日，謝某和李某在常州以百豐礦業的名義與不法分子馬某的常州某電器有限公司簽訂了一份價值1030萬元的假鋼材購銷合同。以此虛假合同為由雙方互相勾結，開出了一張48萬元的假承兑匯票。之後，夏某和李某找到孫某，要求辦理貼現。孫某指派分理處副主任惠某與呂某持查詢書前往中行常州武進大行核保。7月27日，惠某、呂某在朱某等人的安排下，在一場欺世盜名的核保鬧劇中客串了一回後，確認了該匯票的真實性。2000 年 8 月 1 日，謝某的「百豐礦業」在某分理處僅存入 5 萬元開設存款帳戶，向孫某所在的某分理處提出貼現申請並提交了企業的財務報表。同日在孫某的主持下，分理處召開會議決定同意辦理此筆貼現業務。同日，信貸科長王某、信貸員李某在未核實百豐礦業的財務報表的情況下，製作了匯票貼現申報書，並在孫某授意下虛列該企業月均存款 50 萬元。8 月 2 日，某分理處將此票業務報市行審批。市行於 8 月 4 日下達了貼現計畫。但某分理處已在 8 月 2 日將此票貼現業務扣息後的 466 萬元打入百豐礦業帳戶，到了 8 月 8 日「百豐礦業」帳戶就僅剩 8 萬餘元了。謝某將從「百豐礦業」帳戶轉出的 400 多萬元現金用於償還貸款和行賄等非法用途。案發後，雖經公安機關和檢察機關全力追繳，這一張假匯票仍給建行造成近 380 萬元的損失。法院對違法票據承兌、付款、保證罪判處孫某有期徒刑 8 年。

※案例二：

犯罪嫌疑人顏某得知武漢某建築單位在銀行存有鉅款後，決定與該行客戶經理黃蕤合謀騙取該款。2003 年 7 月 8 日，顏某在銀行將面值 160 萬元、300 萬元的兩張偽造轉賬支票交給工作人員楊某、胡某。儘管偽造轉賬支票上的印鑒，與建築公司在銀行預留的印鑒明顯不符，甚至公章中的「辦公室」三字也被錯刻為「辦化室」，但銀行職員林某卻均未發現，為顏順利辦理了轉賬手續。事後，顏迅速將 460 元的鉅款取出揮霍，案發後僅追回 40 萬元。武漢市江漢區檢察院根據該條規定，以涉嫌「對違法票據付款罪」對兩名失職的銀行職員林某提起了公訴。法院對其作出相應的有罪判決。

深入剖析

本罪犯罪客體為複雜客體，即中國的票據管理制度和金融機構的信譽。客觀方面的行為為違反票據法規定的票據予以非法承兌、非法付款或非法保證。在法律規定上，本罪在罪過性質上比較模糊，對於行為人對這種「違反票據法規定的票據」是否明知，未作規定。一般認為是過失，即由於銀行或者其他金融機構及其工作人員工作馬虎、審查不嚴所致，包括行為人疏忽大意和過於自信，但也不排除放任的故意。本罪的主體是特殊主體，僅限於銀行或者其他金融機構及其工作人員。

31 逃匯案

（中國刑法第 190 條）

公司、企業或者其他單位，違反國家規定，擅自將外匯存放境外，或者將境內的外匯非法轉移到境外，單筆或者累計數額在五百萬美元以上的，應予追訴。

實戰案例

◎被告人羅勇，男，32 歲，1999 年 4 月 15 日因涉嫌逃匯罪被公安機關逮捕。

1997 年 1 月至 1998 年 8 月間，被告人羅勇以瑞得（集團）公司及北京瑞得科技貿易發展公司的名義，為該公司辦理進口電腦業務的手續，在瑞得（集團）公司、北京瑞得科技貿易發展公司與中儀經緯進出口公司簽署委託代理進口協定後，原審被告人羅勇在中儀經緯進出口公司與「瑞達國際企業有限公司」97FMZ-500502HK、97FMZ-500504HK、97FMZ-500506HK 三份外貿合同外商簽名處，以 George Luo（喬治・羅）的名義假冒外商簽名，以此三份虛假合同欺騙銀行開立信用證的手段，通過中儀經緯進出口公司從開證行中國銀行總行、中國建設銀行北京市分行為北京瑞得科技貿易發展公司騙購外匯 447.685 萬美元匯至境外，將瑞得（集團）公司自有外匯 365 萬美元非法轉移至境外。北京市第一中級人民法院審理認為北京瑞得科技貿易發展公司犯逃匯罪，處以罰金 1000 萬，沒收所有違法所得。被告人羅勇犯非法經營罪 3 年有期徒刑。

深入剖析

逃匯罪是指公司、企業或者其他單位，違反中國規定，擅自將外匯存放境外，或者將境內的外匯非法轉移到境外，數額較大的行為，這在部分台商公司，是很常見的財務運作，但其實隱含巨大風險。逃匯罪的客體要件，是指侵犯中國的外匯管理制度。本案侵犯的物件是外匯，據《外匯管理條例》規定，外匯是指可以用作國際清償的支付手段和資產，包括：(1)外國貨幣，如紙幣、鑄幣等；(2)外幣有價證券，如政府國庫券、公司債券、股票等；(3)外幣支付憑證，如票據、銀行存款憑證、郵政儲蓄憑證等；(4)特別提款權、歐洲貨幣單位；(5)其他外匯資產，如境外的房地契、其他外匯資產有關的各種證書、契約、含有支付的授權書、函件等。逃匯罪侵犯的外匯管理制度主要是對外匯輸出、對外匯進出境、對外匯使用和管理等方面的規定。逃匯罪的主體要件，是公司、企業或者其他單位特殊主體，自然人不能成為本罪的主體。其根據是 1998 年 12 月 29 日中國全國人大常委會（以下皆簡稱為「全國人大常委會」）通過的《關於懲治騙購外匯、逃匯和非法買賣外匯犯罪的決定》第三條。這是對刑法第 190 條作的補充和修改，其變化內容有：(1)增加了逃匯罪的犯罪主體，在原有刑法所規定的國有公司、企業或者其他國有單位上增加了非國有公司企業；(2)將原來的「情節嚴重」改為「數額較大」；(3)明確了罰金數額，將原刑法的規定改為了百分比罰金制；(4)提高了法定刑，增加到最高法定刑為 15 年有期徒刑。

32 騙購外匯

（中國全國人大常委會關於懲治騙購外匯、逃匯和非法買賣外匯犯罪的決定第1條）

騙購外匯，數額在五十萬美元以上的，應予追訴。

實戰案例

◎犯罪嫌疑人劉良藝，男，馬來西亞籍，涉嫌騙購外匯罪。2005年9月22日被捕。

◎犯罪嫌疑人林文彪，男，福建福州人，涉嫌騙購外匯罪。2005年9月22日被捕。

◎犯罪嫌疑人施文，男，浙江溫州人，涉嫌騙購外匯罪。2005年12月24日被捕。

犯罪嫌疑人劉良藝、林文彪、施文等人自1992年以來，採用冒用境外投資公司名稱和虛構資信證明，勾結境內人員偽造辦理外資企業所需的材料，不斷成立外資獨資公司，並通過頻繁變更法人代表、股東名字，甚至假冒外籍人員身份、使用化名充當法人代表等手段，掩蓋空殼公司真相和逃避銀行監管。自1998年以來，該團夥採取虛報資產、產值、利潤、收買銀行信貸人員和連環擔保等手段，從銀行貸款2.1億元，用於揮霍、還私債和借新還舊。其還為了擴大信貸額度，騙取更多貸款，通過給「好處費」或交納「風險金」等形式，串通晉江市審計律師事務所等5家驗資單位，使用偽造海關進口貨單，虛開發票、收據，以及以國產設備、原材料冒充進口等手段，營造擴大注入資本和生產規模的假象，先後從江蘇、安徽以及福建省的泉州、莆田、寧德、南平、三明、漳州等地 13 家銀行騙購外匯 15 億港元，造成國家外匯大量流失。

深入剖析

本罪應參照 1998 年 12 月 29 日中國全國人大常委會通過的《關於懲治騙購外匯、逃匯和非法買賣外匯犯罪的決定》(以下簡稱《決定》)。騙購外匯罪是指以虛無或者無效的憑證、單據向外匯指定銀行騙購外匯，數額較大的行為。騙購外匯罪的主題是一般主體，自然人和單位都可以構成。實踐中，其行為方式主要有兩種：一是使用偽造、變造的海關簽發的報關單、進口證明、外匯管理部門核准件等憑證和單據的；二是重複使用海關簽發的報關單、進口證明、外匯管理部門核准件等憑證和單據。對於此罪的主觀要件，刑法界目前仍存爭議，通說認為本罪故意形式不包括間接故意，且具有非法占有為目的。

33 洗錢

（中國刑法第191條）

明知是毒品犯罪、黑社會性質的組織犯罪、走私犯罪的違法所得及其產生的收益，為掩飾、隱瞞其來源和性質，涉嫌下列情形之一的，應予追訴：

1.提供資金帳戶的；

2.協助將財產轉換為現金或者金融票據的；

3.通過轉賬或者其他結算方式協助資金轉移的；

4.協助將資金匯往境外的；

5.以其他方法掩飾、隱瞞犯罪的違法所得及其收益的性質和來源的。

實戰案例

※案例一：

◎被告人蘇某，男，46歲，上海籍，原係上海市某生物科技有限責任公司經理，法定代表人，1999年3月11日因涉嫌洗錢罪被公安機關逮捕。

◎被告人汪某，女，39歲，上海籍，原係上海市某生物科技有限責任公司財務處副處長兼主管會計，1999年3月11日涉嫌洗錢罪被公安機關逮捕。

1998年11月19日，蘇某的同學林某找到在大陸開辦公司的蘇，要求借用蘇某單位帳戶轉一筆「貨款」，林某向蘇某透露這「貨款」是從馬來西亞弄到的汽車（走私汽車）銷售款，希望通過蘇某單位帳號分散後取出部分現金。林某當場送給蘇某人民幣10000元，蘇某收下。事後，蘇某指示單位主管會計汪某具體辦理該筆款項的轉帳手續，並要求汪不要向其他人透露此事。1998 年 11 月 22 日，林某將其款項計 580 萬元分 21 筆轉入其生物科技有限責任公司帳戶。1998 年 12 月 23 日至 1999 年 1 月 5 日，汪某將林某銷售的走私汽車款 580 萬分五次從公司帳戶中轉（支付）。蘇某從中收受林賄賂 5 萬元，汪某收受林賄賂 2 萬元。

法院經查明，認定上海市某生物科技有限責任公司犯洗錢罪，判處罰金 50 萬元。被告人蘇某犯洗錢罪，判處有期徒刑 3 年，犯受賄罪判處有期徒刑 4 年，合併執行有期徒刑 5 年。被告人汪某犯洗錢罪，判處有期徒刑 1 年 6 個月，犯受賄罪判處有期徒刑 2 年，合併執行有期徒刑 3 年。

※案例二：

◎犯罪嫌疑人李奎德，臺灣嘉義縣人。

1992 年底李奎德在海南三亞市成立三亞嘉鴻房地產開發有限公司，任總經理，2004 年 9 月 6 日因涉嫌非法經營罪被海南省公安廳依法拘留。據查證，李奎德先分別在內地和臺灣、香港開設銀行帳戶，當客戶需要用人民幣換取外匯時，客戶就先將人民幣存入李奎德在內地的銀行帳戶，然後李奎德從臺灣或香港的開戶銀行支付台幣、美圓或港幣，如果客戶需要將外匯換成人民幣時，則客戶就先將外匯存入李奎德的在臺灣、香港指定的銀行，然後李奎德從內地的銀行支付人民幣給客戶，而李則賺取兌換的利差。李奎德承認：「我們就是根據官價（國家牌價）和市場價（黑市價），取中間值，一般是千分之一的利潤。」經查實，從 1998 年下半年，李奎德通過地下錢莊兌換的外匯折合人民幣 2 億 3 千萬元，從中獲利達 230 萬人民幣。地下錢莊非法炒賣外匯，不僅影響了人民幣的穩定，而且為走私、騙稅、逃稅、洗錢等犯罪活動提供了外匯來源和「地下通道」，造成資金外流，嚴重影響外匯的管理秩序。2004年9月6日因涉嫌非法經營罪被海南省公安廳依法拘留。

深入剖析

《刑法》中的洗錢罪要求有明知作為主觀要件。根據《刑法》第191條和《刑法修正案（三）》第7條的規定，洗錢罪的構成需以行為人對作為洗錢對象的毒品犯罪、黑社會性質的組織犯罪、恐怖活動犯罪、走私犯罪的違法所得及其產生的收益具有主觀明知為要件。這裏的明知是指行為人必須明確知道自己的行為是在掩飾、隱瞞上述犯罪違法所得及其收益的來源和性質。明知不以確知為限，既可以是確定性認識，也可以是可能性認識，兩者在法律上性質是一致的，對定罪量刑不發生影響。從犯罪主體來看。洗錢罪的主體為一般主體，包括自然人和單位。

34 集資詐騙

（中國刑法第 192 條）

以非法占有為目的，使用詐騙方法非法集資，涉嫌下列情形之一的，應予追訴：

1.個人集資詐騙，數額在十萬元以上的；

2.單位集資詐騙，數額在五十萬元以上的。

實戰案例

◎被告人曹予飛，男，臺灣省人。

1997 年 4 月至 1998 年 7 月間，曹予飛先後以新亞東投資諮詢公司、山東中慧期貨經紀有限公司、北京營業部和新國大期貨經紀有限公司的名義，以代理期貨交易為手段，以高額回報為誘餌，在北京進行集資詐騙活動，一年內騙取 3000 餘名客戶 5 億餘元人民幣，並通過隱密途徑將大部分資金轉移境外，造成 3 億餘元無法追回。2000 年 3 月，北京市第二中級法院以集資詐騙罪分別判處主犯曹予飛死刑。

深入剖析

集資詐騙罪是以非法占有為目的，並使用詐騙方法向社會不特定物件的集資活動。按《刑法》第 192 條對本案以公司的名義，代理期貨交易為手段，並以高額回報為誘餌，所進行的集資詐騙進行定罪。但在對個人處以死刑的量刑，則是根據「數額特別巨大，並使大部分資金轉移境外，造成 3 億餘元無法追回的特別嚴重情節」的事實，按《刑法》第 199 條「犯本節第 192 條規定之罪，數額特別巨大並且給中國國家和人民利益造成特別重大損失的，處無期徒刑或者死刑，並處沒收財產」和中國全國人大常委會《關於懲治破壞金融秩序犯罪的決定》（中華人民共和國主席令第五十二號 自 1995 年 6 月 30 日起施行）的第八條第一款「數額特別巨大或者有其他特別嚴重情節的，處十年以上有期徒刑、無期徒刑或者死刑，並處沒收財產」，以及第二款「單位犯前款罪的，對單位判處罰金，並對直接負責的主管人員和其他直接責任人員，依照前款的規定處罰」來量刑的。

35 貸款詐騙案

（中國刑法第193條）

以非法占有為目的，詐騙銀行或者其他金融機構的貸款，數額在一萬元以上的，應予追訴。

實戰案例

◎被告人王佩雲，男，上海市人，無業人員。

被告人王佩雲平時嗜賭成性，經常輸得身無分文，債臺高築。為此，他多次向在賭場上發放高利貸的秦彪借錢，結果又將借得的錢款統統輸光，至2004年9月底，王連本帶息欠下了秦彪18萬元的高額債務。2004年10月，當秦帶著同案犯李建芳再次上門逼債時，負債累累的王佩雲根本無法償還，為賭博撈本不得不再次向秦借款，秦則提出以房產抵押作為借款的先決條件。王在同月25日趁其岳父外出旅遊之際，將岳父剛領到手的房產證偷出，連同妻子的身份證一併交給秦彪。秦、李二人通過某房地產仲介公司經理蔡某（另行處理）辦理了銀行貸款的相關手續，並由蔡偽造了房屋買賣合同、房主身份證以及王佩雲之妻的收入證明等資料，秦彪、李建芳則冒充房屋買賣雙方在合同上簽名。隨後二人將這些資料向銀行申請房屋抵押貸款，共計騙得貸款26萬元。法院認為：三名被告人經預謀採用他人房產證抵押的方法，騙取銀行貸款，其行為均構成貸款詐騙罪。其中，王佩雲為提出向秦借錢的要求，曾與秦商量以房產證辦理貸款，並將竊得的房產證和房屋買受人及借款抵押人的身份證交給秦，最終，王佩雲不僅獲得秦支付的借款，也使秦、李二人虛構房屋買賣騙得銀行貸款，其主觀上有詐騙的故意。而秦、李明知王無力償還債務，卻虛構房屋買賣，冒名簽字，騙取貸款，具體實施了詐騙行為，應以貸款詐騙論處。分別判處王佩雲和秦彪有期徒刑 10 年，並各處罰金 5 萬元；判處從犯李建芳有期徒刑 3 年、緩刑 3 年，並處罰金 3 萬元。

深入剖析

詐騙貸款罪不能簡單地認為，只要貸款到期不能償還，就以詐騙貸款罪論處。只有那些以非法占有為目的，採用欺騙的方法取得貸款的行為，才構成貸款詐騙罪。實際生活中、貸款不能按期償還的情況時有發生，貸款詐騙與借貸糾紛區別是(1)貸款到期不還，要看行為人在申請貸款時，履行能力是否已經存在，行為人對此是否清楚。(2)行為人獲得貸款後，是否將貸款用於借貸合同所規定的用途。如果貸款確實被用於所規定的專案，也說明行為人主觀上沒有詐騙貸款的故意，不能以詐騙貸款罪處理。(3)看行為人於貸款到期後是否積極償還。(4)將上述因素綜合起來考察，全面考察行為人主觀心態，從而得出是否有非法占有貸款的目的，這對正確區分貸款詐騙與借貸糾紛的界限具有重要意義。本案被告是明知故意、虛構房屋買賣、騙取銀行的個人住房抵押貸款和達到非法占有為目的，是一個典型的詐騙貸款罪，應該受到刑法第 193 條的處罰。

36 票據詐騙案

（中國刑法第 194 條第 1 款）

進行金融票據詐騙活動，涉嫌下列情形之一的，應予追訴：

1.個人進行金融票據詐騙，數額在五千元以上的；

2.單位進行金融票據詐騙，數額在十萬元以上的。

實戰案例

◎被告人阿里諾．羅伯特，剛果籍，男。

被告阿里諾．羅伯特等四名剛果人（其他三名另案處理）受境外犯罪團夥主謀指使，分別於 2004 年 1 月至 6 月間，持假護照先後在我國多家銀行開設儲蓄帳戶。隨後，多次使用境外同夥偽造的支票托收、付款委託書等方式誘使境外銀行匯款至其儲蓄帳戶。其中，阿里諾．羅伯特持偽造的付款委託書，誘使某境外銀行匯款五萬歐元後全部提取，又用偽造的匯款憑證，誘使德國柏林某銀行匯款 9 萬歐元。另一人使用偽造的支票托收詐騙得款近人民幣 20 萬元。因境外銀行與被害人聯繫後發現付款委託書均係偽造，向中國銀行發出止付通知，國際刑警也向中國發出了有關詐騙犯罪的協查函，2004 年 7 月，四名被告人被中國公安機關抓獲並刑事拘留。

上海市第一中級人民法院法院經審理認為，該四名被告人詐騙共超過 6 百萬元人民幣，其行為均已構成票據詐騙罪和金融憑證詐騙罪，判處阿里諾．羅伯特有期徒刑 8 年，罰金 10 萬元。

深入剖析

票據詐騙罪，是指以非法占有為目的，利用金融票據進行詐騙活動，騙取財物數額較大的行為。本罪侵犯的客體是雙重客體，既侵犯了他人的財物所有權，又侵犯了國家的金融管理制度。金融票據是可流通轉讓的信用支付工具。金融票據具有有價性、物權性、無因性、要式性等特點。有價性即金融票據以支付一定金錢為目的；物權性即占有票據就享有物權，持票人可以依法向票據債務人行使請求權；無因性即持票人出示票據就可以行使票據權利，對取得票據的原因不負證明責任；要式性指票據形式和內容必須符合法律規定，否則無效。由於金融票據具有上述特點，違法犯罪分子出於非法占有的目的，想方設法利用票據或者使用偽造、變造的票據騙取他人財物。行為人主觀上是否明知，是否以騙取他人財物為目的是罪與非罪的重要標準。

票據詐騙罪與偽造、變造金融票證罪，兩罪的根本區別在於，偽造、變造金融票證罪懲治的是偽造、變造行為本身，而金融票據詐騙罪懲治的是使用這些金融票據進行詐騙的行為。如行為人僅僅是偽造、變造金融票證，而沒有使用的，則是觸犯了刑法第 177 條的規定，構成偽造、變造金融票證罪。但司法實踐中這兩種犯罪往往又是聯繫在一起的，表現為行為人先偽造、變造匯票、本票、支票或者其他銀行結算憑證，然後使用該偽造、變造的票證進行詐騙活動，這種情形屬於牽連犯，應當從一重罪，即按票據詐騙罪論罪處罰，不實行數罪並罰。

37 金融憑證詐騙案

（中國刑法第 194 條第 2 款）

使用偽造、變造的委託收款憑證、匯款憑證、銀行存單等其他銀行結算憑證進行詐騙活動，涉嫌下列情形之一的，應予追訴：

1.個人進行金融憑證詐騙，數額在五千元以上的；

2.單位進行金融憑證詐騙，數額在十萬元以上的。

實戰案例

※案例一：

◎被告人曹婭莎，女，40 歲，山東省濰坊市海州實業有限公司（個體）經理。1996 年 10 月 8 日被逮捕。

被告人曹婭莎、劉錦祥在 1996 年 5 月至 7 月間，使用變造銀行存單的方法詐騙作案三起，詐騙總額 2500 萬元（其中 1000 萬元未遂），其中，被告人劉錦祥參與詐騙作案一起。曹婭莎將詐騙的錢款用於支付利息差、中間人「好處費」、歸還濰坊市海州實業有限公司欠銀行的貸款和購買汽車等。濰坊市中級人民法院認為被告人曹婭莎、劉錦祥無視國法，以非法占有為目的，採用變造銀行金融憑證的方法詐騙資金，詐騙數額特別巨大，構成金融憑證詐騙案，鑒於劉錦祥只參與作案一起，可從輕處罰。法院於 1997 年 10 月 13 日判決：一、被告人曹婭莎金融憑證詐騙案，判處死刑，剝奪政治權利終身，並處罰金人民幣 10 萬元；二、被告人劉錦祥犯金融憑證詐騙案，判處無期徒刑，剝奪政治權利終身，並處罰金人民幣 20 萬元。

※案例二：

◎被告人周利民，男，51 歲，西安人，原係建設銀行西安市分行北郊支行自強西路辦事處主任

1996 年初，被告人周利民，劉怡冰等預謀後，決定以高息存款為誘餌，用虛假金融憑證詐騙儲戶存款。作案初期，周採用私拿空白存單、私蓋印鑒、給儲戶出具「大頭小尾」存單，騙取儲戶存款。後來，周又採用指使被告人劉益甯從建設銀行西安市分行印刷廠竊取半成品空白存單、非法製作假存單的手段騙取存款。為非法製作假存單，周找到被告人原陝西秦奮物業發展有限責任公司總經理張憲忠，張明知劉讓他幫助非法製作假存單，為達到個人非法使用贓款的目的，仍安排其下屬職員在該公司製作假存單。自 1996 年初至 2000 年 10 月，周利民以高息存款為誘餌，用偽造的金融憑證、虛假承諾書等手段，在社會上大肆進行詐騙活動，共騙取個人存款 6237 萬多元，支付高息 755 萬多元；共騙取公司、企業等存款單位的存款 43106 萬元，支付高息 1691 萬多元，案發前歸還 28467 萬元。周、劉二人將所獲贓款 12306 萬多元非法轉給其「關係單位」及個人使用外，還大肆進行揮霍和占用。法院審理認定周利民犯有金融憑證詐騙罪依法判處有期徒刑 12 年，並沒收其非法所得。

深入剖析

金融憑證詐騙罪，是指使用偽造、變造的委託收款憑證、匯款憑證、銀行存單等其他銀行結算憑證，騙取他人財物，數額較大的行為。本罪所侵害的客體是複雜客體，既侵犯了中國有關金融憑證的管理制度，同時又對公私財產的所有權造成損害。金融憑證詐騙罪與票據詐騙罪的重要區別，筆者認為：金融憑證詐騙罪所侵害的

客體是複雜客體（也就是說，金融憑證詐騙罪是行為人利用社會中不特定的物件，如公眾，對票據出票人、出票單位或銀行所出金融票據的信任，行為人用偽造、變造的金融票據對不特定的物件實施的詐騙行為）；而票據詐騙罪是行為人用偽造、變造的金融票據對特定的物件，如票據出票人、出票單位或銀行實施直接的詐騙）。其次的區別是金融憑證詐騙罪行為對象的金融憑證，則僅是指委託收款憑證、匯款憑證及銀行存單。如使用偽造的、變造的匯票、本票、支票進行詐騙，構成犯罪的，而是票據詐騙罪。所謂使用，是指將偽造或變造的金融憑證謊稱、冒充為真實的金融憑證，用之騙取他人財物的行為，是否實施了使用之行為，是構成金融憑證詐騙罪與非罪、此罪與彼罪的重要界限。（可參考中國最高人民法院案例選編）

38 信用證詐騙案

（中國刑法第195條）

進行信用證詐騙活動，涉嫌下列情形之一的，應予追訴：

1.使用偽造、變造的信用證或者附隨的單據、檔的；

2.使用作廢的信用證的；

3.騙取信用證的；

4.以其他方法進行信用證詐騙活動的。

實戰案例

◎麥堅，香港籍，46歲，原係香港廣豐行有限公司（下稱廣豐行公司）、南美洲國際冷凍海產有限公司（下簡稱南美洲公司）、廣州泛太平洋水產食品有限公司（下簡稱泛太平洋公司）董事、總經理。

從1996年6月至1997年10月，由麥堅主管負責的廣豐行公司在嚴重虧損、沒有真實海產品進口貿易的情況下，委託廣南公司或廣南屬下的益怡有限公司（以下簡稱益怡公司）為其申請開具信用證，信用證受益人由他指定。以廣豐行公司或南美洲公司作為信用證項下貨物的賣方，泛太平洋公司作為信用證項下貨物的買方，廣南公司或益怡公司與賣方、買方分別簽訂一買、一賣的兩份貨物買賣合同，作為信用證項下的買賣合同，由廣南公司或益怡公司向銀行申請開立信用證，並列明以商業發票、貨運收據為信用證附隨單據，等開證行開出不可撤銷跟單信用證後，泛太平洋公司開具「收到貨物」收據交給廣南公司或益怡公司，廣南公司或益怡公司據此開出貨運收據給廣豐行公司，廣豐行公司持填寫虛假內容的商業發票、貨運收據到銀行進行信用證貼現。事實上，這期間的廣豐行公司和廣南公司之間並沒有發生任何貿易關係，附隨單據都是虛假的。但按照上述方法廣豐行公司先後要求廣南公司或益怡公司為其開具了 18 筆不可撤銷跟單信用證，並持虛假的附隨單據到銀行貼現。經司法會計鑒定，該 18 筆信用證合計金額為港幣 77534212.62 元。從 1997 年 3 月至 1998 年 8 月，廣豐行公司只返還益怡公司港幣 273.5 萬餘元，廣南公司或益怡公司代廣豐行公司墊付的信用證項下共計 7716 萬餘元至今無法收回，給國家造成巨額經濟損失。廣州中院審理認為，廣豐行公司為了獲取資金，在沒有償還能力的情況下，明知沒有實際貿易，仍虛構貿易關係，用「騙新錢還舊債」的手法連續騙開信用證 18 單，並使用虛假單證到銀行貼現信用證，騙取財物數額特別巨大，造成廣南集團 7716 萬餘港元至今無法收回，給國家造成巨額經濟損失，麥堅是廣豐行公司直接負責的主管人員，他的行為構成信用證詐騙罪，依法一審判處麥堅無期徒刑，剝奪政治權利終身。

深入剖析

信用證詐騙罪，是指以非法占有為目的，利用信用證進行詐騙活動，騙取財物數額較大的行為。信用證是銀行有條件地承諾付款的一種保證。它是某一銀行（開證行）應買方（開證申請人）要求或指示開給賣方（受益人）的保證，在規定的期限內以規定的單據為依據，即期或在以後某一規定的日期支付一定金額的書面檔。本罪在主觀方面必須出於故意，並且具有非法占有之目的。使用明知證屬於偽造、變造或是作廢的信用證進行詐騙的，即構成本罪。過失不能構成本罪。本案量刑上是按刑法第 195 條、第 199 條、第 55 條和中國全國人大常委會 1995 年 6 月 30 日公布的《關於懲治破壞金融秩序犯罪的決定》第十三條的規定量刑的。所謂數額特別巨大的起點，根據最高人民法院在 1996 年 12 月 16 日發布的《關於審理詐騙案件具體應用法律的若干問題的解釋》，是指詐騙數額在 50 萬元以上、單位達到 250 萬元以上的。所謂其他特別嚴重情節，則是指因其詐騙造成受害人特別巨大的經濟損失的；造成特別嚴重的聲譽、經濟影響的；引起特別嚴重的外交事件的；對銀行造成特別嚴重的政治、經濟影響的；屬於慣犯、累犯或多次作案的；具有多個嚴重情節的等等。

39 信用卡詐騙案

（中國刑法第 196 條）

進行信用卡詐騙活動，涉嫌下列情形之一的，應予追訴：

1.使用偽造的信用卡，或者使用作廢的信用卡，或者冒用他人信用卡，進行詐騙活動，數額在五千元以上的；

2.惡意透支，數額在五千元以上的。

實戰案例

◎被告人鄭正山，男，臺灣省人，早年畢業於美國加州大學電腦專業，曾於 2002 年 8 月 5 日因犯信用卡詐騙罪被海南省三亞市中級人民法院判處有期徒刑二年又六個月，2004 年 3 月 28 日釋放。

2004 年 7 月至 8 月，鄭正山為了實施信用卡詐騙活動，夥同或指使他人並由其出資先後在重慶、西安等地用偽造的身份證設立了多家服裝店、工藝品店，並為上述商店向中國銀行申請設立了基本帳戶和用於國際信用卡交易的特約商戶終端機（「POS 機」）。而後，鄭正山利用先前通過國際不法分子獲取的一些國際信用卡資訊，偽造了多張國際信用卡。然後在並無貨物實際交易的情況下，用偽造的國際信用卡在上述 POS 機上多次刷卡，偽造交易，從中國銀行多次騙取交易結算款，共計人民幣 152 萬餘元。陝西高院認為，鄭正山分別與他人勾結，以非法占有為目的，以開辦商店為幌子申請為國際信用卡交易特約商戶，進而偽造信用卡並使用偽造的信用卡刷卡，製造虛假交易，從而騙取用戶或發卡中心或收單行的資金，數額特別巨大，嚴重損害了信用卡的管理制度以及他人財產的所有權，其行為均已構成信用卡詐騙罪。在共同犯罪中，鄭正山起組織、策劃、領導作用，是主犯，且是累犯，應從重處罰，判處鄭正山有期徒刑十二年，並處罰金 10 萬元。

深入剖析

信用卡詐騙罪，是指以非法占有為目的，違反信用卡管理法規，利用信用卡進行詐騙活動，騙取財物數額較大的行為。本罪所侵害的客體是複雜客體，既對中國有關的金融票證管理制度，又是信用卡的管理制度造成侵害，同時也給銀行以及信用卡的有關關係人的公私財物所有權產生損害。信用卡詐騙罪客觀上表現為使用偽造、變造的信用卡，或者冒用他人信用卡，或者利用信用卡惡意透支，詐騙公私財物，數額較大的行為。所謂使用，包括用信用卡購買商品、在銀行或者自動取款機上支取現金以及接受信用卡進行支付、結算的各種服務；這裏「偽造的信用卡」是指刑法第 177 條規定的偽造的信用卡，即使用各種非法方法製造的信用卡。本罪在主觀上只能由故意構成，並且必須具有非法占有公私財物的目的。關於偽造信用卡並使用偽造的信用卡詐騙行為的定性，偽造信用卡的行為按照刑法第 177 條規定，構成偽造、變造金融票證罪，而使用偽造信用卡的行為構成信用卡詐騙罪，兩者之間存在牽連關係，應當以一重罪從重處罰。由於兩罪的法定刑相同，以牽連犯中的結果行為即以信用卡詐騙罪論處。（相關案例可參考大陸學者曲伶俐著作：《刑事案件研究與實務》）

40 有價證券詐騙案

（中國刑法第 197 條）

使用偽造、變造的國庫券或者國家發行的其他有價證券進行詐騙活動，數額在五千元以上的，應予追訴。

實戰案例

※案例一：

◎黃壯禮，1960 年 12 月 20 日出生，廣東汕頭市人，陳溶偉，泉州人。

黄仕禮夥同陳溶偉，在 2002 年 9 月 9 日，以要把「國債憑證」的資金移庫到投資地銀行抵押貸款，需要資金辦理移庫手續，製造種種假象矇騙施某和曾某，於當日晚向曾某借款 9.1 萬元，留下 15 萬借條，承諾一個月後還款，並以一張假面額為 1000 萬元假的「中華人民共和國憑證式國債憑證」為抵押，以此詐得曾某 9.1 萬元人民幣。一星期後，陳溶偉又向曾某開口：「借款 5 萬元，一個月後還款 12 萬元」，不久，曾找施商量此事，兩人突然想起「莫非有詐？」，打電話到建設銀行莆田市涵江分行查詢，證實「憑證是假的」，即向涵江公安分局報案，在詔安警方的配合下，2002 年 9 月 19 日黃壯禮、陳溶偉和龔湖軍（另案處理）被抓獲。其間，黃壯禮、陳溶偉和龔湖軍還用同樣的手法在湖北黄岡市，詐騙了大慶市李某某 6 萬元現金。

2003 年 7 月 16 日，涵江區法院對此案審理作出宣判，被告人黃仕禮、陳溶偉以假國債憑證做擔保詐騙他人錢財，數額特別巨大，嚴重情節，犯有價證券詐騙罪，依法判處黃壯禮有期徒刑 15

年，並處罰金10萬元；判處陳溶偉有期徒刑10年，並處罰金6萬元；追繳黃壯禮、陳溶偉的非法得所，退還給被害人。

※案例二：

◎被告人王誠敏，男，46歲，上海人。

被告人王誠敏於1999年5月16日上午從南昌人徐筱紅處獲得1997年版第一期1千元面額的假國庫券60張，總計面額6萬元。當天上午10時許，王夥同金偉康（另處）至上海市浦東新區陳明登、汪莞貞家中，以急用錢為名，將6萬元假國庫券作抵押，從陳處騙得人民幣55,000元，之後將贓款給徐，從中分得人民幣2,000元。次日下午，王又從徐處獲得假國庫券6萬元，夥同金至上海市赤峰路玉峰大樓處，由金與收國庫券的姚頭談成交價，後欲將6萬元假國庫券騙取姚人民幣63,000元時，王、金被公安人員抓獲。查獲的國庫券，經中國人民銀行上海市分行鑒定，均係偽造券，已予沒收。案發後，王協助公安人員抓捕犯罪嫌疑人徐筱紅。據此，上海市虹口區人民法院一審認為：被告人王誠敏用偽造的國庫券騙取他人錢財，數額巨大，其行為已構成有價證券詐騙罪。鑒於王誠敏能協助公安機關抓捕其他犯罪嫌疑人，有立功表現，部分詐騙係未遂，依法可從輕處罰。被告人王誠敏犯有價證券詐騙罪，判處有期徒刑6年，並處罰金人民幣5萬元，追繳贓款發還被害人陳明登。

深入剖析

有價證券詐騙罪，是指使用偽造、變造的中國國庫券或者中國發行的其他有價證券，進行詐騙活動，且數額較大的行為，它侵犯的客體是雙重客體，既侵犯了他人財產所有權，又侵犯了中國有價證券管理制度。與本罪有關的有價證券是中國國庫券或者中國發行的其他有價證券，亦即公債券，不包括非中國發行的本票、匯票、支票、存單、委託付款憑證、股票、公司或企業債券等有價證券。有價證券詐騙罪在客觀方面表現為使用偽造、變造的中國國庫券或者中國發行的其他有價證券，進行詐騙活動，數額較大的行為。不論是自己還是他人偽造、變造的、只要屬於明知而仍加以使用，就可構成本罪。實施了使用偽造、變造中國有價證券的行為，但由於意志以外的原因還未實際詐騙到數額巨大的財物，只要能查明行為人完全有可能獲取數額巨大的財物，情節嚴重的，亦可構成本罪、但這時應為未遂，本案中第二次詐騙就是未遂。

41 保險詐騙案

（中國刑法第198條）

進行保險詐騙活動，涉嫌下列情形之一的，應予追訴：

1.個人進行保險詐騙，數額在一萬元以上的；

2.單位進行保險詐騙，數額在五萬元以上的。

實戰案例

※案例一：

福建大田縣法院經審理查明，被告人陳國金於2002年12月11日至2003年4月10日期間，先後23次虛構投保人向大田、梅列、沙縣、永安、泉州德化縣等地人壽保險公司投保，然後編造未曾發生的保險事故進行保險詐騙，得逞了15起，騙得保險金4萬餘元。2003年3月24日，陳國金以「林建鋒」名義向大田人壽保險公司投保了一份人壽險。4月30日，陳國金將製作的投保人「林建鋒」在德化出險並在德化治療的虛假材料託朋友陳某某送至大田縣人壽保險公司索賠。投保人頻頻「出險」，已引起大田人壽保險公司的懷疑。保險公司派人了秘密調查此事，結果發現德化縣醫院根本就沒有什麼「林建鋒」住院治療。此前，陳國金還以同樣的手法於2003年1月21日至4月11日多處人壽保險公司投保了7份人壽險，並虛構了保險事故虛向各公司索賠，因案發而未領取保險金。法院審理認為，被告人陳國金的行為符合保險詐騙罪的法定構成要件，構成保險詐騙罪。故依法判處被告人陳國金有期徒刑4年6個月，並處罰金2萬元。

※案例二：

◎被告人呂雲樂，山東省掖縣人，41歲，中興萬英公司經理。

被告人呂雲樂於2001年4月以公司人員張建軍的名義註冊成立了北京匯澤奇商貿有限責任公司，並分別指使張建軍、王福國、謝永友將大量滯銷的照相器材等商品運至公司倉庫內，呂還指使謝永友編造虛假入庫單和發票，提供給張建軍做匯澤奇公司庫存賬目，虛構保險標的，以保險金額2500萬元向中國人民保險公司北京市東城區支公司投保財產保險綜合險。在2001年12月29日匯澤奇商貿有限責任公司的庫房發生大火災，1、2、3號庫房大部分物品受損，多數為照相器材。消防部門認定火災是人為放火所致，北京警方對事故進行立案偵查。倉庫失火後，呂雲樂指使張建軍等人偽造虛假證明資料，誇大損失程度，企圖騙取巨額保險金。2002年5月，此案還未偵破，匯澤奇公司向中保公司北京市東城區支公司高提出達1900餘萬元的理賠申請，索賠依據是2001年12月30日公司資產負債表及290張購貨發票。對索賠證據調查核實，匯澤奇公司向保險公司提供的火災受損物品的290張發票存在問題，同時，清理倉庫實際貨物與賬目不相符，匯澤奇公司採取以少充多、以低充高、以次充好、記賬的原始發票造假等手段詐騙保險金。北京市第一中級人民法院作出一審判決，以虛開增值稅專用發票罪和保險詐騙罪，判處呂雲樂有期徒刑20年，剝奪政治權利4年，並處罰金25萬元；同案被告人張建軍、謝永友、馬利、王福國同時被判處有期徒刑並處罰金。

深入剖析

保險詐騙罪，是指以非法獲取保險金為目的，違反保險法規，採用虛構保險標的、保險事故或者製造保險事故等方法，向保險公司騙取保險金，數額較大的行為。它侵犯的客體是雙重客體，既侵犯了保險公司的財產所有權，又侵犯了中國的保險制度。本罪的物件是保險金，它是保險人承擔賠償或者給付保險金責任的最高限額。保險詐騙罪的主體是特殊主體，只能由投保人、被保險人、受益人構成，但其他故意提供虛假的證明檔，為他人詐騙提供條件的，以保險詐騙的共犯論處。本罪在主觀上只能由故意構成，並且具有非法占有保險金的目的。既遂行為是區別保險詐騙罪與非罪的重要標準，保險詐騙罪規定的五項情形均為既遂行為，即騙取了保險金的行為，這是構成保險詐騙罪的必要要件。

42 偷稅案

（中國刑法第201條）

納稅人進行偷稅活動，涉嫌下列情形之一的，應予追訴：

1.偷稅數額在一萬元以上，並且偷稅數額占各稅種應納稅總額的百分之十以上的；

2.雖未達到上述數額標準，但因偷稅受過行政處罰二次以上，又偷稅的。

實戰案例

※案例一：

◎黃仁傑，臺灣省金門縣人，49歲，廈門湖裏新禾盛貿易商行總經理。

黃仁傑在任廈門湖裏新禾盛貿易商行總經理期間多次指使下屬逃脫納稅。據國稅稽查部門的調查結果顯示，從1996年12月到2003年3月期間，新禾盛貿易商行共取得含稅銷售收入13750多萬元，而商行同期向稅務機關申報的不含稅銷售收入卻只有2295萬多元，商行少報的不含稅銷售收入竟高達9459萬多元，涉嫌偷稅1130萬多元。在2003年1到3月份，新禾盛貿易商行申報繳納的稅額是17891.07元，而商行偷稅的金額是269395.47元，偷稅比例為93.77%。在2000年，商行申報繳納的稅額是49975.45元，偷稅的金額卻高達2555319.19元，偷稅比例98.08%。湖裏區公訴機關認為，被告單位新禾盛貿易商行違法國家稅收法規，採用隱瞞收入不申報的手段，偷逃增值稅11301709.73元，而且占應納稅額的98.08%；被告人黃仁傑是對該公司偷稅直接負責的主管人員，被告單位及被告人的行為都已經觸犯《中華人民共和國刑法》第201條第一款、第三款，第211條的規定，應以偷稅罪追究他們的刑事責任。為此，湖裏區人民檢察院向湖裏區人民法院提起公訴。2005年7月2日，黃仁傑被廈門市公安機關刑事拘留。8月3日，經檢察機關批准，黃仁傑被執行逮捕。

※案例二：

◎被告人施爭輝，男，香港人，53歲，香港耀科國際（控股）有限公司董事會主席兼總經理。

被告人施爭輝收購了多家中國國內通訊器材經銷企業，並操縱、指使這些公司大量偷逃國家稅款。廣東省國稅稽查局和公安部門於2002年1月11日在廣州、佛山等地採取聯合行動，對與施爭輝關係密切的幾家企業同時進行突擊稅務檢查，調取了普耀公司、新領域公司、天賦公司、星輝行、華耀公司等五家相關企業的帳冊，查獲了其設在廣州市錦城花園一住宅內的地下財務部，同時凍結銀行存款700多萬元，扣押小汽車7輛及電腦等財物一批。並先後抓獲了該案的主要犯罪嫌疑人施爭輝、寧德建、江少麗等9人。 經查實，施爭輝以收購、出資、合資等形式，在國內操縱廣東佛山新領域、天賦等公司，採用內外兩套賬、銷售收入不開發票、銷售資金通過私人帳戶走賬等手法，大量偷逃國家稅款。廣東省國稅部門經查實認定：新領域公司在1999年1月至2001年12月期間，採取設立賬外賬、隱瞞銷售收入的方法瞞報銷售收入總額達3.04億元，偷增值稅 5171.89 萬元。廣東省國稅部門對新領域公司作出如下稅務處理和行政處罰決定：依法追繳所偷增值稅 5171.89 萬元，加收滯納金356.86萬元，並處以罰款2585.95元，補稅、滯納金、罰款合計 8114.70 萬元。廣東省地稅部門追繳新領域公司企業所得稅、個人所得稅、營業稅和城市維護建設稅合計5300萬元，加收滯納金及罰款合計 3800 萬元，補稅、加收滯納金及罰款共計 9100 萬元。目前，新領域公司已向廣東國稅、地稅部門繳納補稅款、滯納金及罰款總計 1.65 億元。

2003 年 11 月，佛山市中級人民法院一審判處被告人施爭輝無期徒刑、江少麗有期徒刑 13 年、廖興華有期徒刑 3 年。被告單位新領域公司犯偷稅罪，判處罰金人民幣 1.04 億多元。

深入剖析

偷稅罪，是指納稅人、扣繳義務人故意違反稅收法規、採取偽造、變造、隱匿、擅自銷毀帳簿、記帳憑證、在帳簿上多列支出或者不列、少列收入、經稅務機關通知申報而拒不申報或者進行虛假的納稅申報的手段，不繳或者少繳應繳納稅款，情節嚴重的行為。偷稅罪是外商在經營活動中是比較容易違反的一種罪，任何應稅產品（服務）不納稅，不按規定的稅率、納稅期限納稅以及違反稅收管理體制等行為，都是對中國稅收管理制度的侵犯。偷稅罪是結果犯，它必須達到法定結果才能成立。法定結果（即偷稅罪成立的最低標準）有兩個：其一，偷稅數額達一萬元以上，且占應納稅額的百分之十；其二，行為人因偷稅受到兩次行政處罰又偷稅的。這兩點呈並列關係，行為人只要具備其中一點，即可構成偷稅罪。對多次犯，未經處理的，按照累計數額計算。本案我們還沒有看見法院的判決，需要說明的是根據中國稅法的規則，銷項減去進項，進項如果沒有取得的話，就變成純粹按照銷項給你認定偷稅稅額。案一中，案例一之被告偷稅稅額很大一部分進貨是沒有取得進項發票，導致偷稅稅額達到 1000 多萬元。所以，作為經營者，特別是台商的投資者更應該注意，自己既是消費者有獲取發票的權利，又是銷售商，有給付發票的義務，如果沒有正確享受這個權利或不履行這個義務，都會給自己帶來不利的後果。因此，在進行商務或者勞務的過程中一定要主動索取發票，或者說給付發票，每個環節做到透明合法，對雙方都是有利的。

43 抗稅案

（中國刑法第 202 條）

以暴力、威脅方法拒不繳納稅款的，應予追訴。

實戰案例

※案例一：

◎張鎮某，男，係潮陽市雷嶺鎮農民。

2001 年下半年以來，張鎮某開辦於雷嶺鎮某村的飲食店一直拖欠應繳納稅款人民幣 300 元，經潮陽市地方稅務局兩英分局通知後仍不依法履行納稅義務。2002 年 8 月 29 日上午，當潮陽市地方稅務局兩英分局有關同志到張鎮某的飲食店向其追繳稅款以及清點當天營業額時，張鎮某及其妻子張×謊稱稅務人員搶錢，煽動不明真相的群眾圍攻，推擠稅務人員並將稅務人員的證件等搶走，致三位稅務人員輕微傷。案發後，公安部門及時抓獲張鎮某，立案偵查。隨後移交檢察機關向人民法院提起公訴。潮陽市人民法院對張鎮某暴力抗稅案進行審理終結，根據《刑法》第二百零二條的規定，判處張鎮某抗稅罪罪名成立，被告人張鎮某被判處有期徒刑 1 年 6 個月，緩刑 2 年，並處罰金人民幣 1500 元。

※案例二：

◎被告人林熙欽，男，43 歲，福建省平潭縣敖東鎮人，漁民。

◎被告人林熙文，男，39 歲，福建省平潭縣敖東鎮人，漁民。

◎被告人林熙國，男，47 歲，福建省平潭縣敖東鎮人，漁民。

2002年12月13日，平潭縣財政局、敖東鎮政府工作人員在敖東鎮依法執行征繳稅收任務時，遭林熙欽、林熙文、林熙國及20餘名村民圍攻毆打。法院審理查明，2003年9月10日，平潭縣財政局依法核定，3名被告人所在的「閩平漁3356」漁業單位應繳納2002年度農業特產稅1萬多元。11月12日，平潭縣敖東鎮財政所向3名被告所在的漁業單位送達催繳稅款通知書，其間還以會議宣傳形式通知3名被告繳納稅款，但他們不予繳納。12月4日，平潭縣財政局發出行政強制決定書，決定扣押「閩平漁3356」漁船。12月13日上午，平潭縣財政局、敖東鎮政府工作人員在依法執行扣押漁船的強制措施時，被執行人員通知到場的3名被告則上前爭搶漁船的方向盤，並與執法人員發生扭打。此時，林木春、林喜球（均另案處理）等20餘名村民趕來鬧事。3名被告持木棍、刀、斧頭等械具，夥同這些村民毆打執法人員。經法醫鑒定，8名執法人員為輕微傷。案發後，12月20日，3名被告的家屬補繳了稅款。平潭縣法院一審以抗稅罪判處林熙欽、林熙文、林熙國3名被告有期徒刑各2年，緩刑2年，各處罰金4000元，並連帶賠償5名受害者醫療費等經濟損失共計27000多元。

深入剖析

抗稅罪，是指負有納稅義務或者代扣代繳、代收代繳義務的個人或者企業事業單位的直接責任人員，故意違反稅收法規，以暴力、威脅方法拒不繳納稅款的行為。抗稅罪與欠稅的區別，一是抗稅罪具有逃避繳納稅款而非法獲利的目的，欠稅一般並不具有逃避繳納稅款的目的、而多是因故不繳納或故意暫時拖欠；二是抗稅罪表現為以暴力、威脅方法拒不繳納稅款的行為，而欠稅並不採用暴力威脅方法、一般表現為消極的不作為。抗稅罪與偷稅罪的界限：一是主體要件不同，抗稅罪只能由個人和單位的直接責任人員構成；偷稅罪則包括單位和個人，也包括單位的直接主管人員和其他直接責任人員。二是客觀方面不同，抗稅罪表現為以暴力、威脅方法拒不繳納稅款的行為；偷稅罪表現為採取偽造、變造、隱匿、擅自銷毀帳簿、記帳憑證、在帳簿上多列支出或者不列、少列收入，經稅務機關通知申報而拒不申報或者進行虛假納稅申報的手段，不繳或者少繳稅款的行為。三是犯罪標準不同，只要行為人實施了以暴力、威脅方法拒不繳納稅款的行為就構成抗稅罪；而偷稅罪必須是偷稅行為情節嚴重（法定結果）的才構成犯罪。

44 逃避追繳欠稅案

（中國刑法第203條）

納稅人欠繳應納稅款，採取轉移或者隱匿財產的手段，致使稅務機關無法追繳欠繳的稅款，數額在一萬元以上的，應予追訴。

實戰案例

※案例一：

◎被告人張偉，男，30歲，遼寧省錦州市人，原係錦州市百荷大酒店經理，住錦州市淩河區金屯村。

1994年12月1日，張偉與錦州市糧油運輸貿易總公司（甲方）簽訂了承包協議。1995年1月8日，張包經營的百荷大酒店正式營業。張從營業之日起至同年7月14日，既不辦理稅務登記，又不申請緩交納稅手續，欠繳定額營業稅14280元。經稅務工作人員多次催繳，張不予理睬。1995年6月14日在稅務機向其下達限期納稅通知書後，張仍不繳納。同年7月7日，稅務機關檢察人員向張調查其假報納稅情況。為逃避納稅，張又於1995年7月14日夜私自將其存放在百荷大酒店的冰櫃、床、行李等財產轉移，並且到外地躲避長達四個月之久，致使稅務機關無法追繳其欠繳的稅款。法院審理，認為被告人張偉犯逃避追繳欠稅罪，判處有期徒刑1年，緩刑2年，並處罰金15000元。

※案例二：

◎被告人宋廣義，男，56歲，瀋陽人。

被告人宋廣義是原瀋陽半導體材料廠法定代表人。在1995年至1998年5月任廠長期間，指使其財務人員，對本企業異地搬遷而獲得的補償費總計1100萬元，在本單位賬上不做真實財務記載，致使瀋陽市國家稅務局沈河分局無法追繳這個企業自1994年至1998年的所欠繳的35.93萬元稅款。宋廣義還借企業搬遷改造之機，編造謊言，詐騙人民幣110萬元，車庫4間（價值人民幣40萬元），詐騙款物總計150萬元。案發後，宋的家屬退還了全部贓款贓物。瀋陽市中級人民法院做出一審判決：判處被告單位瀋陽半導體材料廠犯有逃避追繳欠稅罪，判處罰金人民幣100萬元。判處被告人宋廣義犯詐騙罪，判處有期徒刑11年，剝奪政治權利2年，並處罰金人民幣2萬元；犯逃避追繳欠稅罪，判處有期徒刑3年，並處罰金人民幣5萬元，總和刑期14年，決定執行有期徒刑13年，剝奪政治權利2年，並處罰金人民幣7萬元。

深入剖析

逃避追繳欠稅罪，是自1993年1月1日起施行的中國全國人大常委會《關於懲治偷稅、抗稅犯罪的補充規定》（以下簡稱《補充規定》）中增設的一種罪名。根據《補充規定》的內容，逃避追繳欠稅罪，是指納稅人欠繳應納稅款，採取轉移或者隱匿財產的手段，致使稅務機關無法追繳欠繳的稅款，數額在一萬元以上的行為。這裏所稱的「納稅人」，實際上是指那些欠稅已經超過了稅法規定的，或者稅務機關依法確定的納稅期限仍不繳納所欠稅款的欠稅人，包括個人和單位。本罪的主體是特殊主體，即法律規定負有納稅義務的單位和個人。根據《稅收徵收管理法》第 4 條第 1 款的規定，納稅人是法律、行政法規規定負有納稅義務的單位和個人。依刑法第 211 條之規定，負有納稅義務的企業事業單位也可以成為本罪的主體。單位犯罪的，實行兩罰制。負有直接責任的主管人員和其他直接責任人員應當理解為妨礙追繳欠稅單位中對該罪負有直接責任的法定代表人、主管人員和其他直接參與人員。在主觀方面本罪表現為直接故意，行為人的目的就是要逃避納稅。在客觀方面表現為行為人採取了轉移或者隱匿財產的手段，致使稅務機關無法追繳欠繳的稅款，數額在一萬元以上。如果納稅人沒有採取轉移或隱匿財產的行為，只是客觀上確實無力繳納所欠稅款；或者雖然採取了轉移或隱匿財產的行為，企圖不繳所欠稅款，但稅務機關通過採取稅收強制措施或者保全措施，依法追繳了所欠稅款，都不構成本罪。如果無法追繳的所欠稅款數額不滿一萬元的，應當視為情節顯著輕微，不以犯罪論處，由稅務機關依照稅收法規處理。逃避追繳欠稅罪與抗稅罪確有相似之處。兩罪都是負有納稅義務的人故意違反稅收法規，拒不繳納稅款，情節嚴重的行為。但兩罪又有明顯的區別。逃避追回欠稅罪的行為人採取轉移或者隱匿財產的手段，致使稅務機關無法追回欠繳的稅款；而抗稅罪的行為人則是以暴力、威脅的手段，採取公然對抗的方法拒不繳納稅款。

45 騙取出口退稅案

（中國刑法第 204 條第 1 款）

以假報出口或者其他欺騙手段，騙取國家出口退稅款，數額在一萬元以上的，應予追訴。

實戰案例

◎被告人蘇立勝，香港人，香港福勝安全用品有限公司總經理。

1998 年 8 月，被告人蘇立勝在香港註冊成立福勝安全用品有限公司，並在深圳招商銀行總行離岸部開設離岸帳戶。1999 年底至 2003 年 9 月，蘇某勝以福勝公司名義在福州設立經營場所從事勞保手套的出口業務，期間採取低值高報和指使生產廠家虛開增值稅專用發票的手段騙取出口退稅。他指使他人為自己虛開增值稅專用發票 1707 份，金額達 1.521 億元人民幣，稅款 2585 萬多元，價稅合計 1.779 億元，騙取出口退稅款 2179 萬多元；蘇某勝還以其他欺騙手段騙取出口退稅款達 3258 萬多元。案發後，雖然追繳到福勝公司和部分外貿公司、生產企業部分稅款，但仍造成國家稅款損失 700 多萬元。福州市中級人民法院宣布一審判決：被告人蘇某勝犯虛開增值稅專用發票罪，判處無期徒刑，犯騙取出口退稅罪，判處有期徒刑 15 年，決定執行無期徒刑。

深入剖析

騙取出口退稅罪在客觀方面表現為採取以假報出口等欺騙手段，騙取中國出口退稅款，數額較大的行為。(1)行為人採取了假報出口等欺騙手段；(2)行為人必須是對其所生產或者經營的商品採取假報出口等欺騙手段；(3)騙稅行為必須是在從事出口業務的過程中實施，不是從事出口業務的單位和個人，則不能構成本罪。冒充出口企業，假報出口、偽造、變造或者騙取退稅憑證，騙取退稅款，屬於詐騙行為，且數額較大的定為詐騙罪；(4)騙取中國出口退稅款的數額必須達到一定的標準，刑法第 204 條第 1 款規定為 1 萬元以上。虛開增值稅專用發票罪與騙取出口退稅罪同屬危害稅收征管類犯罪，行為人若同時觸犯了騙取出口退稅和虛開增值稅專用發票兩個罪名，在處理時可按其中的一個重罪定罪，從重處罰。

46 虛開增值稅專用發票、用於騙取出口退稅、抵扣稅款發票案

（中國刑法第205條）

虛開增值稅專用發票或者虛開用於騙取出口退稅、抵扣稅款的其他發票，虛開的稅款數額在一萬元以上或者致使國家稅款被騙數額在五千元以上的，應予追訴。

實戰案例

被告人廖某，男，44歲，漢族，臺灣省臺北市人，原係上海某機械設備有限公司總經理，因涉嫌虛開增殖稅發票罪於2001年9月被公安機關刑事拘留。同年10月轉為逮捕。同時涉案的被告人還有上海籍魏某，魏某原為該公司法定代表人。

被告人王某原為上海某氣動器材有限公司總經理。2001年12月，上海市虹口區人民檢察院以廖某、魏某犯虛開增值稅專用發票罪向同級人民法院提起公訴。法院經審理查明，魏某與廖某等人商定，於1999年4月由台方假借魏某等人的名義，在本市註冊成立了上海某機械設備有限公司，由魏某任法定代表人，負責對外銷售工作，廖某負責公司的全面管理，並擔任總經理，同時對外聯繫貨源。同年9月，魏、廖經商議後決定，尋找他人為本公司虛開增值稅發票，用於抵扣進項稅款。之後，由魏某找到王某，要求王某為魏某、廖某的公司虛開增值稅專用發票，雙方還約定，魏某以價稅總額的4.5%支付給王某，王再以價稅總額的0.7%返利給魏某個人。2000年3月至7月，王某以價稅總額的0.7%返利給魏某個人。2000年3月與7月，王某先後通過某市某工貿有限公司為魏、廖的公司虛開

增值稅專用發票 64 份，價稅合計人民幣 2710130.88 元，其中稅額合計人民幣 393779.70 元分別交給魏某和顧某，上述發票均由魏、廖公司財務人員向稅務機關申報予以抵扣。王某按約收取魏等人支付的開票費計人民幣 121955.89 元，並返還給魏、顧個人人民幣 18970 元。其中，在 2000 年 9 月，魏讓顧某具體與王某聯繫開票、支付工本費和收取返利款。2001 年 9 月 12 日，廖某因違法經營被公安、工商機關查處，廖某主動交待了其公司通過魏某聯繫王某虛開增值稅專用發票的事實。

深入剖析

本罪犯罪侵犯的客體是中國的稅收徵收管理制度。根據 1996 年最高人民法院的《解釋》，虛開增值稅專用發票或者用於騙取出口退稅、抵扣稅款的其他發票的行為可以區分為三種情形：(1)沒有貨物購銷、沒有提供或者接受應稅勞務而為他人、為自己、讓他人為自己、介紹他人開具專用發票。(2)有貨物購銷或者提供或接受應稅勞務，但為他人、為自己、讓他人為自己、介紹他人開具數量或金額不實的專用發。(3)進行了實際經營活動，但讓他人為自己代開專用發票。刑法上規定此罪的主體為一般主體，單位和個人皆可，包括開票人，受票人和介紹人。

47 偽造、出售偽造的增值稅專用發票案

（中國刑法第 206 條）

偽造或者出售偽造的增值稅專用發票二十五份以上或者票面額累計在十萬元以上的，應予追訴。

實戰案例

◎被告人梁希增，廣東省廣州市人，因涉嫌偽造、出售偽造的增值稅專用發票、非法製造發票罪於 2000 年 8 月 25 日被刑事拘留，9 月 29 日被逮捕。

◎被告人陳素娥廣東省廣州市人，因涉嫌偽造、出售偽造的增值稅專用發票、非法製造發票罪於 2000 年 8 月 25 日被刑事拘留，9 月 29 日被逮捕。

從 2004 年 3 月份梁、陳與同案人周民投資 40 多萬元，購置了印刷機等印刷設備和生產原料，僱請了藍某等印刷各環節技術工人，同年 4 月 8 日，這家以銷定產的印刷假發票的工廠正式「開業」。先是由周民、梁希增招攬生意，從銷售假發票的犯罪分子手中獲取需要印刷的發票樣板再進行印刷，再由陳素娥將印好的假發票送到貨運場，按照梁希增提供的客戶位址發運到全國各地，再由周民、梁希增收回貨款。這批假發票，涉及到全國除港澳臺之外的所有省份，製造的近 53 萬份假發票，種類幾乎包括了地稅管轄的所有行業，最大開票總金額高達 1160 個億，按最低核算，這批假發票出售出去，國家在營業稅上的損失最起碼達到 30 多個億，如加上有關的所得稅和各種附加費的話，國家稅款的損失將達到 100 個億。白雲區法院審理後認為，梁希增、陳素娥的行為構成偽造專用發票罪，

且數額巨大，依法判處主犯梁希增有期徒刑 10 年，並處罰金 10 萬元；分別判處陳素娥等 6 名從犯 2～4 年有期徒刑及處罰金 3 萬～8 萬不等。

深入剖析

偽造、出售偽造的增值稅專用發票罪，是指仿照中國增值稅專用發票的式樣，使用各種方法非法製造假增值稅專用發票冒充真增值稅發票，或者出售偽造的假增值稅專用發票的行為。本罪侵犯的客體是中國增值稅專用發票管理制度，《中華人民共和國發票管理辦法》規定：「發票由省、自治區、直轄市稅務機關指定的企業印製；增值稅專用發票由國家稅務總局統一印製，禁止私自印製、偽造、變造發票。」偽造或出售偽造的增值稅專用發票的行為就是違反了發票管理法規。本罪的犯罪物件為偽造的增值稅專用發票，它在客觀方而表現為偽造增值稅專用發票和出售偽造的增值稅專用發票兩種行為方式。它的主觀方面是直接故意。本罪是行為犯，數額大小並不是構成本罪的必備要件，但在實踐中，在定罪量刑時，數額還是一個非常重要的依據，最高人民法院曾在 1996 年 19 月 17 日《關於適用〈全國人民代表大會常務委員會關於懲治虛開、偽造和非法出售增值稅專用發票的決定〉的若干問題的解釋》中規定虛開稅款數額在 1 萬元以上或者虛開增值稅專用發票致使中國稅款被騙 5000 元以上的應當定罪量刑。

48 非法出售增值稅專用發票案

（中國刑法第 207 條）

非法出售增值稅專用發票二十五份以上或者票面額累計在十萬元以上的，應予追訴。

實戰案例

◎被告人蔡強利，臺灣人，男，原珠海新城區龍發貿易部法人代表

被告人蔡強利利用其擔任珠海新城區龍發貿易部法人代表之際，於 1994 年 7 月通過欺騙手段獲得一般納稅人資格後，先後從稅務機關領購 10 本共 250 份增值稅專用發票（其中百萬元版 8 本，萬元版 2 本），並陸續全部非法出售。最後查證落實的 52 份增值稅專用發票全部被虛開，涉及北京、廣東等 9 省市 20 家企業，價稅合計達 4.12 億餘元，給中國造成了巨大經濟損失。法院對此作出一審判決：蔡強利犯非法出售增值稅專用發票罪，判處無期徒刑，剝奪政治權利終身，並處罰金 10 萬元。

深入剖析

非法出售增值稅專用發票罪，是指違反中國有關發票管理法規，故意非法出售增值稅專用發票的行為。中國對增值稅專用發票實行嚴格的管理制度，《中華人民共和國發票管理辦法》和國家稅務總局制定的《增值稅專用發票使用規定》的內容皆有禁止倒買倒賣發票，增值稅專用發票的發售單位只能是主管稅務機關，任何單位和個人都無權出售增值稅專用發票，非法出售增值稅專用發票的行為就是犯罪行為，按刑法第 207 條和中國全國人大常委會《關於

懲治虛開、偽造和非法出售增值稅專用發票犯罪的決定》第 3 條的規定予以處罰。

49 非法購買增值稅專用發票、購買偽造的增值稅專用發票案

（中國刑法第 208 條第 1 款）

非法購買增值稅專用發票或者購買偽造的增值稅專用發票二十五份以上或者票面額累計在十萬元以上的，應予追訴。

實戰案例

◎被告人張惠彬，女，1971 年 1 月 3 日出生於廣東省潮陽市，租住於潮陽市峽山鎮拱橋村，因涉嫌購買偽造的增值稅專用發票罪於 2000 年 9 月 29 日被逮捕。

2000 年 3 月下旬，被告人張惠彬以每本 65 元人民幣的價格，向曾珠玉購買偽造的增值稅專用發票 40 本、共計 1000 份（尚未付款），藏放在家中準備伺機銷售。2000 年 8 月 25 日公安機關在張惠彬家中將其抓獲，當場查獲偽造的增值稅專用發票 1159 份，已開具內容的偽造的電腦增值稅專用發票 69 份，偽造普通發票 1593 份，偽造電腦增值稅專用發票銷貨清單 37 本，偽造合同專用章 3 枚。被告歸案後認罪態度較好，有悔罪表現，可酌情從輕處罰。據此，法院對被告人張惠彬犯購買偽造的增值稅專用發票罪，判處有期徒刑 3 年，並處罰金人民幣 3 萬元。

深入剖析

非法購買增值稅專用發票、購買偽造的增值稅專用發票罪，是指違反中國發票管理法規，非法購買增值稅專用發票或者購買偽造的增值稅專用發票的行為。明知是偽造的增值稅專用發票而購買的

行為實質上就是非法購買。判斷是否屬於「購買偽造的行為」，要依行為人主觀上的確認而定，如果確認是偽造的而購買，即屬本項意義上的購買。明知偽造而購買，不論其手段與方式，亦不論從何人何處購買，都可構成本罪。非法購買增值稅專用發票、偽造的增值稅專用發票後，若又虛開或者出售的，既構成非法購買增值稅專用發票、偽造的增值稅專用發票行為，又構成虛開增值稅專用發票行為、出售偽造的增值稅專用發票行為、非法出售增值稅專用發票行為，這屬於刑法理論上的牽連犯，在處理上不作為數罪，按重罪吸收輕重原則，擇一重罪，從重處罰。本案中購買偽造的增值稅專用發票尚未出售或者出售行為尚未達到，追究刑事責任時，按購買偽造的增值稅專用發票罪定罪處罰是正確的。

50 非法製造、出售非法製造的用於騙取出口退稅、抵扣稅款發票案

（中國刑法第 209 條第 1 款）

偽造、擅自製造或者出售偽造、擅自製造的可以用於騙取出口退稅、抵扣稅款的非增值稅專用發票五十份以上的，應予追訴。

實戰案例

1999 年底，岳池縣苟角鎮的王德雲、雷秀瓊夫婦在他人「指點」下，決定以出售非法製造的各種發票牟利。2000 年初，王德雲將「四川省樂山市飲食業定額發票」樣票交給同夥鄭興林找廠家非法印製 500 本，鄭找到縣城的黃祥烈，黃又找到岳建平制好發票塑脂印章，印製了 50 元面額的該種發票 6.2 萬份，並為其印製了面額為 10 元、20 元、50 元的「四川省成都市汽車運輸定額發票」，兩種發票共計 10 萬餘份，全部交與王德雲非法出售。2003 年 4 月 13 日，楊玉珍想以 700 元的價格在雷秀瓊處購買非法印製的億元版「四川省非經營性統一收據」2500 套，4 月 18 日，雷秀瓊從成都回到岳池縣，找到黃祥明印製該收據，4 月 21 日，雷秀瓊帶上印製好的發票趕往成都時，被南充警方擋獲。隨後王德雲也被抓獲歸案。法院經審理查明，在 1999 年至 2003 年 4 月期間，王德雲夫婦共同或單獨出售非法製造的各種發票 36.53 萬份（套），發票票面金額共計 5100 餘億元，獲贓款 1.5 萬元。田胡碧、楊玉珍、印小菊等一批專門從事零售假發票的違法人員通過王德雲夫婦也從中倒賣了大量的假發票。為此，南充市高坪區法院依法以犯出售非法製造的用於騙取出口退稅、抵扣稅款發票罪，犯出售非法製造發票罪，數罪並罰判處王德

雲有期徒刑 12 年，處罰金 25 萬元；判處雷秀瓊有期徒刑 10 年，處罰金 23 萬元；判處印小菊有期徒刑 8 年，處罰金 20 萬元；黃祥明犯非法製造用於騙取出口退稅、抵扣稅款發票罪及非法製造發票罪，數罪並罰，判處有期徒刑 11 年，處罰金 25 萬元；黃祥烈、楊玉珍、張友春、楊曉桃、岳建平、蔣玉蘭、田胡碧 7 人犯出售非法製造的發票罪分別被判處 2 年至 5 年有期徒刑，並處罰金 5 萬元至 15 萬元。楊德華犯包庇罪被判處有期徒刑 1 年零 6 個月，緩刑 2 年。

深入剖析

非法製造、出售非法製造的用於騙取出口退稅、抵扣稅款發票罪，是指違反發票管理法規，偽造、擅自製造或者出售偽造、擅自製造的可以用於騙取中國稅款的非專用發票的行為。本罪所稱是發票是指增值稅專用發票以外可以用於出口退稅、抵扣稅款的發票，如廢舊物品收購發票、運輸發票、農業產品收購發票等既不是增值稅專用發票，但又具有與增值稅專用發票相同的功能，可以用於出口退稅、抵扣稅款的發票，它和不能用於出口退稅、抵扣稅款的發票是有區別的。這是非法製造、出售非法製造的用於騙取出口退稅、抵扣稅款發票罪，非法出售增值稅專用發票罪，非法出售發票罪的重要區別之一。本罪侵犯的客體為雙重客體，即中國的發票管理秩序和稅收秩序。本罪只要實施偽造、擅自製造或出售任一行為的，均構成本罪，既實施偽造、擅自製造，又實施出售行為的，構成一罪，不實行數罪並罰。本罪在主觀方面只能直接故意構成，只要行為人故意實施了偽造、擅自製造或出售可以用於騙取中國稅款的非專用發票的行為，則不論是何種動機和目的，也不論其是否營利，均應構成本罪。

51 非法製造、出售非法製造的發票案

（中國刑法第 209 條第 2 款）

偽造、擅自製造或者出售偽造、擅自製造的不具有騙取出口退稅、抵扣稅款功能的普通發票五十份以上的，應予追訴。

實戰案例

※案例一：

◎被告人：薛清平，湖南省南縣人，暫住海南省海口市工業大道明光大酒店對面工地。1998 年 10 月 15 日因本案被逮捕。

1998 年 9 月 9 日，被告人薛清平以 70 元人民幣的價格向「阿強」（姓名不詳，在逃）購買非法印製的發票 13 本，並於當日下午 5 時 30 分，先後到位於海口市龍昆南路的華宇工貿公司機電維修中心、永安門窗廠、恒順商行和萬達摩托車修配部，分別向店主及店員兜售發票均未得逞。下午 6 時 50 分，當薛清平回到海口市工業大道明光大酒店對面的工地住處，藏匿發票後被抓獲，當場繳獲非法印製的發票 13 本。海口市新華區人民法院經公開審理認為，被告人薛清平違反國家稅收和發票管理制度，以非法牟利為目的，向他人出售非法印製的發票，其行為已構成出售非法製造的發票罪。由於其意志以外的原因，薛清平出售非法製造的發票未能得逞，屬犯罪未遂，並非薛清平所辯解的犯罪中止。對於未遂犯，依法可比照既遂犯從輕處罰。法院依照《刑法》第 209 條第 2 款、第 23 條、第 64 條的規定，於 1998 年 12 月 8 日作出刑事判決，以出售非法製造的發票（未遂）罪判處被告人薛清平拘役 4 個月，並處罰金 1 萬元。

※案例二：

法院經審理查明，張成學於2003年6月至2004年8月期間，先後租用位於成都市金牛區和郫縣團結鎮的民房，並購買膠印機、曬版機、切紙機等印製工具，僱用張際候等人非法印製假發票。2003年12月中旬至2004年8月期間，楊術根在其成都市溫江區金馬鎮青泰村的居住地，為張成學提供的假發票半成品印製發票編號。2004年8月15日楊術根和張成學在交接印好的假發票時，被公安機關現場逮捕，查獲偽造的四川省成都市公路運輸貨票825份、「吉林省地稅定額發票」3萬餘份以及其他偽造的發票7161份，還查獲部分印刷工具。當日，公安機關還從楊術根的居住地搜查出各類假發票半成品6萬餘份，從張成學所租房內查獲出偽造的涉及四川、雲南、吉林等7省43個地市縣的各類假發票140余萬份。次日，雷柳松在昆明車站收取張成學發來的 4 件共計 5 萬餘份雲南省定額假發票時，也被公安機關抓獲。據此，成都市溫江區法院宣判：被告人張成學犯非法製造、出售非法製造的發票罪和非法製造用於抵扣稅款發票罪，數罪並罰被判處有期徒刑11年零6個月，並處罰金70萬元；被告人張際候、楊術根犯非法製造發票罪分別被判處有期徒刑4年、3年，並處罰金15萬元、10萬元；被告人雷柳松犯出售非法製造的發票罪被判處有期徒刑1年6個月，並處罰金5萬元。

深入剖析

出售非法製造的發票罪，是指違反中國發票管理法規，出售偽造、擅自製造「用於出口退稅、抵扣稅款」以外的其他發票的行為。1979年刑法並無此罪名。1995年10月30日中國全國人大常委會頒布的《關於懲治虛開、偽造和非法出售增值稅專用發票犯罪的決定》

增設了這一罪名，現行刑法第 209 條第 2 款規定了這一犯罪。本罪所侵害的客體是中國發票管理制度；在客觀上表現為出售非法製造的可以用於騙取出口退稅、抵扣稅款以外的其他發票的行為，具體行為方式：一是偽造；二是擅自製造。本罪在主觀方面表現為直接故意，一般以營利為目的。過失和間接故意，均不能成為本罪的罪過。本罪的主體是一般主體，在主觀上是故意，並且必須明知是非法製造的發票。一般來說，行為人具有非法營利的目的。

52 非法出售用於騙取出口退稅、抵扣稅款發票案

（中國刑法第 209 條第 3 款）

非法出售可以用於騙取出口退稅、抵扣稅款的發票五十份以上的，應予追訴。

實戰案例

◎洪某，女，42 歲，某市無業人員。

1997 年 10 月，被告人洪某通過親戚張某，取得了張某企業的抵扣稅款發票，1997 年 11 月至 1998 年 3 月間，被告人洪某在某市地鐵口、汽車站等場所出售張某提供的可用於抵扣稅款的發票 450 份，獲取非法所得 20000 元，1998 年 3 月 25 日，在公安機關的打擊票販子行動中被抓獲，法院經審理認為其行為已經觸犯了刑法，構成非法出售用於騙取出口退稅、抵扣稅款發票罪，判處洪某有期徒刑 3 年，並處罰金 5 萬元，沒收被告人所有違法所得。

深入剖析

非法出售用於騙取出口退稅、抵扣稅款發票罪，是指違反發票管理規定，非法出售增值稅專用發票以外可以用於出口退稅、抵扣稅款的發票的行為。本罪在具體行為方式上表現為非法出售增值稅專用發票以外可以用於出口退稅、抵扣稅款的發票。根據《中華人民共和國發票管理辦法》規定，任何單位和個人都不得轉借、轉讓、代開發票；禁止倒買倒賣發票。從事生產、經營的企業事業單位或者個人，如果需要使用發票，只能依法向主管稅務機關申請領購。

因此，除稅務機關可以依法發售各種發票外，其他一切出售發票的行為都是非法的。對於出售，應當作狹義的理解，不包括行為人沒有從中牟利的轉借發票的行為。對於名為轉借，實為非法出售的，應當按其實際性質，認定為非法出售。

53 非法出售發票案

（中國刑法第 209 條第 4 款）

非法出售普通發票五十份以上的，應予追訴。

實戰案例

※案例一：

◎被告人劉某，男，36 歲，某私營企業經理。

1998 年 1 月，由於被告人劉某的企業經營狀況不好，虧損較為嚴重，劉某決定出售自己企業的發票以獲取非法利益。於是，劉某以業務發展需要為由，寫出申請並交到當地稅務機關，稅務機關經審查，同意發給劉某企業商業零售發票 5 本，共計 500 份。劉某遂以每份 50 元的價格將其全部售完。法院經審理，認定劉某犯有非法出售發票罪，對其私營企業處以 10 萬元罰款，對劉某處以有期徒刑 2 年，緩刑 3 年，並處罰金 5 萬元，沒收違反所得。

※案例二：

高某原是大連甘井子區某建材經銷部門經理，1999 年至 2000 年期間，高某將本單位從稅務機關購買的 54 組發票非法出售給某礦負責人。該人將 54 組發票都開具給購貨單位，金額共計 258 萬余元，高某非法獲利近 1 萬元。2004 年 08 月 18 日，甘井子區人民法院在審理此案時認為，高某違反國家發票管理法規，非法出售發票，構成非法出售發票罪，判處高某罰金 2 萬元。

深入剖析

非法出售發票罪，是指違反發票管理規定，非法出售各種不能用於出口退稅、抵扣稅款的發票的行為。根據《中華人民共和國發票管理辦法》的規定，開具發票僅限於銷售商品、提供服務以及從事其他經營活動的單位和個人對外發生經營業務，收取款項的情況。任何單位和個人都不得轉借、轉讓、代開發票；禁止倒買倒賣發票。從事生產、經營的企業事業單位或者個人，如果需要使用發票，只能依法向主管稅務機關申請領購。因此，除稅務機關可以依法發售各種發票外，其他一切出售發票的行為都是非法的。本罪是故意犯罪，只能由直接故意構成，並且一般以營利為目的，間接故意和過失均不能構成本罪。對非法出售發票罪按刑法第 209 條第 2 款、第 4 款的規定處罰，本案屬高某個人的行為，與單位無關，法院對高某按自然人犯罪「處 2 年以下有期徒刑、拘役或者管制，並處或者單處 1 萬元以上 5 萬元以下罰金」的規定，單處罰金 2 萬元是正確的。

54 假冒註冊商標案

（中國刑法第213條）

未經註冊商標所有人許可，在同一種商品上使用與其註冊商標相同的商標，涉嫌下列情形之一的，應予追訴：

1.個人假冒他人註冊商標，非法經營數額在十萬元以上的；

2.單位假冒他人註冊商標，非法經營數額在五十萬元以上的；

3.假冒他人馳名商標或者人用藥品商標的；

4.雖未達到上述數額標準，但因假冒他人注冊商標，受過行政處罰二次以上，又假冒他人註冊商標的；

5.造成惡劣影響的。

實戰案例

※案例一：

◎被告人趙某，52歲，臺灣籍，原係臺灣加通企業有限公司總經理。

自2003年始，趙氏兄弟在滬非法設立臺灣加通企業有限公司上海辦事處，以銷售假冒汽車配件為業，聘用臺灣人「黑皮」常住大陸負責在上海、浙江、江蘇等地物色假冒汽車配件的供應廠家，兄弟兩人則負責與中東地區客戶聯繫訂單事宜，並夥同「黑皮」偽造多份日本國駐中東某國「豐田」「尼桑」「馬自達」「三菱」總經銷中心的「授權書」，然後再「授權」給浙江玉環華龍公司等蘇、浙、滬三省市共100餘戶生產廠家，訂制大量假冒的離合器、軸承等各種汽車配件及外包裝產品。2005年2月初，上海虹口公安分局有人報：「浙江玉環華龍離合器有限公司為上海臺灣加通企業有限公司生產大量假冒日產汽車商標的配件用於出口。玉環地區還有很多戶廠家也在為這家臺灣公司生產各種假冒的汽車配件。預計涉案價值超過千萬。」然而上海市範圍內沒有「臺灣加通企業有限公司」或相近名稱的單位。虹口警方著手此案，抓獲犯罪嫌疑人。已查明這是一起案值達4000 萬餘元人民幣、有組織、有規模的特大跨國銷售假冒註冊商標商品案。目前，4 名犯罪嫌疑人以假冒註冊商標罪被檢察機關起訴至虹口區法院。

※案例二：

◎被告人宗荷英，男，46 歲，浙江省義烏無業人員。

被告人宗荷英於 2001 年 4 月至 2003 年 1 月期間，購進製造牙膏的設備、原料和包裝等，未經註冊商標人許可，先後在不同地區租用廠房，僱用江西省玉山縣農民林忠明生產假冒「佳潔士」等已註冊商標的牙膏，並由金華市人黃建華負責將假牙膏運往義烏等地托運處，再按宗荷英要求銷往武漢王彥平、瀋陽趙家榮等處。2003 年 1 月 10 日，金華市公安局在宗荷英原金華市陽光大棚骨架廠廠房及租用倉庫內共查獲假冒名牌牙膏 15200 支，共計銷售金額為人民幣 80580 元。當日，宗荷英、林忠明被抓獲歸案。1 月 18 日，黃建華也被公安機關抓獲。浙江省金華市人民法院在開庭過程中，三名被告人皆無異議並有供述，而且證據齊全。鑒於三名被告在審判過程中認罪態度較好，金華市法院給予酌情從輕處罰。對被告人宗荷英犯假冒註冊商標罪，判處有期徒刑二年，罰金人民幣 80000 元；林忠明有期徒刑徒刑 1 年，罰金 25000 元；黃建華有期徒刑 1 年，罰金 20000 元。

深入剖析

假冒註冊商標罪，是指未經註冊商標所有人許可，在同一種商品上使用與其註冊商標相同的商標，情節嚴重的行為。本罪所侵害的客體是國家有關商標的管理制度和他人的註冊商標的專用權。犯罪對象是他人已經註冊的商品商標，能成為本罪對象的商標必須符合下列條件：第一，是商品商標，而非服務商標，即使有人假冒服務商標，亦不構成本罪。第二，是已註冊的商標，非註冊的商標即使有人假冒，也不構成侵權，更不能構成犯罪。第三，是他人的商標，對於自己使用的商標，自然談不上假冒。第四，是未超過有效期限的有效商標。本罪在客觀方面表現為行為人未經註冊商標所有人許可，在同一種商品上使用與他人註冊商標相同的商標，情節嚴重的行為。對於「相同」的認定，則應以是否足以使一般消費者誤認為是註冊商標為標準。本罪在主觀方面表現為故意，「以營利為目的」不是假冒他人註冊商標罪的必要構成要件。假冒註冊商標罪的犯罪構成的四要件是區分罪與非罪的標準，根據法律規定，假冒註冊商標罪的成立，必須具備犯罪構成四要素的形式條件和情節嚴重的實質條件，凡不具備的，就不能作為犯罪處理，有些只能是一般的商標侵權行為。本案就具備犯罪構成四要素的形式條件和情節嚴重的實質條件，因此，應按刑法第 213 條的規定判處。

55 銷售假冒註冊商標的商品案

（中國刑法第 214 條）

銷售明知是假冒註冊商標的商品，個人銷售數額在十萬元以上的，單位銷售數額在五十萬元以上的，應予追訴。

實戰案例

※案例一：

◎被告人戴群，男，33 歲，泰興市環宇物資有限公司機械製造分公司（簡稱環宇公司）承包人。

2000 年 9 月至 2001 年 1 月間，戴群從儀征金派內燃機配件有限公司（簡稱金派公司）購得價稅合計 25.63488 萬元的「金派」牌活塞環，從威龍公司購得價稅合計 38.928 萬元的「威龍」牌活塞環。金派公司、威龍公司分別按照與戴群訂立的口頭合同將上述貨物送至戴群指定的泰興某地後，戴將原「金派」牌、「威龍」牌產品包裝，改換成儀征市雙環公司的「雙環牌」包裝，並以此假冒正宗「雙環牌」產品銷售給杭州五礦，銷售金額合計 79.87208 萬元。儀征市法院依照《中華人民共和國刑法》第 214 條、第 52 條之規定，於 2002 年 1 月 20 日判決如下：被告人戴群犯銷售假冒註冊商標的商品罪，判處有期徒刑 3 年，緩刑 4 年，並處罰金 3 萬元。

※案例二：

被告人馮聖偉自 2004 年 1 月初至 2004 年 2 月 23 日間，以非法營利為目的，在明知廣州「陳大偉」、「倪壯」二人提供給其的洗髮水為假冒寶潔（中國）公司生產的飄柔、海飛絲、潘婷等註冊商標的洗髮水的情況下，先後七次向應紅霞、穀琳琳二人銷售貨值約150余萬元人民幣的假冒寶潔（中國）公司的飄柔、海飛絲、潘婷洗髮水，並以每箱提成10-15元的方式，從中非法獲利共計人民幣7萬餘元；應紅霞、穀琳琳自2004年1月初至2004年2月23日間，以非法營利為目的，在明知馮聖偉提供給其的洗髮水為假冒寶潔（中國）公司生產的飄柔、海飛絲、潘婷等註冊商標的洗髮水的情況下，先後七次共同將馮聖偉提供給其的貨值約150餘萬元人民幣的假冒寶潔（中國）公司生產的飄柔、海飛絲、潘婷等註冊商標的洗髮水銷售給日化產品經銷商黃明飛，應紅霞、谷琳琳從中非法獲利共計人民幣15萬餘元，予以均分。法院認為被告人馮聖偉、應紅霞、谷琳琳明知是假冒註冊商標的商品而予以銷售，銷售金額巨大，其行為均構成銷售假冒註冊商標的商品罪。判處應紅霞犯銷售假冒註冊商標的商品罪，有期徒刑3年，緩刑5年，並處罰金人民幣5萬元；穀琳琳犯銷售假冒註冊商標的商品罪，判處有期徒刑3年，緩刑五年，並處罰金人民幣5萬元；馮聖偉犯銷售假冒註冊商標的商品罪，判處有期徒刑3年，緩刑4年，並處罰金人民幣5萬元；扣押的贓款人民幣220萬元，予以沒收，上繳國庫。

深入剖析

銷售假冒註冊商標的商品罪，是指違反商標管理法規，銷售明知是假冒註冊商標的商品，銷售金額數額較大的行為。本罪侵犯的客體為國家對商標的管理制度和他人註冊商標的專用權。《中華人民共和國商標法》第38條明確規定，銷售明知是假冒註冊商標的商品，屬於侵犯註冊商標專用權的行為之一。本罪的犯罪物件是假冒註冊商標的商品，即必須是未經註冊商標所有人許可，在同一種商品上使用與其註冊商標相同的商標的商品。本罪中的所謂銷售，是指以採購、推銷、出售或兜售等方法將商品出賣給他人的行為，包括批發和零售、請人代銷、委託銷售等多種形式，無論行為人採取哪一種形式，只要銷售金額數額達到較大，即構成本罪；所謂銷金額數額達到較大，就是個人銷售數額在十萬元以上的，單位銷售數額在五十萬元以上的，即構成本罪。

56 非法製造、銷售非法製造的註冊商標標識案

（中國刑法第 215 條）

偽造、擅自製造他人註冊商標標識或者銷售偽造、擅自製造的註冊商標標識，涉嫌下列情形之一的，應予追訴：

1.非法製造、銷售非法製造的註冊商標標識，數量在二萬件（套）以上，或者違法所得數額在二萬元以上，或者非法經營數額在二十萬元以上的；

2.非法製造、銷售非法製造的馳名商標標識的；

3.雖未達到上述數額標準，但因非法製造、銷售非法製造的註冊商標標識，受過行政處罰二次以上，又非法製造、銷售非法製造的註冊商標標識的；

4.利用賄賂等非法手段推銷非法製造的註冊商標標識的。

實戰案例

※案例一：

2004 年 3 月份開始，被告人朱軍明、李健在沒有取得思科系統（中國）網路技術有限公司的委託或授權的情況下，在深圳市及東莞市從事假冒思科公司的 CISCOSYSTEMS 字樣與圖案組合的註冊商標的犯罪活動。朱軍明負責組織監督生產，李健負責組織包裝銷售。朱軍明委託東莞市一電子科技公司大量生產上述假冒思科公司註冊商標的網路模組，並將生產好的假冒網路模組分批運往深圳市福田區福田村交給李健。李健則分別從深圳市福田區福田路盧敬和處和深圳市福田區深南中路王東岩處，大量購入由盧敬和、王東岩自己製造及委託他人製造的、印有 CISCOSYSTEMS 字樣與圖案組

合的假冒思科公司註冊商標的標貼、說明書、外包裝紙盒，用以包裝上述假冒思科公司的網路模組，然後予以大量銷售。朱軍明還在東莞市鳳崗鎮設立了假冒思科公司網路模組的加工點和維修點，對上述假冒網路模組進行加工和維修。經深圳市福田區法院審理查明，以假冒註冊商標罪判處被告人朱軍明、李健有期徒刑 4 年 6 個月，並各處罰金人民幣 5 萬元；以非法製造、銷售非法製造的註冊商標標識罪，判處被告人盧敬和、王東岩有期徒刑 1 年，並各處罰金人民幣 5000 元。

※案例二：

2000 年 3 月至 6 月間，被告人王化新在經營浙江省義烏市容安彩印廠期間，在被告人唐文濤的協助下，接受張永樂（另案處理）的定單及張提供的製版、壓痕板，在該廠非法生產假冒南孚牌電池包裝盒 39 萬餘隻。後該包裝盒被工商行政管理局查獲。2001 年 1 月 8 日，浙江省義烏市人民法院以非法製造註冊商標標識罪判處被告人王化新有期徒刑 4 年，並處罰金人民幣 1.5 萬元；判處被告人唐文濤有期徒刑 1 年，並處罰金人民幣 5000 元。

深入剖析

本罪是選擇性罪名。非法製造註冊商標標識和銷售非法製造的註冊商標標識是構成本罪的兩種行為方式，定罪時根據具體行為選擇適用。如果行為人只實施其中一種行為，應按照選擇罪名中與其行為相符的部分確定罪名。如行為人非法製造註冊商標標識，並將其用於與該註冊商標核定使用的同一商品上，則同時觸犯中國刑法中的兩個罪名，即非法製造註冊商標標識罪和假冒註冊商標罪，這屬於牽連犯的範疇，應當擇一法定刑處罰較重的罪名，即按假冒註冊商標罪處理，非法製造註冊商標標識的行為只作為情節在量刑時考慮。非法製造、銷售非法製造的註冊商標標識罪，是指違反商標管理法規，偽造、擅自製造他人的註冊商標標識或者銷售偽造、擅自製造的註冊商標標識，情節嚴重的行為。該罪侵犯的客體是中國商標管理制度和商標所有人的商標專用權，侵犯的物件是他人註冊商標的標識，包括商品商標標識和服務商標標識。中國法律、行政法規對印製商標標識有特殊的規定，印製商標標識的單位除了需持有營業執照外，還須經工商行政管理機關核定取得承攬印刷、製作商標標識的資格，而需印製註冊商標標識的單位或個人應持工商行政管理機關開具的《註冊商標印製證明》到商標標識印製單位印製。偽造、擅自製造、銷售的行為必須是違反商標管理法規的行為，情節嚴重的，才能構成本罪。對於「情節嚴重」，一般是指銷售金額數額較大。

57 假冒專利案

（中國刑法第216條）

假冒他人專利，涉嫌下列情形之一的，應予追訴：

1.違法所得數額在十萬元以上的；

2.給專利權人造成直接經濟損失數額在五十萬元以上的；

3.雖未達到上述數額標準，但因假冒他人專利，受過行政處罰二次以上，又假冒他人專利的；

4.造成惡劣影響的。

實戰案例

◎被告人周小波，男，1965年4月4日出生於湖北省荊沙市，漢族，成都市武侯區樂凱保溫製品廠（個體性質）負責人，住四川省成都市錦江區純陽觀街75號。

1996年9月7日，山東陽穀玻璃工藝製品廠職工盧恩光就其「雙層藝術玻璃容器」發明設計獲實用新型專利、專利號為：中國ZL-95229146.0，專利保護期限十年，1997年5月山東陽穀玻璃工藝製品廠與盧恩光就該專利的實施達成書面實施許可合同，並生產專利產品「諾亞」牌雙層藝術玻璃口杯。1999年3月，周小波註冊成立樂凱製品廠（個體性質），同年4月，河北開元實業有限公司授權樂凱製品廠使用其擁有商標權的「樂凱」商標。即自滕州天元瓶蓋廠購進杯體，生產雙層藝術玻璃口杯。同年5月13日，被告人向中國專利局專利復審委員會請求宣告盧恩光的「雙層藝術玻璃容器」實用新型無效。被告人隨於同年的5月至9月以每只78元至182元的不等價格在成都、南昌等地公開大量銷售「樂凱」牌口杯，共銷售3168只，經營額282366.52元，非法獲利76446.52元。2000年3月20日，專利復審委員會作出決定，維持盧恩光95229146.0號專利有效。山東省專利管理局就被告人生產的「樂凱」口杯，於1999年10月11日作出專利侵權諮詢鑒定書，認為：「樂凱」口杯具備了95229146.0號專利的必要技術特徵。在沒有經過專利權人許可或者不符合《中華人民共和國專利法》第62條等條款以及其他不屬於侵犯專利權的規定的前提下，樂凱製品廠如果為生產經營目的製造，銷售上述產品，其行為屬於侵犯專利權人盧恩光的95229146.0號實用新型專利權的行為。結合本案「被告人未經過盧恩光許可，為生產經營目的製造銷售樂凱口杯，且不符合專利法規定的不屬於侵犯專利權的情形」的事實，被告人生產、銷售樂凱口杯侵犯了盧恩光的專利權。法院認為：被告人的行為，嚴重侵犯了國家的專利管理制度和他人的專利專有權，構成假冒專利罪，判處被告人周小波有期徒刑2年，並處罰金五萬元；對周小波非法獲利76,446.52元予以追繳，贓物樂凱口杯300只予以沒收；周小波賠償附帶民事訴訟原告人山東省陽穀玻璃工藝製品廠經濟損失76,446.52元。

深入剖析

假冒專利罪，是指違反專利法規，假冒他人專利，情節嚴重的行為。假冒專利罪的客體為複雜客體，它既侵害了中國專利管理部門的正常活動，也侵害了單位或者個人的專利權利。假冒專利罪在客觀方面表現為違反中國專利管理法規規定，在法律規定的有效期限內，假冒他人或單位已向中國專利主管部門提出申請並經審查獲得批准的專利，情節嚴重的行為。根據中國專利法的規定，專利權的所有人和持有人（即專利權人），享有專利的獨占權和專用權。任何單位和個人非經專利權人許可，除法律規定以外，都不得實施其專利，即不得為生產經營目的製造、使用或者銷售其專利產品，或者使用其方法。在主觀方面必須出於故意，即明知自己在假冒他人專利侵犯他人專利權而仍故意實施該行為。假冒專利罪與假冒註冊商標罪二者的基本特徵相同，客觀上都有假冒行為，主觀上都是故意犯罪，目的一般都是為了牟取非法利益，主體相同。二者的主要區別在：侵害的直接客體客體不同，假冒專利罪侵犯的是中國的專利管理制度，而假冒商標罪侵犯的是中國的商標管理制度；假冒的內容不同，假冒專利罪的侵害物件不是註冊商標，而是被授予的專利。

58 侵犯商業秘密案

（中國刑法第 219 條）

侵犯商業秘密，涉嫌下列情形之一的，應予追訴：

1.給商業秘密權利人造成直接經濟損失數額在五十萬元以上的；

2.致使權利人破產或者造成其他嚴重後果的。

實戰案例

※案例一：

1999 年 11 月，當時任河南少林汽車公司副總經理兼總工程師的王興甫，夥同少林公司研究所所長李建增等人商量外出辦公司，王興甫指使李建增負責收集少林汽車的車型圖紙。此後，李建增悄悄將少林公司兩款主要車型的圖紙資料拷貝到軟碟上，交給王興甫帶出少林公司。2000 年 1 月，王興甫以其妻許琳的名義註冊創辦了河南中汽客車技術中心有限公司，李建增隨即從少林公司辭職到這家公司上班。在王興甫的指使下，李建增將從少林公司盜來的圖紙資料輸入到中汽客車公司電腦，並叫來當時任少林公司研究所技術員的徐根亮幫助補充完善，徐根亮獲得報酬 1000 元。2000 年 5 月，王興甫、徐根亮先後從少林公司辭職，與李建增一起到山東聊城中通客車公司上班，王興甫任總工程師，李建增、徐根亮分別任設計處副處長和技術中心技術員，3 人一起將屬於少林公司商業秘密的車型圖紙予以披露後銷毀。少林公司研製開發的圖紙資料被其他公司採用並低價傾銷，導致少林公司生產的同類車型陷入滯銷狀態。滎陽市人民法院判決認定，被告人王興甫、李建增、徐根亮等人採用盜竊手段，將能為權利人帶來經濟利益，並經權利人採取保密措施的技術資訊予以披露，已構成侵犯商業秘密罪。依法判處王興甫、李建增有期徒刑各3年，並處罰金5萬元；判處徐根亮有期徒刑2年，並處罰金2萬元。

※案例二：

深圳市潤天智圖像技術有限公司（以下稱潤天智公司）於2001年4、5月先後聘任被告人徐小清為副總經理，被告人龔岷為機械開發部工程師。同年10月10日，潤天智公司自主研製的「潤天智超寬幅彩色數碼噴繪系統V1.0」取得深圳市資訊化辦公室核發的軟體產品登記證書。同年11月5日，潤天智公司委託首山雄開發XJ500噴墨打印頭控制卡。2002年4月間，時為瀋陽市遼寧金龍電腦噴繪廣告有限公司總經理的被告人李明光通過業務關係認識被告人徐小清後，即提議被告人徐小清攜帶潤天智公司的噴繪機生產技術資料前往其公司工作，並初步商議徐小清的報酬為年薪人民幣30萬或者公司20%的股份。之後，被告人徐小清利用工作之便複製潤天智公司噴繪機生產相關技術資料，並說服被告人龔岷及該公司電子開發部工程師馬少華一起前往瀋陽為李明光的公司生產噴繪機。同年5月10日晚下班後，被告人徐小清指使龔岷在潤天智公司拷貝了軟體工程師趙某、機械工程師顏某某電腦上的噴繪機生產相關技術資料。5月12日，龔岷將拷貝好的硬碟交給徐小清。次日，被告人徐小清、龔岷及馬少華三人未辦理辭職手續即乘飛機前往被告人李明光正在籌備的瀋陽市遼寧柯寶科技實業發展有限公司（以下稱柯寶公司），由徐小清將內含潤天智公司噴繪機的相關技術資料的硬碟交給李明光。之後，被告人龔岷及馬少華開始在柯寶公司工作。同年8月，柯寶公司生產出「賽特」3200數碼彩色噴繪機。經深圳市知識產權研究會鑒定，潤天智公司、柯寶公司兩家公司產品涉及光碟所載的軟體技術內容相同，具體為核心演算法參數檔完全一樣；控制打印頭板動態連接庫相似，而來源完全一樣；核心技術的源代碼相似，且來源於相同的初始源代碼。潤天智公司在深圳市資訊化辦公室登記的噴繪機系統軟體和首山雄兩者源代碼同源；潤天智公司和柯寶公司兩者根源程式同源；首山雄和柯寶公司兩者根源程式同源，說明「彩神」源代碼是潤天智公司的技術秘密，柯寶公司生產「賽特」5200數碼彩色噴繪機使用了「彩神」源代碼。另經深圳市中衡信資產評估有限公司評估，「彩神數碼噴繪機」生產專有技術的無形資產價值為人民幣630萬元，「FLORA-3204彩色數碼噴繪機」技術許可使用費的價值為人民幣300萬元，單機利潤為人民幣26萬元。深圳市羅湖區人民法院認為，潤天智公司經過立項、組織人員開發了「彩神」數碼噴繪機「彩神」源代碼的生產專有技術，該技術含有不對外公開、不為公眾知悉的技術資訊，且該技術資訊通過生產、銷售，能夠為權利人帶來經濟利益，且潤天智公司對其採取了保密措施，與公司人員簽定了保密協議，因此，該技術屬於商業秘密。三被告人盜用權利人的商業秘密進行生產活動，給潤天智公司造成了實際損失，其行為均已構成侵犯商業秘密罪。依照《中華人民共和國刑法》第219條、第25條之規定，於2004年5月28日作出一審判決，判處被告人李明光有期徒刑1年零3個月，並處罰金人民幣10萬元；被告人徐小清有期徒刑10個月，並處罰金人民幣2萬元；被告人龔岷有期徒刑10個月，並處罰金人民幣1萬元。

深入剖析

根據刑法第219條第一款的規定，侵犯商業秘密罪構成要件客觀方面的要素之一是犯罪行為給商業秘密的權利人造成重大損失。

對於給權利人造成「重大損失」的理解在學術界還是存在著很大的分歧。有觀點認為，侵犯商業秘密罪是結果犯，特定的損害結果不具備，犯罪客觀方面的要件不齊備，犯罪自然不成立。也有觀點指出，從刑法理論上來講，侵犯商業秘密罪是結果犯，只有侵犯商業秘密的行為，給權利人造成重大損失的，才構成犯罪；否則不構成犯罪。但一般認為，侵犯商業秘密罪中不存在犯罪既遂、未遂、中止、預備的問題，只是存在是否是否成立侵犯商業秘密罪的問題。

59 損害商業信譽、商品聲譽案

（中國刑法第221條）

捏造並散布虛偽事實，損害他人的商業信譽、商品聲譽，涉嫌下列情形之一的，應予立案：

1.給他人造成的直接經濟損失數額在五十萬元以上的；

2.雖未達到上述數額標準，但具有下列情形之一的：

(1) 嚴重妨害他人正常生產經營活動或者導致停產、破產的；

(2) 造成惡劣影響的。

實戰案例

2001年4月，浙江海鹽人陳恩、金月根、金家祥租賃經營的江蘇連雲港黄海度假村客房部購買了84台「雙菱」牌空調器，僅支付了部分貨款。同年11月，陳恩一方以空調器存在品質問題為由，向生產方上海雙菱空調器製造有限公司投訴。雙菱公司即派員赴連雲港進行檢測和協商，但因陳恩等人提出索賠並拒絕雙方共同對空調品質進行鑒定而協商未成。此後，陳恩等人一方面自行委託連雲港環境監測中心，江蘇省產品品質監督檢驗中心進行空調雜訊檢測，另一方面又多次發函至雙菱公司，提出巨額索賠，同時聲稱若不出面解決就要到南京、上海等地砸毀「雙菱」牌空調，進行新聞曝光。2002年3月，被告陳恩、金月根、金家祥決定在南京砸毀一台「雙菱」牌空調。時任《南京晨報》記者的被告人錢廣如得知這一消息後，不顧該報社領導的反對，立即與陳恩等人取得聯繫，為他們指定砸空調地點，編撰了「雙菱空調，品質低劣，投訴無門，砸毀有理」的虛假宣傳語，並承諾由他約請記者到現場採訪。3月14日，陳恩等人在錢廣如的指點下，來到南京市太平北路中山東路口，根據錢廣如發出的「記者已到、可以開始砸」的消息，當眾砸毀壁掛式「雙菱」牌空調一台。同年3月28日，陳恩等3名被告人又在上海市輕軌明珠線鎮坪路站附近打出「雙菱空調，品質低劣，路人願砸，獎勵十元」的宣傳語，此乃根據錢廣如的提議。當天，陳恩等被告在滬懸賞路人砸毀了一台壁掛式「雙菱」牌空調。同年5月13日，陳恩等3名被告人又打出「上海雙菱空調，品質低劣，八個月來，投訴無門，不要賠償，只要公理」的宣傳語，在南京樂富來廣場又砸毀一台壁掛式「雙菱」牌空調。上述事件發生後，南京、上海等地媒體分別作了報導，國內其他一些地方的媒體也作了轉載或報導。上海市奉賢區人民法院作出判決：被告陳恩犯損害商品聲譽罪判處有期徒刑1年，並處罰金3萬元，其他3名被告金月根、金家祥和錢廣如均被判處罰金3萬元。

深入剖析

侵犯商業秘密罪從犯罪主體上來看，多為企業內部人員，在法律要求上主體是一般主體，即一切侵犯商業秘密的單位和自然人。客觀表現為(1)以盜竊、利誘、脅迫或者其他不正當手段獲取權利人的商業秘密；(2)披露、使用或者容許他人使用以前項手段獲取的商業秘密；(3)違反約定或者違反權利人有關保守商業秘密的要求，披露、使用或者容許他人使用其所掌握的商業秘密；(4)明知或者應知前三種行為，獲取、使用或者披露他人的商業秘密。主觀為故意，上述前三種是直接故意，最後一種是間接故意。不論行為人出於什麼樣的目的，實施了上述行為則都構成犯罪。

60 虛假廣告案

（中國刑法第222條）

廣告主、廣告經營者、廣告發布者違反國家規定，利用廣告對商品或者服務作虛假宣傳，涉嫌下列情形之一的，應予追訴：

1.違法所得數額在十萬元以上的；

2.給消費者造成的直接經濟損失數額在五十萬元以上的；

3.雖未達到上述數額標準，但因利用廣告作虛假宣傳，受過行政處罰二次以上，又利用廣告作虛假宣傳的；

4.造成人身傷殘或者其他嚴重後果的。

實戰案例

※案例一

◎被告人呂元春，男，係江蘇省揚州市新世紀黑豚特種養殖有限公司董事長。

1999年12月至2002年7月間，呂元春違反廣告法的有關規定，擅自印刷《致富無止境，黑豚伴您行》、《致富——請養中國黑豚》、《珍稀野生動物，黑色保健食品》等印刷品若干份，並在網際網路上製作網頁對公司的服務及產品「黑豚」進行宣傳，其中廣告詞有：「江蘇省揚州市新世紀黑豚特種養殖有限公司在國內首創建立自動化屠宰流水線，本年度出口日本冷凍豚肉20萬隻」、「並在全國各地有聯養戶上萬家，還有許多聯養戶分布在歐美、東南亞各地」、「黑豚對胃病、高血壓、冠心病等有較明顯的食療作用」、「黑豚血和豚睾丸可通過生物工程生產國際市場緊俏的藥用原料」、「黑豚的皮毛是一種很好的裘皮服裝和工藝飾品的加工原料」、「雄厚的經濟實力讓您免除一切後顧之憂」等等。事實上，「本年度出口日本20萬隻冷凍黑豚肉」僅是公司與日本一企業簽訂的一份意向性合同，根本未實際發生；在全國範圍內聯養戶沒有上萬家，更沒有聯養戶分布在歐美、東南亞等地；「黑豚對胃病、高血壓、冠心病等的食療作用」無任何證明文件；「黑豚血和豚睾丸可通過生物工程生產國際市場緊俏的藥用原料」僅是被告人的憑空想像，無科學依據；「在國內首創自動化屠宰流水線」只是公司的發展目標；公司將黑豚宰殺後將所有的皮毛全都丟棄，並未作為製作高檔服裝的原料來用；「雄厚的經濟實力讓您免除一切後顧之憂」也是虛假和無法履行的。在近3年的時間裏，呂元春為推銷其經營的產品「黑豚」，自行印製大量印刷品，對本公司的產品性能、經濟實力、經營狀況作了虛假宣傳，在全國範圍內40餘個大、中城市進行了散發，時間長、範圍廣、次數多。2001年12月，呂元春因虛假宣傳行為受到南京市六合縣工商行政管理局行政處罰後，仍繼續從事虛假宣傳。由於呂元春的虛假宣傳，造成大量廣告受眾受到誤導，黑豚聯養戶購買的種豚價值人民幣500多萬元，因所購種豚無法回收，給養殖戶造成直接經濟損失達人民幣300多萬元。揚州市邗江區人民法院經審理認為，被告人呂元春作為公司的法定代表人，違反法律規定，利用廣告對本公司的產品及服務作虛假宣傳，情節嚴重，其行為已構成虛假廣告罪。被告人呂元春歸案後坦白交待犯罪事實，認罪態度較好，其親屬積極代其繳納罰金，依法可酌情從輕處罰。依照《中華人民共和國刑法》第222條、第52條、第53條之規定，於2002年12月9日判決如下：被告人呂元春犯虛假廣告罪，判處有期徒刑6個月，並處罰金人民幣20000元。

※案例二：

◎被告人崔建榮，男，43歲，河南省盧氏縣人。

2003年以來，崔建榮利用虛假經營「盧氏縣藥都中藥材種子種苗貿易部」，在未經廣告管理部門審核的情況下，擅自通過《故事大觀》《農民致富之友》等刊物刊發中藥材種植等含虛假內容的廣告，並私自印製種植宣傳小報向種植戶郵寄散發，對經營的中藥材種子種植及服務進行虛假宣傳，誤導消費者。從2003年1月至6月，崔建榮共騙取各地農民匯款12萬餘元。2003年12月5日，崔建榮懾于盧氏縣打擊虛假廣告犯罪的巨大聲勢，向公安機關投案自首。法院經審理，以虛假廣告罪判處崔建榮拘役6個月，緩刑1年，並處罰金1萬元。

深入剖析

虛假廣告罪是情節犯，只有情節嚴重，才能構成犯罪。司法實踐中，認定虛假廣告行為是否情節嚴重，可以從以下幾個方面綜合判定：(1)嚴重擾亂了廣告管理秩序和正常公平的市場競爭秩序；(2)多次進行虛假廣告宣傳或者廣告宣傳的範圍較廣，影響較大的；(3)廣告受眾因虛假廣告宣傳遭受嚴重的經濟損失的；(4)廣告主和廣告經營者因虛假廣告行為獲得巨大經濟利益的；(5)引起其他嚴重的社會後果的。最高人民檢察院、公安部《關於經濟犯罪案件追訴標準的規定》中，對虛假廣告行為的追訴標準確定為：違法所得數額在十萬元以上；給消費者造成的直接經濟損失在五十萬元以上的；雖未達到上述數額，但受過行政處罰二次以上，又利用廣告作虛假宣傳的等。《中華人民共和國廣告法》第2條第2款規定：「廣告是指商品經營者或者服務提供者承擔費用通過一定的媒介和形式，直接或者間接地介紹自己推銷的商品或者提供的服務的商業廣告。」作為商品經營者的廣告主，是指為推銷其商品，自行或者委託他人設計、製作、發布廣告的法人、其他經濟組織或個人。《中華人民共和國廣告法》第 4 條規定：「廣告不得含有虛假的內容，不得欺騙和誤導消費者」；第 9 條規定：「廣告中對商品的性能、產地、用途、品質、價格、生產者、有效期限、允諾或者對服務的內容、形式、品質、價格、允諾有表示的，應當清楚、明白」；《中華人民共和國反不正當競爭法》第 9 條規定：「經營者不得利用廣告或者其他的方法，對商品的品質、製作成分、性能、用途、生產者、有效期限、產地等作引人誤解的虛假宣傳。」根據上述法律的規定，虛假宣傳是指隱瞞商品的真相，對商品的性能、產地、用途、品質、價格、生產者、有效期限、允諾等內容描述不實，欺騙、誤導消費者。

61 串通投標案

（中國刑法第223條）

投標人相互串通投標報價，或者投標人與招標人串通投標，涉嫌下列情形之一的，應予追訴：

1.損害招標人、投標人或者國家、集體、公民的合法利益，造成的直接經濟損失數額在五十萬元以上的；

2.對其他投標人、招標人等投標活動的參加人採取威脅、欺騙等非法手段的；

3.雖未達到上述數額標準，但因串通投標，受過行政處罰二次以上，又串通投標的。

實戰案例

※案例一：

◎被告人林景忠，男，原係龍岩東方大酒店法定代表人。

2001年8月13日，龍岩捲煙廠煙葉倉庫工程林向社會公開招標。在得知此資訊後夥同杜宇攀、邱達標、劉西山（均另案處理）共同商議掛靠幾家建築公司，以圍標該工程，同時從王元勳（龍岩市炳晟建設工程造價諮詢有限公司法人代表）處獲悉了標底。經串通投標，最終由劉西山所掛靠的中國建築第四工程第三建築公司和杜宇攀、邱達標所掛靠的中國建築第七工程局第三建築公司於2001年9月24日中標龍岩捲煙廠煙葉倉庫工程A、B標段。林景忠及杜宇攀、邱達標與劉西山簽訂了一份協定，該協定在四個人的共同努力下中標後利潤按工程造價的21%分成，比例是由林景忠占3/7、劉西山占2/7、邱達標和杜宇攀各占1/7。被告人林景忠分得300萬元。

2000 年 11 月，龍岩捲煙廠技改工地聯合工房 C-D 區向社會公開招標期間，林景忠掛靠福建省九龍集團公司多次召集報名投標該工程公司的鐘健和掛靠中國建築第七工程局第三建築公司的蘇德明，共同串通投標該工程，統一抬高投標報價。最終導致該工程由參與串通投標的福建省第五建築工程公司中標。同時，林景忠還利用工程招、投標問題向華大和、曾健敲詐勒索 50 萬元；並在擔任被告單位龍岩東方大酒店法定代表人期間以設立兩套財務賬及根據虛假的外賬進行納稅申報的手段偷逃國家稅款共計人民幣 344920.71 元，占應納稅額的 37.27%；還指使他人燒毀龍岩東方大酒店 1997 年 2 月至 2002 年 5 月的各種收入和付出的記賬憑證及所附單據和部分賬簿，帳面金額達 7028806.35 元。龍岩市中院經審理，判決被告人林景忠因犯串通投標罪、犯敲詐勒索罪、犯偷稅罪、銷毀會計憑證以及會計賬簿罪等罪數罪並罰，決定執行有期徒刑 14 年，並處罰金 546 萬元。

※案例二：

◎被告人沈某，河南諸暨人，原諸暨市糧油工貿實業公司職工。

2001 年 8 月，諸暨市糧油工貿實業公司為解決公司職工再就業問題，決定將公司所屬的部分國有資產在公司內部除經理 1 人以外的 33 名職工中進行投標拍賣。為在投標拍賣中得到實惠，該公司職工沈某、趙某在投標前與其他參與投標的職工進行商議，並最終達成兩次投標的意向：即在公司組織投標時以事先商量好的低價進行投標，後再私下進行投標，然後將兩次投標的標價差額進行私分。沈某還為此專門擬好了 33 人在第一次投標時的報價。2001 年 8 月 18 日上午，在公司組織正式投標時，33 名職工按事先商定的低價進行了投標，總標的為 108.2802 萬元。當天下午，33 名職工又私下進行了投標，總標價達到250.3222萬元。隨後，這些人將兩次標價款的差價142.0420萬元私分，每人分得430033元。據此，諸暨市人民法院作出一審判決：判處被告人沈某有期徒刑1年6個月，緩刑兩年，並處罰金1.5萬元；判處被告人趙某有期徒刑1年，緩刑1年6個月，並處罰金1.5萬元。沈某、趙某退繳的贓款86066元，退還給諸暨市糧油工貿實業公司。

深入剖析

本罪侵犯了公平競爭的市場秩序，以及招標人、其他投標人和其他人的合法利益。在客觀表現上分為投標人串通投標和投標人和招標人相互串通投標兩種。中國的《反不正當競爭法》第15條也有規定，投標者和招標者不得相互勾結，以排擠競爭對手的公平競爭。本罪也是情節犯，只有情節嚴重的才能定罪。應把本罪與侵犯商業秘密罪相區分，兩者在客體和客觀方面存在著差異。

62 合同詐騙案

（中國刑法第 224 條）

以非法占有為目的，在簽訂、履行合同過程中，騙取對方當事人財物，涉嫌下列情形之一的，應予追訴：

1.個人詐騙公私財物，數額在五千元至二萬元以上的；

2.單位直接負責的主管人員和其他直接責任人員以單位名義實施詐騙，詐騙所得歸單位所有的，數額在五萬至二十萬元以上的。

實戰案例

※案例一：

◎被告人蘇純金，男，34 歲，捕前係河南省安陽市鐵西冶金建材供銷中心業務員。

1997 年 12 月 7 日，被告人蘇純金經他人介紹，來到包頭市與康明達公司的法人康書信簽訂了購銷無縫鋼管的經濟合同一份，標的金額為 1281100 元整，規定貨到 20 天內一次性付款。康明達公司按合同規定於 1997 年 12 月 20 日前和 1998 年 1 月 24 日先後兩次發運鋼管 351.68 噸。貨款總額為 136.1371 萬元。1997 年 12 月 20 日前第一次鋼管發出後，被告人蘇純金於 1998 年 1 月份付款 19.5 萬元，第二次鋼管全部發運完後，蘇純金卻以鋼管品質不達標為由，拒付康明達公司鋼管款。同時，在用貨單位安陽市化肥廠以銀行承兑匯票付給蘇純金 93.5 萬元的情況下，蘇純金並未將貨款給付康明達公司。一方面，以康明達公司發往河南安陽化肥廠的鋼材係劣質為由，向當地法院起訴康明達公司，同時，對康明達公司謊稱化肥廠未付貨款。另一方面，又於 1998 年 3 月 10 日、11 日分別到銀行兌現34.5萬元個人償還銀行貸款60萬元，現已無力償還康明達公司的貨款。1999年5月15日包頭市中級人民法院公開審理此案。審理認為檢察機關指控被告人蘇純金犯罪事實清楚，證據確實充分，指控罪名成立。被告人蘇純金在收到康明達公司寄給的產品品質證明書後明知所收到的無縫鋼管中既有「國家標準」，也有「行業標準」和「企業標準」等品質標準，但在法定期限內未提出異議，應將這種默許視為約定。關於少量鋼管壁厚未達到規格要求問題，被告人康書信同包頭鋼鐵公司技術監督處無縫鋼管品質檢查站工作人員高俊升於1998年2月7日到安陽市對鋼管進行了實地檢驗，並與被告人蘇純金三方當事人達成虧噸補償協定。蘇純金在收到全部貨物後，無正當理由拒不付康明達公司貨款，而是將所得貨款償還貸款和隱匿。被告人蘇純金主觀上具有非法占有他人財物的故意，客觀上實施了騙取康明達公司巨額貨款的行為，構成合同詐騙罪，且數額特別巨大，給被騙方康明達公司造成巨大經濟損失，應從重處罰。被告人辯解和辯護人的辯護意見認為「康明達公司違約在先，本案應屬經濟糾紛，不應追究刑事責任」，無事實和法律依據，不予採納。附帶民事訴訟原告人的訴訟請求成立，予以支持。依照《中華人民共和國刑法》第二百二十四條、第五十七條第一款、第六十四條和《中華人民共和國民法通則》第五十八條第三項、第六十一條第一款、第一百一十七條的規定，判決如下：

一、被告人蘇純金犯合同詐騙罪，判處無期徒刑，剝奪政治權利終身，並處罰金10萬元；

二、安陽化肥廠尚未給付的貨款26.679萬元予以追繳，並退還包頭市康明達物資貿易有限責任公司；

三、被告人蘇純金賠償附帶民事訴訟原告包頭市康明達物資貿易有限責任公司經濟損失人民幣63.0309萬元。

※案例二：

薑士傑，51 歲，與內蒙古宏裕農藥有限公司高層負責人係親屬關係，2004 年秋天，薑士傑找到其親屬，幫農藥公司推銷農藥，並約定薑士傑推銷一噸農藥，農藥公司付給薑士傑 50 元人民幣。2004 年 12 月，經薑士傑聯繫，黑龍江省興龍農藥有限公司與內蒙古宏裕農藥有限公司簽訂了 200 噸硫酸胺化肥購銷合同，當合同履行完畢後，興龍公司與薑士傑口頭約定繼續要硫酸胺化肥，薑士傑與宏裕公司說興龍公司繼續要農藥，但謊稱暫時先不匯款，經公司總經理同意後，以每噸 750 元的價格賒出硫酸胺化肥 314 噸，薑士傑將該批化肥分別銷給興龍公司和阿城及五大連池等地，並將貨款 20.15 萬元匯入自己的帳戶。2005 年 3 月初，薑士傑在明知宏裕公司生產的 99%的乙草胺乳油農藥貨源緊張的情況下，又與興龍公司口頭約定：以每噸 2.55 萬元向其提供乙草胺乳油農藥 30 噸，並讓興龍公司將貨款 76.5 萬元匯到自己的帳戶上。2005 年 3 月 8 日，興龍公司將貨款 76.5 萬元匯到姜士傑妻子李亞珍在中國農業銀行紮蘭屯市支行團結所的個人帳戶上。四天后，也就是 2005 年 3 月 12 日，薑士傑攜鉅款潛逃。2005 年 4 月 20 日，薑士傑被紮蘭屯警方抓獲，已追繳贓款及物品合計人民幣 61.4 萬元。紮蘭屯市人民法院經審理認為，薑士傑以非法占有為目的，在履行合同過程中，騙取對方當事人的財物，收受對方當事人給付的貨款後逃匿，數額特別巨大，因此，合同詐騙罪罪名成立，紮蘭屯市人民法院故作：被告人姜士傑犯合同詐騙罪判處有期徒刑 14 年，並處罰金人民幣 40 萬元。

深入剖析

本罪侵犯的客體是市場經濟的合同管理制度和合同當事人的合法利益，經濟合同是指平等民事主體的法人、其他經濟組織、個體工商戶、農村承包經營戶之間，為實現一定的經濟目的，明確相互間權利義務關係而簽訂的協定。本罪的主觀方面是直接故意，即明知其合同詐騙行為會損害合同對方當事人的合法利益，而希望這種結果的發生，主觀上具有非法占有他人財物的目的。應當將其區分為經濟合同糾紛，後者在主觀是並無詐騙他人財物的目的，並有一定的履約能力，實施了一定的履約行為。

63 非法經營案

（中國刑法第 225 條）

違反國家規定，採取租用國際專線、私設轉接設備或者其他方法，擅自經營國際電信業務或者涉港澳臺電信業務進行營利活動，涉嫌下列情形之一的，應予追訴：

1.經營去話業務數額在一百萬元以上的；

2.經營來話業務造成電信資費損失數額在一百萬元以上的；

3.雖未達到上述數額標準，但因非法經營國際電信業務或者涉港澳臺電信業務，受過行政處罰二次以上，又進行非法經營活動的。

非法經營外匯，涉嫌下列情形之一的，應予追訴：

1.在外匯指定銀行和中國外匯交易中心及其分中心以外買賣外匯，數額在二十萬美元以上的，或者違法所得數額在五萬元人民幣以上的；

2.公司、企業或者其他單位違反有關外貿代理業務的規定，採用非法手段，或者明知是偽造、變造的憑證、商業單據，為他人向外匯指定銀行騙購外匯，數額在五百萬美元以上的，或者違法所得數額在五十萬元人民幣以上的；

3.居間介紹騙購外匯，數額在一百萬美元以上或者違法所得數額在十萬元人民幣以上的。

違反國家規定，出版、印刷、複製、發行非法出版物，涉嫌下列情形之一的，應予追訴：

1.個人非法經營數額在五萬元以上的，單位非法經營數額在十五萬元以上的；

2.個人違法所得數額在二萬元以上的，單位違法所得數額在五萬元以上的；

3.個人非法經營報紙五千份或者期刊五千本或者圖書二千冊或者音像製品、電子出版物五百張（盒）以上的，單位非法經營報紙一萬五千份或者期刊一萬五千本或者圖書五千冊或者音像製品、電子出版物一千五百張（盒）以上的。

未經國家有關主管部門批准，非法經營證券、期貨或者保險業務，非法經營數額在三十萬元以上，或者違法所得數額在五萬元以上的，應予追訴。

從事其他非法經營活動，涉嫌下列情形之一的，應予追訴：

1.個人非法經營數額在五萬元以上，或者違法所得數額在一萬元以上的；

2.單位非法經營數額在五十萬元以上，或者違法所得數額在十萬元以上的。

實戰案例

※案例一：

◎被告人蔣某，男，50 歲，漢族，香港特別行政區人，係香港某貨運公司上海代表處經理。

香港某貨運有限公司上海代表處為達到非法獲利的目的，於1999 年元月至 2001 年 3 月間，由蔣某決定並指派呂某具體實施，將該公司匯入或現鈔帶入的各項業務及管理所需外匯港幣，未按國家規定在指定的交易場所進行交易，而以高於國家規定的匯率私自與黃某等人兌換，共計 6430960 元港幣換取 7087312.92 元人民幣，非法獲利人民幣 292173.54 元，主要用於支付該代表處的業務及管理費用。虹口區人民法院經過審理認為，兩被告人為使本單位獲取非法利益，違反國家規定，在國家指定的交易場所以外非法買賣外匯，擾亂市場秩序，情節嚴重，因蔣某是直接負責的主管人員，呂某係其他直接責任人員，故都構成非法經營罪。法院對蔣某以非法經營罪判處 2 年有期徒刑，對呂某以非法經營罪判處有期徒刑 1 年。

※案例二：

1997 年初，臺灣華渝國際股份有限公司董事會主席鄭永森在上海設立華良集團（未在工商部門登記註冊）管理處。同年 4 月在湖南長沙成立華良長沙公司，主要生產海豹油等產品，開始從事非法傳銷活動。到 2001 年 3 月 19 日，警方對這起特大非法經營案的偵破，傳銷窩點遍及全國 25 個省市自治區的 75 個城市、18 個月內傳銷金額 2 · 9 億元、受騙群眾 20 多萬人。

經審查，這是以上海華良公司總部為核心、網點遍布全國許多地方的特大非法傳銷案。犯罪集團的核心人物來自臺灣。楊洪只是龐大傳銷犯罪集團中的一個小人物，以他為首的三明服務站隸屬華良公司福州分公司。華良公司在非法傳銷活動中編造了「連鎖專賣，特許經營，捆綁銷售，共用資源，直複行銷，互動互惠」的行銷理念，採取會員制網路傳銷，在全國招募促銷員發展下線，並規定每位加盟人員須先購買一份 1680 元或 5040 元主要是華良公司基地生產的傳銷產品。加盟人員根據銷售積分，領取不同數額的「紅利」。假投資真犯罪、傳銷產品自產自銷，是「華良」與其他一般非法傳銷案的最大區別。鐘沛霖，臺灣人，華良公司傳銷犯罪集團的儲運主管。鐘沛霖於 2000 年 3 月加入華良公司開始傳銷，每月領取報酬新臺幣 6 萬元（折合人民幣 14694 元），鐘沛霖明知傳銷在內地屬違法行為，仍然指使其下屬人員向華良公司各地分公司托運傳銷物品，並開設兩個郵政號與各地分公司聯繫傳銷業務，鐘沛霖共獲取非法所得新臺幣66萬元（折合人民幣16萬多元）。王巧雲，2000年4月加入華良公司進行傳銷活動，任財務主管，月薪61800元新臺幣（折合人民幣14733元），她接手財務部後，指使財務部人員開設私人帳戶，用作公司專用傳銷賬戶，並為各地分公司傳銷加盟人員發放紅利，王巧雲獲取非法所得新臺幣74萬多元（折合人民幣17萬多元）。三明市梅列區人民法院認定被告人王巧雲犯非法經營罪，判處有期徒刑4年，並處罰金人民幣20萬元、被告人鐘沛霖犯非法經營罪，判處有期徒刑3年6個月，並處罰金人民幣18萬元。

深入剖析

非法經營罪是違反中國國家規定，進行非法經營，擾亂市場秩序，情節嚴重的行為。非法經營罪是情節犯，只有在非法經營的行為達到情節嚴重的程度，才能認定為犯罪。刑法第225條以非法經營行為情節構成非法經營罪的行為具有行政違法性。本案根據最高人民法院《關於情節嚴重的傳銷或者變相傳銷行為如何定性問題的批復》按照非法經營罪定罪來確定的。

64 非法轉讓、倒賣土地使用權案

（中國刑法第 228 條）

以牟利為目的，違反土地管理法規，非法轉讓、倒賣土地使用權，涉嫌下列情形之一的，應予追訴：

1.非法轉讓、倒賣基本農田五畝以上的；

2.非法轉讓、倒賣基本農田以外的耕地十畝以上的；

3.非法轉讓、倒賣其他土地二十畝以上的；

4.違法所得數額在五十萬元以上的；

5.雖未達到上述數額標準，但因非法轉讓、倒賣土地使用權受過行政處罰二次以上，又非法轉讓、倒賣土地的；

6.造成惡劣影響的。

實戰案例

※案例一：

被告人梁勝常於 1993 年至 1997 年間曾擔任布吉嚇圍村村委會主任。1996 年 6 月 23 日，嚇圍村與深圳市某公司簽訂合作協議書，由嚇圍村將布吉鎮（現布吉街道辦）羅崗禾坑工業區旁邊乳頭山約 2 萬平方米的山地以 120 萬元的價格（60 元／平方米）交于該公司開發私人住宅。但由於審批手續一直沒有辦好，該地一直未開發。2002 年 6 月 7 日，嚇圍村又與該公司簽訂了補充合同，規定地價提高到 110 元／平方米，並且公司應從乳頭山 2 萬平方米的土地中拿出 4300 平方米給嚇圍村。同時公司委派香港人林偉賢為全權代表處理乳頭山開發事宜。由於乳頭山分屬嚇圍村、布吉一村和老薑村，嚇圍村又在 2003 年 5 月 27 日與布吉一村、老薑村兩個村簽訂了協定，規定嚇圍村補償兩個村各 70 萬元，這兩個村放棄乳頭山所有權。同年 7 月 28 日，嚇圍村與林偉賢進行了商議，林偉賢負責一次性支付兩村 140 萬元，所付錢款在以後林偉賢支付嚇圍村土地款中扣除。2003 年 7 月，林偉賢開始在乳頭山施工進行三通一平工程。與此同時，林偉賢找到梁勝常，讓他幫忙將乳頭山 1 萬多平方米的土地分割成 50 份出售。後來賣出了 3 塊地，獲款 195 萬元。這 195 萬元，梁勝常按照林偉賢的指示支付給布吉一村 120 萬元，其餘款項用於工程開發及員工工資。羅湖區法院審理認為，被告人梁勝常無視國家法律，牟取非法利益，違反土地管理法規，非法轉讓土地使用權，其行為已經構成非法倒賣土地使用權罪。被告人梁勝常被法院判處有期徒刑 7 個月，罰金 20 萬元人民幣。

※案例二：

◎被告人韓某，男，37 歲，係某縣某鄉農工商綜合貿易公司經理。

某縣某鄉農工商綜合貿易公司係鄉辦企業。1996 年 6 月，該公司為了擴大生產經營規模，準備建設一個良種繁育場，面積為 80 畝非耕地。公司持某縣人民政府批准的設計任務和有關批准文件，向某縣人民政府土地管理部門提出申請，同年 9 月，該公司拿到了用地申請批准書，但由於資金不到位和市場行情的變化，該公司一直沒有動工。1997 年某縣某鄉農工商綜合貿易公司經理韓某認識了某縣神龍新型建築材料有限責任公司經理趙某，經商議，某縣某鄉農工商綜合貿易公司以土地每畝 5000 遠的價格賣給某縣神龍新型建築材料有限責任公司，共計 40 萬。法院經審理認定，某縣某鄉農工商綜合貿易公司犯非法轉讓、倒賣土地使用權罪，判處罰金人民幣 15 萬元，被告人韓某犯犯非法轉讓、倒賣土地使用權罪，判處有期徒刑 2 年，並處罰金人民幣 2 萬元。

深入剖析

本罪侵犯了中國對土地使用權的管理制度和土地使用權的正常的市場秩序。根據《中華人民共和國土地管理法》第 2 條的規定，任何單位和個人不得侵占、買賣或者以其他形式非法轉讓土地，以及 47 條的規定，買賣或者以其他形式非法轉讓土地的，沒收非法所得，限期拆除或沒收在買賣或者以其他形式非法轉讓的土地上新建的建築物和其他設施。本罪在主觀方面是出於直接故意，在主觀上必須具有牟利之目的。

65 仲介組織人員提供虛假證明檔案

（中國刑法第 229 條第 1 款、第 2 款）

承擔資產評估、驗資、驗證、會計、審計、法律服務等職責的仲介組織的人員故意提供虛假證明文件，涉嫌下列情形之一的，應予追訴：

1.給國家、公衆或者其他投資者造成的直接經濟損失數額在五十萬元以上的；

2.雖未達到上述數額標準，但因提供虛假證明檔，受過行政處罰二次以上，又提供虛假證明檔的；

3.造成惡劣影響的。

實戰案例

◎被告人米加龍，原係華西審計事務所綿陽分所業務副所長，綿陽市瑞峰會計師事務所註冊會計師。

1997 年，綿陽市涪城區城郊鄉高水村組建四川高水集團公司，當時任該村書記的劉躍先（已因職務侵占、挪用資金罪被判徒刑 15 年）為使自己的私營企業綿陽市雙菱實業總公司、綿陽雙菱房地產綜合開發有限責任公司、綿陽市雙帆建築安裝工程有限責任公司（此三公司以下簡稱雙菱實業公司）順利入股高水集團公司，遂委託米加龍所在的綿陽市華西審計事務所承接資產評估工作。1997 年 12 月至 1998 年 5 月期間，米加龍利用擔任高水組建集團公司的資產評估主評人員之機，在劉躍先、周永貴（已因職務侵占罪被判徒刑 2 年）的授意和給好處費的利益驅動下，先後兩次故意對雙菱實業公司的資產進行高調，虛增雙菱實業公司的資產 1408 萬元，並以華西審計事務所的名義出具了虛假的資產評估報告，致使雙菱公司淨資產實為-2018 萬元的情況下，卻以 800 萬元淨資產進入四川高水集團股份公司，後由高水集團為雙菱公司歸還了其進入集團公司前的債務及其利息 2589.8 萬餘元。後米加龍到綿陽市建華審計事務所工作，並將組建該集團公司的驗資業務帶至建華所，米加龍繼續擔任工商註冊驗資主評人，又故意以虛假的資產評估報告為依據，用建華審計事務所的名義出具了包括雙菱實業公司在內的虛假的工商註冊驗資報告。事後，米加龍以化名的形式在高水集團領取了好處費 1.5 萬元。法院經公開開庭審理後認為，米加龍身為仲介組織人員，在承擔資產評估、驗資服務中，故意提供虛假的資產評估、驗資報告並收取現金 1.5 萬元，給高水集團股份公司造成了極大的經濟損失，情節嚴重，其行為觸犯了國家刑律，構成了提供虛假檔罪，依法作出判決：被告人米加龍犯提供虛假證明文件罪，判處有期徒刑 6 年，並處罰金人民幣 3 萬。

深入剖析

本罪的客觀方面表現為虛假的資產評估、驗資、驗證、審計等證明文件，情節嚴重。主體是特殊主體，即承擔資產評估、驗資、驗證、會計、審計、法律服務等仲介組織及其人員。如果提供虛假證明檔構成犯罪，同時有索取他人財物或者非法授首他人財務的，應對其按《刑法》第 229 條第 2 款的規定適用刑罰，但因主體不合格，不認為是受賄。如果行為人為了和他人共同進行某種犯罪活動，而故意提供虛假的證明檔，則構成共同犯罪，以共同的某種來定罪量刑，不再以本罪論處。

66 仲介組織人員出具證明檔重大失實案

（中國刑法第 229 條第 3 款）

承擔資產評估、驗資、驗證、會計、審計、法律服務等職責的仲介組織的人員嚴重不負責任，出具的證明文件有重大失實，涉嫌下列情形之一的，應予追訴：

1.給國家、公眾或者其他投資者造成的直接經濟損失數額在一百萬元以上的；

2.造成惡劣影響的。

實戰案例

※案例一：

◎魏某，男，原徐州某資產評估有限責任公司法定代表人。

2000 年 11 月份，魏某在執業期間，處理了一個為夏某（另案處理）辦理偉秋商貿有限公司登記提供註冊資產評估的業務。在操作此項資產評估業務時，魏某犯了「想當然」的主觀主義錯誤，違反操作規範，在沒有到現場對貨物進行檢測鑒定的情況下，僅憑夏某提供的 3 張假發票和貨物收條，就為偉秋商貿有限責任公司出具了實物資產 47 萬元的評估報告。魏某的這種違規業務活動使夏某取得了實有資本 50 萬元（另有現金 3 萬元）的驗資報告。夏某見時機成熟，便開始著手進行自己的違法活動。首先，夏某憑藉魏某代表資產評估公司出具的評估報告，欺騙工商部門，註冊成立了偉秋商貿有限責任公司，並辦理了稅務登記證。然後，夏某以偉秋商貿有限責任公司名義虛開增值稅專用發票 1 億 6 千餘萬元，後經查實這些虛開的增值稅專用發票被不法分子用來抵扣進項稅額 1 千餘萬元，給國家造成巨大經濟損失。江蘇省銅山縣法院經審理認為，魏某在資產評估中怠忽職守，出具的證明文件嚴重失實，造成稅款流失 1 千餘萬元的重大後果，其行為已經構成《刑法》第 229 條規定的仲介組織人員出具證明檔重大失實罪，最終以該項罪名判處魏某有期徒刑 6 個月，並處罰金人民幣 1 萬元。

※案例二：

楊學初受好友委託，為深圳市一投資有限公司辦理工商註冊登記，由於該公司沒有實際出資，於是他找到了在深圳市一家會計師事務所工作，已 67 歲的稅務師朱培玉，讓其幫忙出具驗資報告。朱培玉在辦理驗資時，沒有按照正常程式到銀行去核實出資繳款單的真假，而是相信朋友的假話，就開具了一份驗資報告，導致報告重大失實，使本無任何出資的公司騙取了工商註冊登記。此後該公司大肆招搖撞騙，造成大連泰東房地產開發有限公司等 5 家企業被該公司以融資為名騙取人民幣 104.85 萬元。深圳市羅湖法院審理認為，朱培玉身為承擔驗資職責的仲介組織人員，嚴重不負責任，出具的證明文件有重大失實，造成嚴重後果，已構成仲介組織人員出具證明檔重大失實罪。據此，法院判處朱培玉有期徒刑 1 年，罰款人民幣 10000 元。

深入剖析

本罪侵犯的客體是中國關於仲介組織的管理制度和公司的合法權益。客觀方面，表現為嚴重不負責任，出具的證明文件有重大失實，造成嚴重的後果的行為：實施了出證明文件的行為；所出具的證明文件有重大失實，嚴重不符；有嚴重後果；這種後果是由於嚴重不負責任引起的，不是不能預見或不能抗拒的原因引起。主體是特殊主體，即承擔資產評估、驗資、驗證、會計、審計、法律服務等仲介組織及其人員。主觀方面為過失。

67 逃避商檢案

（中國刑法第 230 條）

違反進出口商品檢驗法的規定，逃避商品檢驗，將必須經商檢機構檢驗的進口商品未報經檢驗而擅自銷售、使用，或者將必須經商檢機構檢驗的出口商品未報經檢驗合格而擅自出口，涉嫌下列情形之一的，應予追訴：

1.給國家、單位或者個人造成的直接經濟損失數額在五十萬元以上的；
2.導致病疫流行、災害事故或者造成其他嚴重後果的；
3.造成惡劣影響的。

實戰案例

◎被告人某市長城進出口貿易有限責任公司。
◎被告人關某，男，40 歲，某市長城進出口貿易有限責任公司董事長。
◎被告人程某，男，25 歲，某市長城進出口貿易有限責任公司職員。

1997 年 12 月 15 日，被告人某市長城進出口貿易有限責任公司從某國進口一批家電產品，價值共計人民幣 550 萬元，進口商品于 12 月 20 日抵達某市某口岸。某市長城進出口貿易有限責任公司職員程某前往辦理商品商檢時，為了不耽誤時間，向商檢員王某（程的大學同學，另案處理）謊稱所進口的不屬於法定商檢範圍內的商品，王某信以為真，加蓋了「已接受登記「的印章于報關單上。關某在瞭解情況後，不但沒有及時補救，反認為程某辦事得力。後在銷售過程中被工商和質檢部門檢查出存在嚴重品質問題。法院經審理認為被告人某市長城進出口貿易有限責任公司犯逃避商檢罪，對其判處20萬罰金；對其法定代表人關某判處1年6個月有期徒刑，並處罰金2萬元；對程某判處2年有期徒刑，並處罰金15000元。

深入剖析

本罪的主體是一般主體，包括自然人和單位，即應當想商檢機構報檢的進出口商品發貨人和收貨人，如果是中國商檢部門、商檢機構的工作人員怠忽職守，造成重大經濟損失的，不構成本罪。本罪的客觀表現違反了《中華人民共和國進出口商品檢驗法》的規定。對於應當報檢的範圍由1992年10月23日頒布的《中國進出口商品檢驗法實施條例》第5條確定。

68 職務侵占案

（中國刑法第271條第1款）

公司、企業或者其他單位的人員，利用職務上的便利，將本單位財物非法占為己有，數額在五千元至一萬元以上的，應予追訴。

實戰案例

※案例一：

邱錦洲，男，34歲，臺灣臺北市人。2004年5月11日，惠陽警方接到台資企業聯輝電機（惠陽）有限公司報稱：該公司被人虛構訂貨單，騙取整流器11.65萬個，價值人民幣100餘萬元，經手此業務的公司業務經理邱錦洲不知去向。據查，聯輝電機公司於2003年12月份接到深圳漢興電子實業有限公司訂單3份，分別訂購了41型整流器10.6萬個，57型整流器10552個。這批貨物於2004年1月2日、1月31日分別被人提走，直到4月初貨款仍未能收回，而該訂單經手人業務經理邱錦洲也於4月20日失蹤。種種跡象表明，業務經理邱錦洲有職務侵占的重大作案嫌疑。7月25日，邱錦洲被抓獲歸案，繳獲贓款8.5萬元，暫扣小汽車一輛。經審訊，犯罪嫌疑人邱錦洲對利用職務之便詐騙公司貨物的犯罪事實供認不諱。據疑犯交代，為維持其高消費生活、籌集與女友劉楊琴的結婚費用，邱錦洲利用自己在聯輝公司任業務經理的職務之便，與女友劉楊琴合謀，從2003年底開始，以假公司、假訂單的名義騙取公司的貨物出賣謀利。並由劉楊琴負責虛構公司、設計訂單，刻製假公章，租借倉庫，物色「幫手」，尋找貨主，邱錦洲負責接單，組織生產。貨物到手後，邱以30萬元的低價將價值百萬元人民幣的電子整流器拋售。當事情敗露後，邱錦洲於4月20日棄工潛逃。目前，專案組正在全力追捕其他涉案人員、追繳贓款。

※案例二：

1995年1月，時任開寶公司經理、副經理、綜合管理員的被告人張忠健、彭錦秀、孫秀玉會同徐冬方與開寶公司，以各出資10萬元的方式又成立了經營範圍和開寶公司相類同的建順公司（開寶公司實際出資10萬元，被告人張忠健、彭錦秀、孫秀玉實際各出資8萬元、4萬元、2萬元，徐冬方實際出資2萬元），並分別兼任建順公司董事長、經理、出納職務，同時經營管理建順公司。至1996年，開寶公司的上級單位寶鋼生產協力公司規定其下屬公司不得開辦三產，建順公司即停業。1997年11月，三名被告人在未召開股東大會決議解散和成立清算小組的情況下，擅自將出售建順公司位於密山路的商品房款274245元，採用支票背書不入賬的方式，借給上海興滬鋼廠。1998年1月12日，又將建順公司25755元以支付貨款的方式出借給上海興滬鋼廠。同年5月，三名被告人利用職務便利，從開寶公司處截留了上海興滬鋼廠在開寶公司處的勞務費30萬元銀行匯票三張，作為上海興滬鋼廠歸還建順公司的上述兩筆欠款。爾後，三名被告人將三張銀行匯票以貼現的形式又借給吳縣農用掛機廠。1998年底至1999年期間，三名被告人陸續從吳縣農用掛機廠套現30萬元後私分，各分得贓款人民幣10萬元。2001年12月26日、2002年1月15日在單位組織查詢下三名被告人主動交代了犯罪事實。案發後被告人張忠健、彭錦秀、孫秀玉已退出了全部贓款。法院經審理認為：被告人張忠健、彭錦秀、孫秀玉身為公司工作人員，利用職務便利，將本單位的財物非法占為己有，數額巨大，其行為已構成職務侵占罪，判決如下：張忠健犯職務侵占罪，判處有期徒刑 3 年，緩刑 3 年；彭錦秀犯職務侵占罪，判處有期徒刑 3 年，緩刑 3 年；孫秀玉犯職務侵占罪，判處有期徒刑 3 年，緩刑 3 年；在案贓款人民幣 30 萬元依法發還被害單位。

深入剖析

職務侵占罪是指公司、企業或其他單位的人員，利用職務上的便利，將本單位財物非法占為已有，達到法定數額的行為。本罪的被害法益是公司、企業或其他單位的財物所有權。根據公司法規定，企業在歇業後和清算期間，其法人資格仍然存在，公司享有由股東投資形成的全部法人財產權。公司尚未完結清算工作，在此期間公司的一切財產屬公司所有，任何個人或組織都不得擅自占用或處置。行為人及辯護人辯稱行為人所得的錢款為其應得的利潤，但從本案行為人取得錢款的過程和取得該錢款的性質來看，行為人利用職務上的便利，將本企業變賣房屋取得的錢款通過其他企業間的多次流轉後，再予以私分，其主觀上具有非法占有之故意。他們侵犯的是公司的財物所有權。

69 挪用資金案

（中國刑法第272條第1款）

公司、企業或者其他單位的工作人員，利用職務上的便利，挪用本單位資金歸個人使用或者借貸給他人，涉嫌下列情形之一的，應予追訴：

1.挪用本單位資金數額在一萬元至三萬元以上，超過三個月未還的；
2.挪用本單位資金數額在一萬元至三萬元以上，進行營利活動的；
3.挪用本單位資金數額在五千元至二萬元以上，進行非法活動的。

實戰案例

◎被告人楊某某，男，香港人，1954年6月25日出生，原係香港某電器實業上海分公司經理。因本案於2001年4月13日被刑事拘留。

◎被告人陳某某，女，上海人，1955年6月26日出生，原係該公司上海分公司辦公室主任。因本案於2001年4月17日被刑事拘留。

被告人楊某某和陳某某從1995年起擔電器實業上海分公司經理和管理人員，借上海分公司停業清理之機，於2000年10月偽造了一份關於分公司倉庫內總價值人民幣113萬餘元的庫存商品為兩人所有的書面證明，送交上海楊浦審計事務所作為貨幣驗資（同年12月6日被劃還），從而成立了私營性質的上海某五金機械有限公司，總註冊資金100萬元。之後，兩被告人陸續將電器實業分公司倉庫內的總價值100餘萬元的庫存商品非法轉移至五金機械公司。經對分公司現有帳冊進行審計發現，該公司總價值28.1萬餘元的資產被兩被告非法侵吞。

法院經審理認為，被告人楊某某，陳某某均係公司聘用人員，利用經營、管理香港某電器實業上海分公司的職務便利，擅自將分公司的財產用於私人開辦公司驗資，其行為已構成挪用資金罪。

深入剖析

挪用資金罪在《刑法》中規定為：「公司、企業或者其他單位的工作人員，利用職務上的便利，挪用本單位資金歸個人使用或者借貸給他人，數額較大，超過 3 個月未還的，或者雖未超過 3 個月，但數額較大，進行營利活動的，或者進行非法活動的行為。」本案的犯罪主體只能是公司、企業或者提前單位中的除中國國家工作人員以外的的人員。單位不構成本案的犯罪主體。根據《刑法》和相關司法解釋的規定，本案的犯罪物件除了是本單位的資金外，還包括以下三種：一是用於預防、控制突發傳染病疫情等災害的資金。根據中國最高人民法院、最高人民檢察院《關於辦理妨害預防、控制突發傳染病一切等災害的刑事案件具體應用法律若干問題的解釋（法釋〔2003）8 號》第 14 條的規定，挪用用於預防、控制突發傳染病疫情等災害的資金歸個人使用，構成犯罪的，依照《刑法》第 272 條的規定，以挪用資金罪依法從重處罰。二是尚未註冊但準備設立的公司在銀行開設的臨時帳戶上的資金。根據《最高人民檢察院關於挪用尚未註冊成立公司自己的行為適用法律問題的批復》（高檢發研字〔2000）19 號》規定，籌建公司的工作人員在公司登記註冊前，利用職務上的便利，挪用準備設立的公司在銀行開設的臨時帳戶上的資金，歸個人使用或者借貸給他人，數額較大，進行營利活動的，或者進行非法活動的，應當根據刑法第 272 條的規定，追究刑事責任。三是非國有商業銀行、證券交易所、期貨交易所、證券公司、起伙經紀公司、保險公司或者金融機構或者客戶的資金。其根據是 2001 年 2 月 2 日印發的《全國法院審理金融犯罪案件工作座談會紀要》。

70 挪用特定款物案

（中國刑法第 273 條）

挪用用於救災、搶險、防汛、優撫、扶貧、移民、救濟款物，涉嫌下列情形之一的，應予追訴：

1.挪用特定款物價值在五千元以上的；

2.造成國家和人民群衆直接經濟損失數額在五萬元以上的；

3.雖未達到上述數額標準，但造成人民群衆的生產、生活嚴重困難的。

實戰案例

※案例一：

◎被告人鄧某，男，49 歲，某縣水利局局長。

1998 年，被告人鄧某所在縣向省政府申請防汛專用款 40 萬元用於江堤加高、加固和維修工作，經縣委研究決定讓水利局牽頭負責此項工作，鄧某作為本縣水利局局長和縣防洪指揮部副總指揮直接負責此項工作。鄧某召開本局技術人員開會後，作出了本年不太可能發生洪水的判斷，認為現有水利工程足以防洪，於是擅自作主將其中 14 萬元下撥作為本縣 7 個鄉重建、維修澆灌渠的費用，其餘作為剛剛成立的防汛指揮部的辦公款項，購買辦公設備和小汽車。1998 年 7 月，該縣發生特大水災，由於防洪設施不足，造成眾多房屋倒塌，大量糧田被淹，損失嚴重。縣人民法院認為，鄧某作為主管防洪的領導，在受命維修防洪工程後，違反「專物專用」的財經管理制度，擅自將防洪專用款用於其他用途，導致防洪工程不能達到預定要求，造成重大損失，情節嚴重，其行為已構成挪用特定款物罪，依法判處鄧某有期徒刑 3 年。

※案例二：

陳宏明，廣東澄海人，曾於 1991 年任深圳市勞動局副局長，1993 年 3 月被任命為局長。1994 年 11 月，陳宏明又調任深圳的大型企業集團——深圳經濟特區發展集團公司總裁。1998 年 6 月，他被深圳市紀委立案查處。經查陳宏明在擔任勞動局局長期間，利用職務之便從其下屬公司引存資金，以幫助深圳達譽貿易公司獲取銀行貸款。事後陳宏明收受達譽公司總經理彭××賄賂的港幣 10 萬元，人民幣 4 萬元。1994 年 3 月至 10 月，陳宏明還利用其擔任深圳市勞動局局長職務的便利，違反國家財經管理制度，先後五次挪用其下屬勞動服務公司管理的用於救濟的失業保險金共計 2000 萬元人民幣，分別借給深圳蛇口金海實業公司，越桑實業發展公司使用，並造成本金 210 萬元及利息無法收回。廣州市中級人民法院判處陳宏明犯受賄罪，判處有期徒刑 6 年，並處沒收財產人民幣 10 萬元；犯挪用特定款物罪，判處有期徒刑 2 年。決定執行有期徒刑 7 年，並處沒收財產人民幣 10 萬元。

深入剖析

挪用特定款物罪，是指違反特定款物專用的財經管理制度，挪用中國用於救災、搶險、防汛、優撫、扶貧、移民、救濟款物，情節嚴重，致使中國和人民群眾利益遭受重大損害的行為。挪用特定款物罪的犯罪客體是複雜客體，既侵犯了特定款物的公共財產所有權，又同時侵犯了特定款物專用的財經管理制度。本罪在客觀方面表現為挪用救災、搶險、防汛、優撫、扶貧、移民、救濟款物，情節嚴重，致使中國和人民群眾利益遭受重大損害的行為，主體是有關單位的直接責任人，即掌管救災搶險防汛優撫扶貧移民救濟七種特定款物的會計人員發放人員以及有關領導人員。本罪在客觀方面具有如下特徵：第一，挪用行為未經合法批准，屬於擅自動用救災、救濟等特定款物的行為；第二，挪用的對象是特定的，刑法第 273 條規定的是用於救災、搶險、防汛、優撫、扶貧、移民、救濟款物；第三，挪用行為的本質在於特定款物的挪用改變了特定款物的「特定」性，即用途的特定性。對於特定款物，必須按照其本身被依法指定的用途加以使用，非法改變其法定用途，則屬於本罪中所稱的挪用行為。本案例完全具備上述要件，是一個典型的挪用特定款物罪。2003 年 1 月 13 日最高人民檢察院第九屆檢察委員會第 118 次會議明確規定：挪用失業保險基金和下崗職工基本生活保障資金屬於挪用救濟款物。挪用失業保險基金和下崗職工基本生活保障資金，情節嚴重，致使中國和人民群眾利益遭受重大損害的，對直接責任人員，應當依照刑法第 273 條的規定，以挪用特定款物罪追究刑事責任；中國國家工作人員利用職務上的便利，挪用失業保險基金和下崗職工基本生活保障資金歸個人使用，構成犯罪的，應當依照刑法第 384 條的規定，以挪用公款罪追究刑事責任。若挪用的特定款物不是「公用」，而是「私用」，即歸個人使用的，則屬於刑法第 384 條規定的挪用公款罪，而不是挪用特定款物罪。應該注意的是關於挪用公款「歸個人使用」的含義，2004 年 4 月 28 日九屆中國全國人大常委會第 27 次會議通過的《關於刑法第三百八十四條第一款的解釋》已有明確規定，即有下列情形之一的，屬於挪用公款「歸個人使用」：將公款供本人、親友或者其他自然人使用的；以個人名義將公款供其他單位使用的；個人決定以單位名義將公款供其他單位使用，謀取個人利益的。

71 欺詐發行股票、債券案

（中國刑法第 160 條）

在招股說明書、認股書、公司、企業債券募集辦法中隱瞞重要事實或者編造重大虛假內容，發行股票或者公司、企業債券，涉嫌下列情形之一的，應予追訴：

1.發行數額在一千萬元以上的；

2.偽造政府公文、有效證明文件或者相關憑證、單據的；

3.股民、債權人要求清退，無正當理由不予清退的；

4.利用非法募集的資金進行違法活動的；

5.轉移或者隱瞞所募集資金的；

6.造成惡劣影響的。

實戰案例

※案例一：

成都紅光實業股份有限公司（簡稱紅光公司）為了騙取上市資格，在股票發行上市申報材料中稱 1996 年度盈利 5400 萬元。經查實，紅光公司通過虛構產品銷售、虛增產品庫存和違規帳務處理等手段，虛報利潤 15700 萬元，1996 年實際虧損 10300 萬元。紅光公司上市後，在 1997 年 8 月公布的中期報告中，將虧損 6500 萬元虛報為淨盈利 1674 萬元，虛構利潤 8174 萬元；在 1998 年 4 月公布的 1997 年年度報告中，將實際虧損 22925 萬元（相當於募集資金 55.9%）披露為虧損 19800 萬元，少報虧損 3125 萬元。紅光在股票發行上市申請資料中，對其關鍵生產設備彩玻池爐廢品率上升，不能維持正常生產的重大事實未作任何披露。在其招股說明書，稱「募集資金將全部用於擴建彩色顯像管生產線專案」經查實，紅光公司僅將41020 萬元募集資金中的 6770 萬元投入招股說明書所承諾的項目。2000 年 12 月 25 日，成都市中級人民法院判決紅光公司犯「欺詐發行股票罪」對紅光公司判處罰金 100 萬元；判處公司原董事長何某，原總經理燕某，原副總經理劉某，原財務部副部長陳某等 4 人有期徒刑 3 年至緩刑不等的刑事處罰。

※案例二：

◎被告人王清華，男，1945 年 2 月 19 日出生，原山東省巨力集團董事長。

山東巨力集團為了達到配股資格所的規定數額，在帳目上虛增 1999 年度利潤 1.61 億元，以此騙取配股資格，於 2001 年在深圳證券交易所配售發行股票 1149 萬股，共募集資金 15971.1 萬元。2005 年 3 月 28 日山東省濰坊市奎文區人民法院依法判處山東巨力犯欺詐發行股票罪，判處罰金人民幣 160 萬元。原董事長王清華犯欺詐發行股票罪，判處有期徒刑 2 年緩刑 3 年。原財務處副處長張傳勝犯欺詐發行股票罪，判處有期徒刑 1 年緩刑 2 年。

深入剖析

現在有越來越多的台商在中國股票市場上市，這種案例更值得警惕，欺詐發行股票、債券罪，是指在招股說明書、認股書、公司、企業債券募集辦法中隱瞞重要事實或者編造重大虛假內容，發行股票或者公司、企業債券，數額巨大、後果嚴重或者有其他嚴重情節的行為。本罪在客觀上具有：(1)行為人必須實施在招股說明書、認股書、公司、企業債券募集辦法中隱瞞重要事實或者編造重大虛假內容的行為；(2)行為人必須實施了發行股票或公司、企業債券的行為；(3)行為人製作虛假的招股說明書、認股書、公司債券募集辦法發行股票或者公司、企業債券的行為，必須達到一定的嚴重程度，即達到「數額巨大、後果嚴重或者有其他嚴重情節的」，才構成犯罪。本案例具備了虛增利潤、騙取配股資格、實施了配售發行股票、募集了巨額資金等要件，犯欺詐發行股票、債券罪，其單位和直接負責的主管人員和其他直接責任人員，將受到刑法第 160 條的處罰。

72 妨害清算案

（中國刑法第162條）

公司、企業進行清算時，隱匿財產，對資產負債表或者財產清單作虛偽記載或者在未清償債務前分配公司、企業財產，造成債權人或者其他人直接經濟損失數額在十萬元以上的，應予追訴。

實戰案例

※案例一：

◎被告人汪某，男，1956年11月20日出生，漢族，浙江省湖州市人，原湖州市絲綢服裝公司下屬某絲織廠廠長。1999年5月21日被逮捕。

被告人汪某于1990年7月至1998年8月人湖州市絲綢服裝公司下屬某絲織廠廠長，並兼任該廠下屬子公司某某紡織有限公司法定代表人。1997年10月至12月期間，汪某明知本廠即將破產，知識本廠財務人員多次以：「代工貿收款」、「定單補差」等虛假名義從四肢廠劃款69.995萬元。湖州市人民法院經審理，認為絲綢服裝公司某絲織廠在清算時，故意隱匿財產，對資產負債被做虛偽記載，嚴重損害債權人和其他人員利益，被告人汪某係該廠直接負責的主管人員，其行為已構成妨害清算罪，依法判處有期徒刑1年10個月，並處罰金人民幣2萬元。

※案例二：

◎楊某，男，上海市人，原係上海某食品企業（集團）有限公司副董事長。

2000 年 9 月至同年 11 月，楊某擔任某食品企業（集團）公司破產清算組下設工作組組長，負責該公司破產清算、資產申報清理工作期間，隱匿、轉移某食品企業（集團）公司共計人民幣 29 萬餘元。公訴機關據此認為被告人楊某的行為構成妨害清算罪，依法應予懲處。法院經審理查實，依法判處被告人楊某有期徒刑 9 個月，並處罰金 1 萬元。

深入剖析

隨著中國在 2006 年年底兌現其進入世界貿易組織的承諾，台灣會計師等專業人，將有很多機會進入中國市場服務，所以這個案例有重大參考價值，本罪侵犯的客體是複雜客體，其行為即侵犯了中國關於公司、企業的清算管理制度，又侵犯了債權人和其他人的合法權益。本罪構成應有以下的條件：首先是時間性要件，必須是發生在公司、企業清算過程中。由於清算開始之前的公司、企業為逃避債務而預期妨害清算，嚴重損害債權人或其他人的利益的行為在刑法中並未予以犯罪化。但是在司法實務中，這種預期妨害行為一般也做妨害清算罪處理。其次是要有妨害清算的行為發生，根據中國刑法第 162 條的規定妨害清算的犯罪行為有三種：隱匿公司、企業財產；對資產負債表或者財產清單作虛偽記載以及在未清償債務前分配公司、企業財產。第三是要有債權人或其他人的合法權益受到嚴重損害的結果發生。本罪是一個結果犯，只有具有嚴重損害債權人或其他人利益的法定情節出現，才能構成本罪。最後要注意的是本罪的主體資格的認定。對此學界存在爭議，一種觀念認為刑法第 162 條規定的是單位犯罪，且僅對單位中直接負責的主管人員和其他直接負責人員追究刑事責任。另一種觀念認為目前其主體界定缺少相關法律規定，按前文所講的三種行為方式來分，隱匿行為可由公司、企業的決策機構決定或有負責人決定而付諸實施，而對「資產負債表或者財產清單作虛偽記載」和「在未清償債務前分配公司、企業財產」其實施者只能是清算組織及其成員。

結語篇

面對中國刑事拘留的因應對策

讀者在研讀完本書精選的投資中國需預防的 72 種經濟犯罪陷阱後，最重要的就是要避免誤觸這些經濟犯罪陷阱，畢竟，不管在哪裡，守法是保護自己最好的武器，不過，如果萬一依然不幸誤觸這些法律陷阱，而面對到中國警方的逮捕或拘留時，首先要冷靜以對，清楚自己的權利義務，切忌在律師還沒有到達之前，隨便在筆錄上簽名，這都將會造成日後在法庭上的不良影響。

依照中國刑事訴訟法第 61 條規定，公安機關對於現行犯或者重大嫌疑分子，如果有下列情形之一的，可以先行拘留：

1.正在預備犯罪、實行犯罪或者在犯罪後即時被發現的；

2.被害人或者在場親眼看見的人指認他犯罪的；

3.在身邊或者住處發現有犯罪證據的；

4.犯罪後企圖自殺、逃跑或者在逃的；

5.有毀滅、偽造證據或者串供可能的；

6.不講真實姓名、住址，身份不明的；

7.有流竄作案、多次作案、結夥作案重大嫌疑的。

不過，依同法第 64 條規定，公安機關拘留人的時候，必須出示拘留證。拘留後，除有礙偵查或者無法通知的情形以外，應當把拘留的原因和羈押的處所，在 24 小時以內，通知被拘留人的家屬或者他的所在單位。同法第 65 條亦很清楚的規定，公安機關對於被拘留的人，應當在拘留後的 24 小時以內進行訊問。在發現不應當拘留的時候，必須立即釋放，發給釋放證明。對需要逮捕而證據還不充足的，可以取保候審或者監視居住，台商萬一面對拘留，應該據理力爭，爭取早日回家。

同時，面對中國警方的傳喚訊問，中國刑事訴訟法第 91 條也規定，訊問犯罪嫌疑人必須由人民檢察院或者公安機關的偵查人員負責進行。訊問的時候，偵查人員不得少於二人。同法第 92 條也表示，對於不需要逮捕、拘留的犯罪嫌疑人，可以傳喚到犯罪嫌疑人所在市、縣內的指定地點或者到他的住處進行訊問，但是應當出示人民檢察院或者公安機關的證明文件。而且傳喚、拘傳持續的時間最長不得超過 12 小時。不得以連續傳喚、拘傳的形式變相拘禁犯罪嫌疑人。

同法第 93 條也規定，中國偵查人員在訊問犯罪嫌疑人的時候，應當首先訊問犯罪嫌疑人是否有犯罪行為，讓他陳述有罪的情節或者無罪的辯解，然後向他提出問題。犯罪嫌疑人對偵查人員的提問，應當如實回答。但是對與本案無關的問題，有拒絕回答的權利。

最重要的是筆錄，實務上有少部分遭受訊問的台商，因為太緊張，所以沒有看清楚筆錄所載文字就簽名，後患無窮，中國刑事訴訟法第 95 條有規定，訊問筆錄應當交犯罪嫌疑人核對，對於沒有閱讀能力的，應當向他宣讀；如果記載有遺漏或者差錯，犯罪嫌疑人可以提出補充或者改正。犯罪嫌疑人承認筆錄沒有錯誤後，應當簽名或者蓋章。偵查人員也應當在筆錄上簽名。犯罪嫌疑人請求自行書寫供述的，應當准許。必要的時候，偵查人員也可以要犯罪嫌疑人親筆書寫供詞。

此外，除拘留之外，有經濟犯罪嫌疑的台商，常有面臨永無止境的羈押情況，依照中國刑事訴訟法第 124 條規定，對犯罪嫌疑人逮捕後的偵查羈押期限不得超過 2 個月。案情複雜、期限屆滿不能終結的案件，可以經上一級人民檢察院批准延長 1 個月。而且依同法第 126 條，在第 124 條規定的期限屆滿不能偵查終結的，有下列情形，需經省、自治區、直轄市人民檢察院批准或者決定，也只可以延長 2 個月：

1.交通十分不便的邊遠地區的重大複雜案件；

2.重大的犯罪集團案件；

3.流竄作案的重大複雜案件；

4.犯罪涉及面廣，取證困難的重大複雜案件。

同時，在偵查過程中，台商最好應該要聘請專業的律師，因為在被羈押的被告人及其法定代理人、近親屬和律師都有權申請取保候審。申請取保候審應當採用書面形式。人民法院應當在接到書面申請後七日內作出是否同意的答覆。對符合取保候審條件並且提出了保證人或者能夠交納保證金的，人民法院應當同意，並依法辦理取保候審手續；對不符合取保候審條件，不同意取保候審的，應當告知申請人，並說明不同意的理由，總之，面對此情境的台商應該盡一切力量，爭取先出來，以更好的掌握全盤狀況。

台商在大陸所面對各種不確定的經營風險相當大，因此，更應該要守法，而且應該把守法當成生死問題來看待，雖然本書的最後，增加萬一台商突然面對中國警方的刑事拘留，所應該有的因應，不過，這是筆者最不願意看到的發生情況，畢竟，台商不管到哪裡工作、投資，遵守當地的法律，避免掉入當地的經濟犯罪陷阱，就是自我保護的最好武器。

附　錄

中華人民共和國刑法

第一編　總　則

第一章　刑法的任務、基本原則和適用範圍

第一條

為了懲罰犯罪，保護人民，根據憲法，結合我國同犯罪作鬥爭的具體經驗及實際情況，制定本法。

第二條

中華人民共和國刑法的任務，是用刑罰同一切犯罪行為作鬥爭，以保衛國家安全，保衛人民民主專政的政權和社會主義制度，保護國有財產和勞動群眾集體所有的財產，保護公民私人所有的財產，保護公民的人身權利、民主權利和其他權利，維護社會秩序、經濟秩序，保障社會主義建設事業的順利進行。

第三條

法律明文規定為犯罪行為的，依照法律定罪處刑；法律沒有明文規定為犯罪行為的，不得定罪處刑。

第四條

對任何人犯罪，在適用法律上一律平等。不允許任何人有超越法律的特權。

第五條

刑罰的輕重，應當與犯罪分子所犯罪行和承擔的刑事責任相適應。

第六條

凡在中華人民共和國領域內犯罪的，除法律有特別規定的以外，都適用本法。

凡在中華人民共和國船舶或者航空器內犯罪的，也適用本法。

犯罪的行為或者結果有一項發生在中華人民共和國領域內的，就認為是在中華人民共和國領域內犯罪。

第七條

中華人民共和國公民在中華人民共和國領域外犯本法規定之罪的，適用本法，但是按本法規定的最高刑為三年以下有期徒刑的，可以不予追究。

中華人民共和國國家工作人員和軍人在中華人民共和國領域外犯本法規定之罪的，適用本法。

第八條

外國人在中華人民共和國領域外對中華人民共和國國家或者公民犯罪，而按本法規定的最低刑為三年以上有期徒刑的，可以適用本法，但是按照犯罪地的法律不受處罰的除外。

第九條

對於中華人民共和國締結或者參加的國際條約所規定的罪行，中華人民共和國在所承擔條約義務的範圍內行使刑事管轄權的，適用本法。

第十條

凡在中華人民共和國領域外犯罪，依照本法應當負刑事責任的，雖然經過外國審判，仍然可以依照本法追究，但是在外國已經受過刑罰處罰的，可以免除或者減輕處罰。

第十一條

享有外交特權和豁免權的外國人的刑事責任，通過外交途徑解決。

第十二條

中華人民共和國成立以後本法施行以前的行為，如果當時的法律不認為是犯罪的，適用當時的法律；如果當時的法律認為是犯罪的，依照本法總則第四章第八節的規定應當追訴的，按照當時的法律追究刑事責任，但是如果本法不認為是犯罪或者處刑較輕的，適用本法。

本法施行以前，依照當時的法律已經作出的生效判決，繼續有效。

第二章　犯　罪

第一節　犯罪和刑事責任

第十三條

一切危害國家主權、領土完整和安全，分裂國家、顛覆人民民主專政的政權和推翻社會主義制度，破壞社會秩序和經濟秩序，侵犯國有財產或者勞動群眾集體所有的財產，侵犯公民私人所有的財產，侵犯公民的人身權利、民主權利和其他權利，以及其他危害社會的行為，依照法律應當受刑罰處罰的，都是犯罪，但是情節顯著輕微危害不大的，不認為是犯罪。

第十四條

明知自己的行為會發生危害社會的結果，並且希望或者放任這種結果發生，因而構成犯罪的，是故意犯罪。

故意犯罪，應當負刑事責任。

第十五條

應當預見自己的行為可能發生危害社會的結果，因為疏忽大意而沒有預見，或者已經預見而輕信能夠避免，以致發生這種結果的，是過失犯罪。

過失犯罪，法律有規定的才負刑事責任。

第十六條

行為在客觀上雖然造成了損害結果，但是不是出於故意或者過失，而是由於不能抗拒或者不能預見的原因所引起的，不是犯罪。

第十七條

已滿十六週歲的人犯罪，應當負刑事責任。

已滿十四週歲不滿十六週歲的人，犯故意殺人、故意傷害致人重傷或者死亡、強姦、搶劫、販賣毒品、放火、爆炸、投毒罪的，應當負刑事責任。

已滿十四週歲不滿十八週歲的人犯罪，應當從輕或者減輕處罰。

因不滿十六週歲不予刑事處罰的，責令他的家長或者監護人加以管教；在必要的時候，也可以由政府收容教養。

第十八條

精神病人在不能辨認或者不能控制自己行為的時候造成危害結果，經法定程序鑑定確認的，不負刑事責任，但是應當責令他的家屬或者監護人嚴加看管和醫療；在必要的時候，由政府強制醫療。

間歇性的精神病人在精神正常的時候犯罪，應當負刑事責任。

尚未完全喪失辨認或者控制自己行為能力的精神病人犯罪的，應當負刑事責任，但是可以從輕或者減輕處罰。

醉酒的人犯罪，應當負刑事責任。

第十九條

又聾又啞的人或者盲人犯罪，可以從輕、減輕或者免除處罰。

第二十條

為了使國家、公共利益、本人或者他人的人身、財產和其他權利免受正在進行的不法侵害，而採取的制止不法侵害的行為，對不法侵害人造成損害的，屬於正當防衛，不負刑事責任。

正當防衛明顯超過必要限度造成重大損害的，應當負刑事責任，但是應當減輕或者免除處罰。

對正在進行行凶、殺人、搶劫、強姦、綁架以及其他嚴重危及人身安全的暴力犯罪，採取防衛行為，造成不法侵害人傷亡的，不屬於防衛過當，不負刑事責任。

第二十一條

為了使國家、公共利益、本人或者他人的人身、財產和其他權利免受正在發生的危險，不得已採取的緊急避險行為，造成損害的，不負刑事責任。

緊急避險超過必要限度造成不應有的損害的，應當負刑事責任，但是應當減輕或者免除處罰。

第一款中關於避免本人危險的規定，不適用於職務上、業務上負有特定責任的人。

第二節　犯罪的預備、未遂和中止

第二十二條

為了犯罪，準備工具、製造條件的，是犯罪預備。

對於預備犯，可以比照既遂犯從輕、減輕處罰或者免除處罰。

第二十三條

已經著手實行犯罪，由於犯罪分子意志以外的原因而未得逞的，是犯罪未遂。

對於未遂犯，可以比照既遂犯從輕或者減輕處罰。

第二十四條

在犯罪過程中，自動放棄犯罪或者自動有效地防止犯罪結果發生的，是犯罪中止。

對於中止犯，沒有造成損害的，應當免除處罰；造成損害的，應當減輕處罰。

第三節　共同犯罪

第二十五條

共同犯罪是指二人以上共同故意犯罪。

二人以上共同過失犯罪，不以共同犯罪論處；應當負刑事責任的，按照他們所犯的罪分別處罰。

第二十六條

組織、領導犯罪集團進行犯罪活動的或者在共同犯罪中起主要作用的，是主犯。

三人以上為共同實施犯罪而組成的較為固定的犯罪組織，是犯罪集團。

對組織、領導犯罪集團的首要分子，按照集團所犯的全部罪行處罰。

對於第三款規定以外的主犯，應當按照其所參與的或者組織、指揮的全部犯罪處罰。

第二十七條

在共同犯罪中起次要或者輔助作用的，是從犯。

對於從犯，應當從輕、減輕處罰或者免除處罰。

第二十八條

對於被脅迫參加犯罪的，應當按照他的犯罪情節減輕處罰或者免除處罰。

第二十九條

教唆他人犯罪的，應當按照他在共同犯罪中所起的作用處罰。教唆不滿十八週歲的人犯罪的，應當從重處罰。

如果被教唆的人沒有犯被教唆的罪，對於教唆犯，可以從輕或者減輕處罰。

第四節　單位犯罪

第三十條

公司、企業、事業單位、機關、團體實施的危害社會的行為，法律規定為單位犯罪的，應當負刑事責任。

第三十一條

單位犯罪的，對單位判處罰金，並對其直接負責的主管人員和其他直接責任人員判處刑罰。本法分則和其他法律另有規定的，依照規定。

第三章　刑　罰

第一節　刑罰的種類

第三十二條

刑罰分為主刑和附加刑。

第三十三條

主刑的種類如下：

(一) 管制；

(二) 拘役；

(三) 有期徒刑；

(四) 無期徒刑；

(五) 死刑。

第三十四條

附加刑的種類如下：

(一) 罰金；

(二) 剝奪政治權利；

(三) 沒收財產。

附加刑也可以獨立適用。

第三十五條

對於犯罪的外國人，可以獨立適用或者附加適用驅逐出境。

第三十六條

由於犯罪行為而使被害人遭受經濟損失的，對犯罪分子除依法給予刑事處罰外，並應根據情況判處賠償經濟損失。

承擔民事賠償責任的犯罪分子，同時被判處罰金，其財產不足以全部支付的，或者被判處沒收財產的，應當先承擔對被害人的民事賠償責任。

第三十七條

對於犯罪情節輕微不需要判處刑罰的，可以免予刑事處罰，但是可以根據案件的不同情況，予以訓誡或者責令具結悔過、賠禮道歉、賠償損失，或者由主管部門予以行政處罰或者行政處分。

第二節　管　制

第三十八條

管制的期限，為三個月以上二年以下。

被判處管制的犯罪分子，由公安機關執行。

第三十九條

被判處管制的犯罪分子，在執行期間，應當遵守下列規定：

(一) 遵守法律、行政法規，服從監督；

(二) 未經執行機關批準，不得行使言論、出版、集會、結社、遊行、示威自由的權利；

(三) 按照執行機關規定報告自己的活動情況；

(四) 遵守執行機關關於會客的規定；

(五) 離開所居住的市、縣或者遷居，應當報經執行機關批準。

對於被判處管制的犯罪分子，在勞動中應當同工同酬。

第四十條

被判處管制的犯罪分子，管制期滿，執行機關應即向本人和其所在單位或者居住地的群眾宣布解除管制。

第四十一條

管制的刑期，從判決執行之日起計算；判決執行以前先行羈押的，羈押一日折抵刑期二日。

第三節　拘　役

第四十二條

拘役的期限，為一個月以上六個月以下。

第四十三條

被判處拘役的犯罪分子，由公安機關就近執行。

在執行期間，被判處拘役的犯罪分子每月可以回家一天至兩天；參加勞動的，可以酌量發給報酬。

第四十四條

拘役的刑期，從判決執行之日起計算；判決執行以前先行羈押的，羈押一日折抵刑期一日。

第四節　有期徒刑、無期徒刑

第四十五條

有期徒刑的期限，除本法第五十條、第六十九條規定外，為六個月以上十五年以下。

第四十六條

被判處有期徒刑、無期徒刑的犯罪分子，在監獄或者其他執行場所執行；凡有勞動能力的，都應當參加勞動，接受教育和改造。

第四十七條

有期徒刑的刑期，從判決執行之日起計算；判決執行以前先行羈押的，羈押一日折抵刑期一日。

第五節　死　刑

第四十八條

死刑祇適用於罪行極其嚴重的犯罪分子。對於應當判處死刑的犯罪分子，如果不是必須立即執行的，可以判處死刑同時宣告緩期二年執行。

死刑除依法由最高人民法院判決的以外，都應當報請最高人民法院核準。死刑緩期執行的，可以由高級人民法院判決或者核準。

第四十九條

犯罪的時候不滿十八週歲的人和審判的時候懷孕的婦女，不適用死刑。

第五十條

判處死刑緩期執行的，在死刑緩期執行期間，如果沒有故意犯罪，二年期滿以後，減為無期徒刑；如果確有重大立功表現，二年期滿以後，減為十五年以上二十年以下有期徒刑；如果故意犯罪，查證屬實的，由最高人民法院核準，執行死刑。

第五十一條

死刑緩期執行的期間，從判決確定之日起計算。死刑緩期執行減為有期徒刑的刑期，從死刑緩期執行期滿之日起計算。

第六節　罰　金

第五十二條

判處罰金，應當根據犯罪情節決定罰金數額。

第五十三條

罰金在判決指定的期限內一次或者分期繳納。期滿不繳納的，強制繳納。對於不能全部繳納罰金的，人民法院在任何時候發現被執行人有可以執行的財產，應當隨時追繳。如果由於遭遇不能抗拒的災禍繳納確實有困難的，可以酌情減少或者免除。

第七節　剝奪政治權利

第五十四條

剝奪政治權利是剝奪下列權利：

(一) 選舉權和被選舉權；

(二) 言論、出版、集會、結社、遊行、示威自由的權利；

(三) 擔任國家機關職務的權利；

(四) 擔任國有公司、企業、事業單位和人民團體領導職務的權利。

第五十五條

剝奪政治權利的期限，除本法第五十七條規定外，為一年以上五年以下。

判處管制附加剝奪政治權利的，剝奪政治權利的期限與管制的期限相等，同時執行。

第五十六條

對於危害國家安全的犯罪分子應當附加剝奪政治權利；對於故意殺人、強姦、放火、爆炸、投毒、搶劫等嚴重破壞社會秩序的犯罪分子，可以附加剝奪政治權利。

獨立適用剝奪政治權利的，依照本法分則的規定。

第五十七條

對於被判處死刑、無期徒刑的犯罪分子，應當剝奪政治權利終身。

在死刑緩期執行減為有期徒刑或者無期徒刑減為有期徒刑的時候，應當把附加剝奪政治權利的期限改為三年以上十年以下。

第五十八條

附加剝奪政治權利的刑期，從徒刑、拘役執行完畢之日或者從假釋之日起計算；剝奪政治權利的效力當然施用於主刑執行期間。

被剝奪政治權利的犯罪分子，在執行期間，應當遵守法律、行政法規和國務院公安部門有關監督管理的規定，服從監督；不得行使本法第五十四條規定的各項權利。

第八節　沒收財產

第五十九條

沒收財產是沒收犯罪分子個人所有財產的一部或者全部。沒收全部財產的，應當對犯罪分子個人及其扶養的家屬保留必需的生活費用。

在判處沒收財產的時候，不得沒收屬於犯罪分子家屬所有或者應有的財產。

第六十條

沒收財產以前犯罪分子所負的正當債務，需要以沒收的財產償還的，經債權人請求，應當償還。

第四章　刑罰的具體運用

第一節　量　刑

第六十一條

對於犯罪分子決定刑罰的時候，應當根據犯罪的事實、犯罪的性質、情節和對於社會的危害程度，依照本法的有關規定判處。

第六十二條

犯罪分子具有本法規定的從重處罰、從輕處罰情節的，應當在法定刑的限度以內判處刑罰。

第六十三條

犯罪分子具有本法規定的減輕處罰情節的，應當在法定刑以下判處刑罰。

犯罪分子雖然不具有本法規定的減輕處罰情節，但是根據案件的特殊情況，經最高人民法院核準，也可以在法定刑以下判處刑罰。

第六十四條

犯罪分子違法所得的一切財物，應當予以追繳或者責令退賠；對被害人的合法財產，應當及時返還；違禁品和供犯罪所用的本人財物，應當予以沒收。沒收的財物和罰金，一律上繳國庫，不得挪用和自行處理。

第二節　累　犯

第六十五條

被判處有期徒刑以上刑罰的犯罪分子，刑罰執行完畢或者赦免以後，在五年以內再犯應當判處有期徒刑以上刑罰之罪的，是累犯，應當從重處罰，但是過失犯罪除外。

前款規定的期限，對於被假釋的犯罪分子，從假釋期滿之日起計算。

第六十六條

危害國家安全的犯罪分子在刑罰執行完畢或者赦免以後，在任何時候再犯危害國家安全罪的，都以累犯論處。

第三節　自首和立功

第六十七條

犯罪以後自動投案，如實供述自己的罪行的，是自首。對於自首的犯罪分子，可以從輕或者減輕處罰。其中，犯罪較輕的，可以免除處罰。

被採取強制措施的犯罪嫌疑人、被告人和正在服刑的罪犯，如實供述司法機關還未掌握的本人其他罪行的，以自首論。

第六十八條

犯罪分子有揭發他人犯罪行為，查證屬實的，或者提供重要線索，從而得以偵破其他案件等立功表現的，可以從輕或者減輕處罰；有重大立功表現的，可以減輕或者免除處罰。

犯罪後自首又有重大立功表現的，應當減輕或者免除處罰。

第四節　數罪並罰

第六十九條

判決宣告以前一人犯數罪的，除判處死刑和無期徒刑的以外，應當在總和刑期以下、數刑中最高刑期以上，酌情決定執行的刑期，但是管制最高不能超過三年，拘役最高不能超過一年，有期徒刑最高不能超過二十年。

如果數罪中有判處附加刑的，附加刑仍須執行。

第七十條

判決宣告以後，刑罰執行完畢以前，發現被判刑的犯罪分子在判決宣告以前還有其他罪沒有判決的，應當對新發現的罪作出判決，把前後兩個判決所判處的刑罰，依照本法第六十九條的規定，決定執行的刑罰。已經執行的刑期，應當計算在新判決決定的刑期以內。

第七十一條

判決宣告以後，刑罰執行完畢以前，被判刑的犯罪分子又犯罪的，應當對新犯的罪作出判決，把前罪沒有執行的刑罰和後罪所判處的刑罰，依照本法第六十九條的規定，決定執行的刑罰。

第五節　緩　刑

第七十二條

對於被判處拘役、三年以下有期徒刑的犯罪分子，根據犯罪分子的犯罪情節和悔罪表現，適用緩刑確實不致再危害社會的，可以宣告緩刑。

被宣告緩刑的犯罪分子，如果被判處附加刑，附加刑仍須執行。

第七十三條

拘役的緩刑考驗期限為原判刑期以上一年以下，但是不能少於二個月。

有期徒刑的緩刑考驗期限為原判刑期以上五年以下，但是不能少於一年。

緩刑考驗期限，從判決確定之日起計算。

第七十四條

對於累犯，不適用緩刑。

第七十五條

被宣告緩刑的犯罪分子，應當遵守下列規定：

(一) 遵守法律、行政法規，服從監督；

(二) 按照考察機關的規定報告自己的活動情況；

(三) 遵守考察機關關於會客的規定；

(四) 離開所居住的市、縣或者遷居，應當報經考察機關批準。

第七十六條

被宣告緩刑的犯罪分子，在緩刑考驗期限內，由公安機關考察，所在單位或者基層組織予以配合，如果沒有本法第七十七條規定的情形，緩刑考驗期滿，原判的刑罰就不再執行，並公開予以宣告。

第七十七條

被宣告緩刑的犯罪分子，在緩刑考驗期限內犯新罪或者發現判決宣告以前還有其他罪沒有判決的，應當撤銷緩刑，對新犯的罪或者新發現的罪作出判決，把前罪和後罪所判處的刑罰，依照本法第六十九條的規定，決定執行的刑罰。

被宣告緩刑的犯罪分子，在緩刑考驗期限內，違反法律、行政法規或者國務院公安部門有關緩刑的監督管理規定，情節嚴重的，應當撤銷緩刑，執行原判刑罰。

第六節　減　刑

第七十八條

被判處管制、拘役、有期徒刑、無期徒刑的犯罪分子，在執行期間，如果認真遵守監規，接受教育改造，確有悔改表現的，或者有立功表現的，可以減刑；有下列重大立功表現之一的，應當減刑：

(一) 阻止他人重大犯罪活動的；

(二) 檢舉監獄內外重大犯罪活動，經查證屬實的；

(三) 有發明創造或者重大技術革新的；

(四) 在日常生產、生活中捨己救人的；

(五) 在抗御自然災害或者排除重大事故中，有突出表現的；

(六) 對國家和社會有其他重大貢獻的。

減刑以後實際執行的刑期，判處管制、拘役、有期徒刑的，不能少於原判刑期的二分之一；判處無期徒刑的，不能少於十年。

第七十九條

對於犯罪分子的減刑，由執行機關向中級以上人民法院提出減刑建議書。人民法院應當組成合議庭進行審理，對確有悔改或者立功事實的，裁定予以減刑。非經法定程序不得減刑。

第八十條

無期徒刑減為有期徒刑的刑期，從裁定減刑之日起計算。

第七節　假　釋

第八十一條

被判處有期徒刑的犯罪分子，執行原判刑期二分之一以上，被判處無期徒刑的犯罪分子，實際執行十年以上，如果認真遵守監規，接受教育改造，確有悔改表現，假釋後不致再危害社會的，可以假釋。如果有特殊情況，經最高人民法院核準，可以不受上述執行刑期的限制。

對累犯以及因殺人、爆炸、搶劫、強姦、綁架等暴力性犯罪被判處十年以上有期徒刑、無期徒刑的犯罪分子，不得假釋。

第八十二條

對於犯罪分子的假釋，依照本法第七十九條規定的程序進行。非經法定程序不得假釋。

第八十三條

有期徒刑的假釋考驗期限，為沒有執行完畢的刑期；無期徒刑的假釋考驗期限為十年。

假釋考驗期限，從假釋之日起計算。

第八十四條

被宣告假釋的犯罪分子，應當遵守下列規定：

(一) 遵守法律、行政法規，服從監督；

(二) 按照監督機關的規定報告自己的活動情況；

(三) 遵守監督機關關於會客的規定；

(四) 離開所居住的市、縣或者遷居，應當報經監督機關批準。

第八十五條

被假釋的犯罪分子，在假釋考驗期限內，由公安機關予以監督，如果沒有本法第八十六條規定的情形，假釋考驗期滿，就認為原判刑罰已經執行完畢，並公開予以宣告。

第八十六條

被假釋的犯罪分子，在假釋考驗期限內犯新罪，應當撤銷假釋，依照本法第七十一條的規定實行數罪並罰。

在假釋考驗期限內，發現被假釋的犯罪分子在判決宣告以前還有其他罪沒有判決的，應當撤銷假釋，依照本法第七十條的規定實行數罪並罰。

被假釋的犯罪分子，在假釋考驗期限內，有違反法律、行政法規或者國務院公安部門有關假釋的監督管理規定的行為，尚未構成新的犯罪的，應當依照法定程序撤銷假釋，收監執行未執行完畢的刑罰。

第八節　時　效

第八十七條

犯罪經過下列期限不再追訴：

(一) 法定最高刑為不滿五年有期徒刑的，經過五年；

(二) 法定最高刑為五年以上不滿十年有期徒刑的，經過十年；

(三) 法定最高刑為十年以上有期徒刑的，經過十五年；

(四) 法定最高刑為無期徒刑、死刑的，經過二十年。如果二十年以後認為必須追訴的，須報請最高人民檢察院核準。

第八十八條

在人民檢察院、公安機關、國家安全機關立案偵查或者在人民法院受理案件以後，逃避偵查或者審判的，不受追訴期限的限制。

被害人在追訴期限內提出控告，人民法院、人民檢察院、公安機關應當立案而不予立案的，不受追訴期限的限制。

第八十九條

追訴期限從犯罪之日起計算；犯罪行為有連續或者繼續狀態的，從犯罪行為終了之日起計算。

在追訴期限以內又犯罪的，前罪追訴的期限從犯後罪之日起計算。

第五章　其他規定

第九十條

民族自治地方不能全部適用本法規定的，可以由自治區或者省的人民代表大會根據當地民族的政治、經濟、文化的特點和本法規定的基本原則，制定變通或者補充的規定，報請全國人民代表大會常務委員會批準施行。

第九十一條

本法所稱公共財產，是指下列財產：

(一) 國有財產；

(二) 勞動群眾集體所有的財產；

(三) 用於扶貧和其他公益事業的社會捐助或者專項基金的財產。

在國家機關、國有公司、企業、集體企業和人民團體管理、使用或者運輸中的私人財產，以公共財產論。

第九十二條

本法所稱公民私人所有的財產，是指下列財產：

(一) 公民的合法收入、儲蓄、房屋和其他生活資料；

(二) 依法歸個人、家庭所有的生產資料；

(三) 個體戶和私營企業的合法財產；

(四) 依法歸個人所有的股份、股票、債券和其他財產。

第九十三條

本法所稱國家工作人員，是指國家機關中從事公務的人員。

國有公司、企業、事業單位、人民團體中從事公務的人員和國家機關、國有公司、企業、事業單位委派到非國有公司、企業、事業單位、社會團體從事公務的人員，以及其他依照法律從事公務的人員，以國家工作人員論。

第九十四條

本法所稱司法工作人員，是指有偵查、檢察、審判、監管職責的工作人員。

第九十五條

本法所稱重傷，是指有下列情形之一的傷害：

(一) 使人肢體殘廢或者毀人容貌的；

(二) 使人喪失聽覺、視覺或者其他器官機能的；

(三) 其他對於人身健康有重大傷害的。

第九十六條

本法所稱違反國家規定，是指違反全國人民代表大會及其常務委員會制定的法律和決定，國務院制定的行政法規、規定的行政措施、發布的決定和命令。

第九十七條

本法所稱首要分子，是指在犯罪集團或者聚眾犯罪中起組織、策劃、指揮作用的犯罪分子。

第九十八條

本法所稱告訴才處理，是指被害人告訴才處理。如果被害人因受強制、威嚇無法告訴的，人民檢察院和被害人的近親屬也可以告訴。

第九十九條

本法所稱以上、以下、以內，包括本數。

第一百條

依法受過刑事處罰的人，在入伍、就業的時候，應當如實向有關單位報告自己曾受過刑事處罰，不得隱瞞。

第一百零一條

本法總則適用於其他有刑罰規定的法律，但是其他法律有特別規定的除外。

第二編　分　則

第一章　危害國家安全罪

第一百零二條

勾結外國，危害中華人民共和國的主權、領土完整和安全的，處無期徒刑或者十年以上有期徒刑。

與境外機構、組織、個人相勾結，犯前款罪的，依照前款的規定處罰。

第一百零三條

組織、策劃、實施分裂國家、破壞國家統一的，對首要分子或者罪行重大的，處無期徒刑或者十年以上有期徒刑；對積極參加的，處三年以上十年以下有期徒刑；對其他參加的，處三年以下有期徒刑、拘役、管制或者剝奪政治權利。

煽動分裂國家、破壞國家統一的，處五年以下有期徒刑、拘役、管制或者剝奪政治權利；首要分子或者罪行重大的，處五年以上有期徒刑。

第一百零四條

組織、策劃、實施武裝叛亂或者武裝暴亂的，對首要分子或者罪行重大的，處無期徒刑或者十年以上有期徒刑；對積極參加的，處三年以上十年以下有期徒刑；對其他參加的，處三年以下有期徒刑、拘役、管制或者剝奪政治權利。

策動、脅迫、勾引、收買國家機關工作人員、武裝部隊人員、人民警察、民兵進行武裝叛亂或者武裝暴亂的，依照前款的規定從重處罰。

第一百零五條

組織、策劃、實施顛覆國家政權、推翻社會主義制度的，對首要分子或者罪行重大的，處無期徒刑或者十年以上有期徒刑；對積極參加的，處三年以上十年以下有期徒刑；對其他參加的，處三年以下有期徒刑、拘役、管制或者剝奪政治權利。

以造謠、誹謗或者其他方式煽動顛覆國家政權、推翻社會主義制度的，處五年以下有期徒刑、拘役、管制或者剝奪政治權利；首要分子或者罪行重大的，處五年以上有期徒刑。

第一百零六條

與境外機構、組織、個人相勾結，實施本章第一百零三條、第一百零四條、第一百零五條規定之罪的，依照各該條的規定從重處罰。

第一百零七條

境內外機構、組織或者個人資助境內組織或者個人實施本章第一百零二條、第一百零三條、第一百零四條、第一百零五條規定之罪的，對直接責任人員，處五年以下有期徒刑、拘役、管制或者剝奪政治權利；情節嚴重的，處五年以上有期徒刑。

第一百零八條

投敵叛變的，處三年以上十年以下有期徒刑；情節嚴重或者帶領武裝部隊人員、人民警察、民兵投敵叛變的，處十年以上有期徒刑或者無期徒刑。

第一百零九條

國家機關工作人員在履行公務期間，擅離崗位，叛逃境外或者在境外叛逃，危害中華人民共和國國家安全的，處五年以下有期徒刑、拘役、管制或者剝奪政治權利；情節嚴重的，處五年以上十年以下有期徒刑。

掌握國家秘密的國家工作人員犯前款罪的，依照前款的規定從重處罰。

第一百一十條

有下列間諜行為之一，危害國家安全的，處十年以上有期徒刑或者無期徒刑；情節較輕的，處三年以上十年以下有期徒刑：

(一) 參加間諜組織或者接受間諜組織及其代理人的任務的；

(二) 為敵人指示轟擊目標的。

第一百一十一條

為境外的機構、組織、人員竊取、刺探、收買、非法提供國家秘密或者情報的，處五年以上十年以下有期徒刑；情節特別嚴重的，處十年以上有期徒刑或者無期徒刑；情節較輕的，處五年以下有期徒刑、拘役、管制或者剝奪政治權利。

第一百一十二條

戰時供給敵人武器裝備、軍用物資資敵的，處十年以上有期徒刑或者無期徒刑；情節較輕的，處三年以上十年以下有期徒刑。

第一百一十三條

本章上述危害國家安全罪行中，除第一百零三條第二款、第一百零五條、第一百零七條、第一百零九條外，對國家和人民危害特別嚴重、情節特別惡劣的，可以判處死刑。

犯本章之罪的，可以並處沒收財產。

第二章　危害公共安全罪

第一百一十四條--- 2001.12.29 **修正**---

放火、決水、爆炸、投毒或者以其他危險方法破壞工廠、礦場、油田、港口、河流、水源、倉庫、住宅、森林、農場、谷場、牧場、重要管道、公共建築物或者其他公私財產，危害公共安全，尚未造成嚴重後果的，處三年以上十年以下有期徒刑。

第一百一十五條--- 2001.12.29 **修正**---

放火、決水、爆炸、投毒或者以其他危險方法致人重傷、死亡或者使公私財產遭受重大損失的，處十年以上有期徒刑、無期徒刑或者死刑。

過失犯前款罪的，處三年以上七年以下有期徒刑；情節較輕的，處三年以下有期徒刑或者拘役。

第一百一十六條

破壞火車、汽車、電車、船祇、航空器，足以使火車、汽車、電車、船祇、航空器發生傾覆、毀壞危險，尚未造成嚴重後果的，處三年以上十年以下有期徒刑。

第一百一十七條

破壞軌道、橋梁、隧道、公路、機場、航道、燈塔、標志或者進行其他破壞活動，足以使火車、汽車、電車、船祇、航空器發生傾覆、毀壞危險，尚未造成嚴重後果的，處三年以上十年以下有期徒刑。

第一百一十八條

破壞電力、燃氣或者其他易燃易爆設備，危害公共安全，尚未造成嚴重後果的，處三年以上十年以下有期徒刑。

第一百一十九條

破壞交通工具、交通設施、電力設備、燃氣設備、易燃易爆設備，造成嚴重後果的，處十年以上有期徒刑、無期徒刑或者死刑。

過失犯前款罪的，處三年以上七年以下有期徒刑；情節較輕的，處三年以下有期徒刑或者拘役。

第一百二十條--- 2001.12.29 修正---

組織、領導和積極參加恐怖活動組織的，處三年以上十年以下有期徒刑；其他參加的，處三年以下有期徒刑、拘役或者管制。

犯前款罪並實施殺人、爆炸、綁架等犯罪的，依照數罪並罰的規定處罰。

第一百二十條之一--- 2001.12.29 增修---

第一百二十一條

以暴力、脅迫或者其他方法劫持航空器的，處十年以上有期徒刑或者無期徒刑；致人重傷、死亡或者使航空器遭受嚴重破壞的，處死刑。

第一百二十二條

以暴力、脅迫或者其他方法劫持船祇、汽車的，處五年以上十年以下有期徒刑；造成嚴重後果的，處十年以上有期徒刑或者無期徒刑。

第一百二十三條

對飛行中的航空器上的人員使用暴力，危及飛行安全，尚未造成嚴重後果的，處五年以下有期徒刑或者拘役；造成嚴重後果的，處五年以上有期徒刑。

第一百二十四條

破壞廣播電視設施、公用電信設施，危害公共安全的，處三年以上七年以下有期徒刑；造成嚴重後果的，處七年以上有期徒刑。

過失犯前款罪的，處三年以上七年以下有期徒刑；情節較輕的，處三年以下有期徒刑或者拘役。

第一百二十五條--- 2001.12.29 修正---

非法製造、買賣、運輸、郵寄、儲存槍枝、彈藥、爆炸物的，處三年以上十年以下有期徒刑；情節嚴重的，處十年以上有期徒刑、無期徒刑或者死刑。

非法買賣、運輸核材料的，依照前款的規定處罰。

單位犯前兩款罪的，對單位判處罰金，並對其直接負責的主管人員和其他直接責任人員，依照第一款的規定處罰。

第一百二十六條

依法被指定、確定的槍枝製造企業、銷售企業，違反槍枝管理規定，有下列行為之一的，對單位判處罰金，並對其直接負責的主管人員和其他直接責任人員，處五年以下有期徒刑；情節嚴重的，處五年以上十年以下有期徒刑；情節特別嚴重的，處十年以上有期徒刑或者無期徒刑：

(一) 以非法銷售為目的，超過限額或者不按照規定的品種製造、配售槍枝的；

(二) 以非法銷售為目的，製造無號、重號、假號的槍枝的；

(三) 非法銷售槍枝或者在境內銷售為出口製造的槍枝的。

第一百二十七條--- 2001.12.29 修正---

盜竊、搶奪槍枝、彈藥、爆炸物的，處三年以上十年以下有期徒刑；情節嚴重的，處十年以上有期徒刑、無期徒刑或者死刑。

搶劫槍枝、彈藥、爆炸物或者盜竊、搶奪國家機關、軍警人員、民兵的槍枝、彈藥、爆炸物的，處十年以上有期徒刑、無期徒刑或者死刑。

第一百二十八條

違反槍枝管理規定，非法持有、私藏槍枝、彈藥的，處三年以下有期徒刑、拘役或者管制；情節嚴重的，處三年以上七年以下有期徒刑。

依法配備公務用槍的人員，非法出租、出借槍枝的，依照前款的規定處罰。

依法配置槍枝的人員，非法出租、出借槍枝，造成嚴重後果的，依照第一款的規定處罰。

單位犯第二款、第三款罪的，對單位判處罰金，並對其直接負責的主管人員和其他直接責任人員，依照第一款的規定處罰。

第一百二十九條

依法配備公務用槍的人員，丟失槍枝不及時報告，造成嚴重後果的，處三年以下有期徒刑或者拘役。

第一百三十條

非法攜帶槍枝、彈藥、管制刀具或者爆炸性、易燃性、放射性、毒害性、腐蝕性物品，進入公共場所或者公共交通工具，危及公共安全，情節嚴重的，處三年以下有期徒刑、拘役或者管制。

第一百三十一條

航空人員違反規章制度，致使發生重大飛行事故，造成嚴重後果的，處三年以下有期徒刑或者拘役；造成飛機墜毀或者人員死亡的，處三年以上七年以下有期徒刑。

第一百三十二條

鐵路職工違反規章制度，致使發生鐵路運營安全事故，造成嚴重後果的，處三年以下有期徒刑或者拘役；造成特別嚴重後果的，處三年以上七年以下有期徒刑。

第一百三十三條

違反交通運輸管理法規，因而發生重大事故，致人重傷、死亡或者使公私財產遭受重大損失的，處三年以下有期徒刑或者拘役；交通運輸肇事後逃逸或者有其他特別惡劣情節的，處三年以上七年以下有期徒刑；因逃逸致人死亡的，處七年以上有期徒刑。

第一百三十四條

工廠、礦山、林場、建築企業或者其他企業、事業單位的職工，由於不服管理、違反規章制度，或者強令工人違章冒險作業，因而發生重大傷亡事故或者造成其他嚴重後果的，處三年以下有期徒刑或者拘役；情節特別惡劣的，處三年以上七年以下有期徒刑。

第一百三十五條

工廠、礦山、林場、建築企業或者其他企業、事業單位的勞動安全設施不符合國家規定，經有關部門或者單位職工提出後，對事故隱患仍不採取措施，因而發生重大傷亡事故或者造成其他嚴重後果的，對直接責任人員，處三年以下有期徒刑或者拘役；情節特別惡劣的，處三年以上七年以下有期徒刑。

第一百三十六條

違反爆炸性、易燃性、放射性、毒害性、腐蝕性物品的管理規定，在生產、儲存、運輸、使用中發生重大事故，造成嚴重後果的，處三年以下有期徒刑或者拘役；後果特別嚴重的，處三年以上七年以下有期徒刑。

第一百三十七條

建設單位、設計單位、施工單位、工程監理單位違反國家規定，降低工程質量標準，造成重大安全事故的，對直接責任人員，處五年以下有期徒刑或者拘役，並處罰金；後果特別嚴重的，處五年以上十年以下有期徒刑，並處罰金。

第一百三十八條

明知校舍或者教育教學設施有危險，而不採取措施或者不及時報告，致使發生重大傷亡事故的，對直接責任人員，處三年以下有期徒刑或者拘役；後果特別嚴重的，處三年以上七年以下有期徒刑。

第一百三十九條

違反消防管理法規，經消防監督機構通知採取改正措施而拒絕執行，造成嚴重後果的，對直接責任人員，處三年以下有期徒刑或者拘役；後果特別嚴重的，處三年以上七年以下有期徒刑。

第三章　破壞社會主義市場經濟秩序罪

第一節　生產、銷售偽劣商品罪

第一百四十條

生產者、銷售者在產品中摻雜、摻假，以假充真，以次充好或者以不合格產品冒充合格產品，銷售金額五萬元以上不滿二十萬元的，處二年以下有期徒刑或者拘役，並處或者單處銷售金額百分之五十以上二倍以下罰金；銷售金額二十萬元以上不滿五十萬元的，處二年以上七年以下有期徒刑，並處銷售金額百分之五十以上二倍以下罰金；銷售金額五十萬元以上不滿二百萬元的，處七年以上有期徒刑，並處銷售金額百分之五十以上二倍以下罰金；銷售金額二百萬元以上的，處十五年有期徒刑或者無期徒刑，並處銷售金額百分之五十以上二倍以下罰金或者沒收財產。

第一百四十一條

生產、銷售假藥，足以嚴重危害人體健康的，處三年以下有期徒刑或者拘役，並處或者單處銷售金額百分之五十以上二倍以下罰金；對人體健康造成嚴重危害的，處三年以上十年以下有期徒刑，並處銷售金額百分之五十以上二倍以下罰金；致人死亡或者對人體健康造成特別嚴重危害的，處十年以上有期徒刑、無期徒刑或者死刑，並處銷售金額百分之五十以上二倍以下罰金或者沒收財產。

本條所稱假藥，是指依照《中華人民共和國藥品管理法》的規定屬於假藥和按假藥處理的藥品、非藥品。

第一百四十二條

生產、銷售劣藥，對人體健康造成嚴重危害的，處三年以上十年以下有期徒刑，並處銷售金額百分之五十以上二倍以下罰金；後果特別嚴重的，處十年以上有期徒刑或者無期徒刑，並處銷售金額百分之五十以上二倍以下罰金或者沒收財產。

本條所稱劣藥，是指依照《中華人民共和國藥品管理法》的規定屬於劣藥的藥品。

第一百四十三條

生產、銷售不符合衛生標準的食品，足以造成嚴重食物中毒事故或者其他嚴重食源性疾患的，處三年以下有期徒刑或者拘役，並處或者單處銷售金額百分之五十以上二倍以下罰金；對人體健康造成嚴重危害的，處三年以上七年以下有期徒刑，並處銷售金額百分之五十以上二倍以下罰金；後果特別嚴重的，處七年以上有期徒刑或者無期徒刑，並處銷售金額百分之五十以上二倍以下罰金或者沒收財產。

第一百四十四條

在生產、銷售的食品中摻入有毒、有害的非食品原料的，或者銷售明知摻有有毒、有害的非食品原料的食品的，處五年以下有期徒刑或者拘役，並處或者單處銷售金額百分之五十以上二倍以下罰金；造成嚴重食物中毒事故或者其他嚴重食源性疾患，對人體健康造成嚴重危害的，處五年以上十年以下有期徒刑，並處銷售金額百分之五十以上二倍以下罰金；致人死亡或者對人體健康造成特別嚴重危害的，依照本法第一百四十一條的規定處罰。

第一百四十五條

生產不符合保障人體健康的國家標準、行業標準的醫療器械、醫用衛生材料，或者銷售明知是不符合保障人體健康的國家標準、行業標準的醫療器械、醫用衛生材料，對人體健康造成嚴重危害的，處五年以下有期徒刑，並處銷售金額百分之五十以上二倍以下罰金；後果特別嚴重的，處五年以上十年以下有期徒刑，並處銷售金額百分之五十以上二倍以下罰金，其中情節特別惡劣的，處十年以上有期徒刑或者無期徒刑，並處銷售金額百分之五十以上二倍以下罰金或者沒收財產。

第一百四十六條

生產不符合保障人身、財產安全的國家標準、行業標準的電器、壓力容器、易燃易爆產品或者其他不符合保障人身、財產安全的國家標準、行業標準的產品，或者銷售明知是以上不符合保障人身、財產安全的國家標準、行業標準的產品，造成嚴重後果的，處五年以下有期徒刑，並處銷售金額百分之五十以上二倍以下罰金；後果特別嚴重的，處五年以上有期徒刑，並處銷售金額百分之五十以上二倍以下罰金。

第一百四十七條

生產假農藥、假獸藥、假化肥，銷售明知是假的或者失去使用效能的農藥、獸藥、化肥、種子，或者生產者、銷售者以不合格的農藥、獸藥、化肥、種子冒充合格的農藥、獸藥、化肥、種子，使生產遭受較大損失的，處三年以下有期徒刑或者拘役，並處或者單處銷售金額百分之五十以上二倍以下罰金；使生產遭受重大損失的，處三年以上七年以下有期徒刑，並處銷售金額百分之五十以上二倍以下罰金；使生產遭受特別重大損失的，處七年以上有期徒刑或者無期徒刑，並處銷售金額百分之五十以上二倍以下罰金或者沒收財產。

第一百四十八條

生產不符合衛生標準的化妝品，或者銷售明知是不符合衛生標準的化妝品，造成嚴重後果的，處三年以下有期徒刑或者拘役，並處或者單處銷售金額百分之五十以上二倍以下罰金。

第一百四十九條

生產、銷售本節第一百四十一條至第一百四十八條所列產品，不構成各該條規定的犯罪，但是銷售金額在五萬元以上的，依照本節第一百四十條的規定定罪處罰。

生產、銷售本節第一百四十一條至第一百四十八條所列產品，構成各該條規定的犯罪，同時又構成本節第一百四十條規定之罪的，依照處罰較重的規定定罪處罰。

第一百五十條

單位犯本節第一百四十條至第一百四十八條規定之罪的，對單位判處罰金，並對其直接負責的主管人員和其他直接責任人員，依照各該條的規定處罰。

第二節　走私罪

第一百五十一條

走私武器、彈藥、核材料或者偽造的貨幣的，處七年以上有期徒刑，並處罰金或者沒收財產；情節較輕的，處三年以上七年以下有期徒刑，並處罰金。

走私國家禁止出口的文物、黃金、白銀和其他貴重金屬或者國家禁止進出口的珍貴動物及其製品的，處五年以上有期徒刑，並處罰金；情節較輕的，處五年以下有期徒刑，並處罰金。

走私國家禁止進出口的珍稀植物及其製品的，處五年以下有期徒刑，並處或者單處罰金；情節嚴重的，處五年以上有期徒刑，並處罰金。

犯第一款、第二款罪，情節特別嚴重的，處無期徒刑或者死刑，並處沒收財產。

單位犯本條規定之罪的，對單位判處罰金，並對其直接負責的主管人員和其他直接責任人員，依照本條各款的規定處罰。

第一百五十二條

以牟利或者傳播為目的，走私淫穢的影片、錄像帶、錄音帶、圖片、書刊或者其他淫穢物品的，處三年以上十年以下有期徒刑，並處罰金；情節嚴重的，處十年以上有期徒刑或者無期徒刑，並處罰金或者沒收財產；情節較輕的，處三年以下有期徒刑、拘役或者管制，並處罰金。

單位犯前款罪的，對單位判處罰金，並對其直接負責的主管人員和其他直接責任人員，依照前款的規定處罰。

第一百五十三條

走私本法第一百五十一條、第一百五十二條、第三百四十七條規定以外的貨物、物品的，根據情節輕重，分別依照下列規定處罰：

(一) 走私貨物、物品偷逃應繳稅額在五十萬元以上的，處十年以上有期徒刑或者無期徒刑，並處偷逃應繳稅額一倍以上五倍以下罰金或者沒收財產；情節特別嚴重的，依照本法第一百五十一條第四款的規定處罰。

(二) 走私貨物、物品偷逃應繳稅額在十五萬元以上不滿五十萬元的，處三年以上十年以下有期徒刑，並處偷逃應繳稅額一倍以上五倍以下罰金；情節特別嚴重的，處十年以上有期徒刑或者無期徒刑，並處偷逃應繳稅額一倍以上五倍以下罰金或者沒收財產。

(三) 走私貨物、物品偷逃應繳稅額在五萬元以上不滿十五萬元的，處三年以下有期徒刑或者拘役，並處偷逃應繳稅額一倍以上五倍以下罰金。

單位犯前款罪的，對單位判處罰金，並對其直接負責的主管人員和其他直接責任人員，處三年以下有期徒刑或者拘役；情節嚴重的，處三年以上十年以下有期徒刑；情節特別嚴重的，處十年以上有期徒刑。

對多次走私未經處理的，按照累計走私貨物、物品的偷逃應繳稅額處罰。

第一百五十四條

下列走私行為，根據本節規定構成犯罪的，依照本法第一百五十三條的規定定罪處罰：

(一) 未經海關許可並且未補繳應繳稅額，擅自將批準進口的來料加工、來件裝配、補償貿易的原材料、零件、製成品、設備等保稅貨物，在境內銷售牟利的；

(二) 未經海關許可並且未補繳應繳稅額，擅自將特定減稅、免稅進口的貨物、物品，在境內銷售牟利的。

第一百五十五條

下列行為，以走私罪論處，依照本節的有關規定處罰：

(一) 直接向走私人非法收購國家禁止進口物品的，或者直接向走私人非法收購走私進口的其他貨物、物品，數額較大的；

(二) 在內海、領海運輸、收購、販賣國家禁止進出口物品的，或者運輸、收購、販賣國家限制進出口貨物、物品，數額較大，沒有合法證明的；

(三) 逃避海關監管將境外固體廢物運輸進境的。

第一百五十六條

與走私罪犯通謀，為其提供貸款、資金、帳號、發票、證明，或者為其提供運輸、保管、郵寄或者其他方便的，以走私罪的共犯論處。

第一百五十七條

武裝掩護走私的，依照本法第一百五十一條第一款、第四款的規定從重處罰。

以暴力、威脅方法抗拒緝私的，以走私罪和本法第二百七十七條規定的阻礙國家機關工作人員依法執行職務罪，依照數罪並罰的規定處罰。

第三節　妨害對公司、企業的管理秩序罪

第一百五十八條

申請公司登記使用虛假證明文件或者採取其他欺詐手段虛報註冊資本，欺騙公司登記主管部門，取得公司登記，虛報註冊資本數額巨大、後果嚴重或者有其他嚴重情節的，處三年以下有期徒刑或者拘役，並處或者單處虛報註冊資本金額百分之一以上百分之五以下罰金。

單位犯前款罪的，對單位判處罰金，並對其直接負責的主管人員和其他直接責任人員，處三年以下有期徒刑或者拘役。

第一百五十九條

公司發起人、股東違反公司法的規定未交付貨幣、實物或者未轉移財產權，虛假出資，或者在公司成立後又抽逃其出資，數額巨大、後果嚴重或者有其他嚴重情節的，處五年以下有期徒刑或者拘役，並處或者單處虛假出資金額或者抽逃出資金額百分之二以上百分之十以下罰金。

單位犯前款罪的，對單位判處罰金，並對其直接負責的主管人員和其他直接責任人員，處五年以下有期徒刑或者拘役。

第一百六十條

在招股說明書、認股書、公司、企業債券募集辦法中隱瞞重要事實或者編造重大虛假內容，發行股票或者公司、企業債券，數額巨大、後

果嚴重或者有其他嚴重情節的，處五年以下有期徒刑或者拘役，並處或者單處非法募集資金金額百分之一以上百分之五以下罰金。

單位犯前款罪的，對單位判處罰金，並對其直接負責的主管人員和其他直接責任人員，處五年以下有期徒刑或者拘役。

第一百六十一條

公司向股東和社會公眾提供虛假的或者隱瞞重要事實的財務會計報告，嚴重損害股東或者其他人利益的，對其直接負責的主管人員和其他直接責任人員，處三年以下有期徒刑或者拘役，並處或者單處二萬元以上二十萬元以下罰金。

第一百六十二條

公司、企業進行清算時，隱匿財產，對資產負債表或者財產清單作虛偽記載或者在未清償債務前分配公司、企業財產，嚴重損害債權人或者其他人利益的，對其直接負責的主管人員和其他直接責任人員，處五年以下有期徒刑或者拘役，並處或者單處二萬元以上二十萬元以下罰金。

第一百六十二條之一--- 1999.12.25 修增---

第一百六十三條

公司、企業的工作人員利用職務上的便利，索取他人財物或者非法收受他人財物，為他人謀取利益，數額較大的，處五年以下有期徒刑或者拘役；數額巨大的，處五年以上有期徒刑，可以並處沒收財產。

公司、企業的工作人員在經濟往來中，違反國家規定，收受各種名義的回扣、手續費，歸個人所有的，依照前款的規定處罰。

國有公司、企業中從事公務的人員和國有公司、企業委派到非國有公司、企業從事公務的人員有前兩款行為的，依照本法第三百八十五條、第三百八十六條的規定定罪處罰。

第一百六十四條

為謀取不正當利益，給予公司、企業的工作人員以財物，數額較大的，處三年以下有期徒刑或者拘役；數額巨大的，處三年以上十年以下有期徒刑，並處罰金。

單位犯前款罪的，對單位判處罰金，並對其直接負責的主管人員和其他直接責任人員，依照前款的規定處罰。

行賄人在被追訴前主動交待行賄行為的，可以減輕處罰或者免除處罰。

第一百六十五條

國有公司、企業的董事、經理利用職務便利，自己經營或者為他人經營與其所任職公司、企業同類的營業，獲取非法利益，數額巨大的，處三年以下有期徒刑或者拘役，並處或者單處罰金；數額特別巨大的，處三年以上七年以下有期徒刑，並處罰金。

第一百六十六條

國有公司、企業、事業單位的工作人員，利用職務便利，有下列情形之一，使國家利益遭受重大損失的，處三年以下有期徒刑或者拘役，並處或者單處罰金；致使國家利益遭受特別重大損失的，處三年以上七年以下有期徒刑，並處罰金:

(一) 將本單位的盈利業務交由自己的親友進行經營的；

(二) 以明顯高於市場的價格向自己的親友經營管理的單位採購商品或者以明顯低於市場的價格向自己的親友經營管理的單位銷售商品的；

(三) 向自己的親友經營管理的單位採購不合格商品的。

第一百六十七條

國有公司、企業、事業單位直接負責的主管人員，在簽訂、履行合同過程中，因嚴重不負責任被詐騙，致使國家利益遭受重大損失的，處三年以下有期徒刑或者拘役；致使國家利益遭受特別重大損失的，處三年以上七年以下有期徒刑。

第一百六十八條--- 1999.12.25 修正---

國有公司、企業直接負責的主管人員，徇私舞弊，造成國有公司、企業破產或者嚴重虧損，致使國家利益遭受重大損失的，處三年以下有期徒刑或者拘役。

第一百六十九條

國有公司、企業或者其上級主管部門直接負責的主管人員，徇私舞弊，將國有資產低價折股或者低價出售，致使國家利益遭受重大損失的，處三年以下有期徒刑或者拘役；致使國家利益遭受特別重大損失的，處三年以上七年以下有期徒刑。

第四節　破壞金融管理秩序罪

第一百七十條

偽造貨幣的，處三年以上十年以下有期徒刑，並處五萬元以上五十萬元以下罰金；有下列情形之一的，處十年以上有期徒刑、無期徒刑或者死刑，並處五萬元以上五十萬元以下罰金或者沒收財產:

(一) 偽造貨幣集團的首要分子；

(二) 偽造貨幣數額特別巨大的；

(三) 有其他特別嚴重情節的。

第一百七十一條

出售、購買偽造的貨幣或者明知是偽造的貨幣而運輸，數額較大的，處三年以下有期徒刑或者拘役，並處二萬元以上二十萬元以下罰金；數額巨大的，處三年以上十年以下有期徒刑，並處五萬元以上五十萬元以下罰金；數額特別巨大的，處十年以上有期徒刑或者無期徒刑，並處五萬元以上五十萬元以下罰金或者沒收財產。

銀行或者其他金融機構的工作人員購買偽造的貨幣或者利用職務上的便利，以偽造的貨幣換取貨幣的，處三年以上十年以下有期徒刑，並處二萬元以上二十萬元以下罰金；數額巨大或者有其他嚴重情節的，處十年以上有期徒刑或者無期徒刑，並處二萬元以上二十萬元以下罰金或者沒收財產；情節較輕的，處三年以下有期徒刑或者拘役，並處或者單處一萬元以上十萬元以下罰金。

偽造貨幣並出售或者運輸偽造的貨幣的，依照本法第一百七十條的規定定罪從重處罰。

第一百七十二條

明知是偽造的貨幣而持有、使用，數額較大的，處三年以下有期徒刑或者拘役，並處或者單處一萬元以上十萬元以下罰金；數額巨大的，處三年以上十年以下有期徒刑，並處二萬元以上二十萬元以下罰金；數額特別巨大的，處十年以上有期徒刑，並處五萬元以上五十萬元以下罰金或者沒收財產。

第一百七十三條

變造貨幣，數額較大的，處三年以下有期徒刑或者拘役，並處或者單處一萬元以上十萬元以下罰金；數額巨大的，處三年以上十年以下有期徒刑，並處二萬元以上二十萬元以下罰金。

第一百七十四條--- 1999.12.25 修正---

未經中國人民銀行批準，擅自設立商業銀行或者其他金融機構的，處三年以下有期徒刑或者拘役，並處或者單處二萬元以上二十萬元以下罰金；情節嚴重的，處三年以上十年以下有期徒刑，並處五萬元以上五十萬元以下罰金。

偽造、變造、轉讓商業銀行或者其他金融機構經營許可證的，依照前款的規定處罰。

單位犯前兩款罪的，對單位判處罰金，並對其直接負責的主管人員和其他直接責任人員，依照第一款的規定處罰。

第一百七十五條

以轉貸牟利為目的，套取金融機構信貸資金高利轉貸他人，違法所得數額較大的，處三年以下有期徒刑或者拘役，並處違法所得一倍以上五倍以下罰金；數額巨大的，處三年以上七年以下有期徒刑，並處違法所得一倍以上五倍以下罰金。

單位犯前款罪的，對單位判處罰金，並對其直接負責的主管人員和其他直接責任人員，處三年以下有期徒刑或者拘役。

第一百七十六條

非法吸收公眾存款或者變相吸收公眾存款，擾亂金融秩序的，處三年以下有期徒刑或者拘役，並處或者單處二萬元以上二十萬元以下罰金；數額巨大或者有其他嚴重情節的，處三年以上十年以下有期徒刑，並處五萬元以上五十萬元以下罰金。

單位犯前款罪的，對單位判處罰金，並對其直接負責的主管人員和其他直接責任人員，依照前款的規定處罰。

第一百七十七條

有下列情形之一，偽造、變造金融票證的，處五年以下有期徒刑或者拘役，並處或者單處二萬元以上二十萬元以下罰金；情節嚴重的，處五年以上十年以下有期徒刑，並處五萬元以上五十萬元以下罰金；情節特別嚴重的，處十年以上有期徒刑或者無期徒刑，並處五萬元以上五十萬元以下罰金或者沒收財產：

(一) 偽造、變造匯票、本票、支票的；

(二) 偽造、變造委托收款憑證、匯款憑證、銀行存單等其他銀行結算憑證的；

(三) 偽造、變造信用證或者附隨的單據、文件的；

(四) 偽造信用卡的。

單位犯前款罪的，對單位判處罰金，並對其直接負責的主管人員和其他直接責任人員，依照前款的規定處罰。

第一百七十八條

偽造、變造國庫券或者國家發行的其他有價證券，數額較大的，處三年以下有期徒刑或者拘役，並處或者單處二萬元以上二十萬元以下罰金；數額巨大的，處三年以上十年以下有期徒刑，並處五萬元以上五十萬元以下罰金；數額特別巨大的，處十年以上有期徒刑或者無期徒刑，並處五萬元以上五十萬元以下罰金或者沒收財產。

偽造、變造股票或者公司、企業債券，數額較大的，處三年以下有期徒刑或者拘役，並處或者單處一萬元以上十萬元以下罰金；數額巨大的，處三年以上十年以下有期徒刑，並處二萬元以上二十萬元以下罰金。

單位犯前兩款罪的，對單位判處罰金，並對其直接負責的主管人員和其他直接責任人員，依照前兩款的規定處罰。

第一百七十九條

未經國家有關主管部門批準，擅自發行股票或者公司、企業債券，數額巨大、後果嚴重或者有其他嚴重情節的，處五年以下有期徒刑或者拘役，並處或者單處非法募集資金金額百分之一以上百分之五以下罰金。

單位犯前款罪的，對單位判處罰金，並對其直接負責的主管人員和其他直接責任人員，處五年以下有期徒刑或者拘役。

第一百八十條--- 1999.12.25 修正---

證券交易內幕信息的知情人員或者非法獲取證券交易內幕信息的人員，在涉及證券的發行、交易或者其他對證券的價格有重大影響的信息尚未公開前，買入或者賣出該證券，或者泄露該信息，情節嚴重的，處五年以下有期徒刑或者拘役，並處或者單處違法所得一倍以上五倍以下罰金；情節特別嚴重的，處五年以上十年以下有期徒刑，並處違法所得一倍以上五倍以下罰金。

單位犯前款罪的，對單位判處罰金，並對其直接負責的主管人員和其他直接責任人員，處五年以下有期徒刑或者拘役。

內幕信息的範圍，依照法律、行政法規的規定確定。

知情人員的範圍，依照法律、行政法規的規定確定。

第一百八十一條--- 1999.12.25 修正---

編造並且傳播影響證券交易的虛假信息，擾亂證券交易市場，造成嚴重後果的，處五年以下有期徒刑或者拘役，並處或者單處一萬元以上十萬元以下罰金。

證券交易所、證券公司的從業人員，證券業協會或者證券管理部門的工作人員，故意提供虛假信息或者偽造、變造、銷毀交易記錄，誘騙投資者買賣證券，造成嚴重後果的，處五年以下有期徒刑或者拘役，並處或者單處一萬元以上十萬元以下罰金；情節特別惡劣的，處五年以上十年以下有期徒刑，並處二萬元以上二十萬元以下罰金。

單位犯前兩款罪的，對單位判處罰金，並對其直接負責的主管人員和其他直接責任人員，處五年以下有期徒刑或者拘役。

第一百八十二條--- 1999.12.25 修正---

有下列情形之一，操縱證券交易價格，獲取不正當利益或者轉嫁風險，情節嚴重的，處五年以下有期徒刑或者拘役，並處或者單處違法所得一倍以上五倍以下罰金：

(一) 單獨或者合謀，集中資金優勢、持股優勢或者利用信息優勢聯合或者連續買賣，操縱證券交易價格的；

(二) 與他人串通，以事先約定的時間、價格和方式相互進行證券交易或者相互買賣並不持有的證券，影響證券交易價格或者證券交易量的；

(三) 以自己為交易對象，進行不轉移證券所有權的自買自賣，影響證券交易價格或者證券交易量的；

(四) 以其他方法操縱證券交易價格的。

單位犯前款罪的，對單位判處罰金，並對其直接負責的主管人員和其他直接責任人員，處五年以下有期徒刑或者拘役。

第一百八十三條

保險公司的工作人員利用職務上的便利，故意編造未曾發生的保險事故進行虛假理賠，騙取保險金歸自己所有的，依照本法第二百七十一條的規定定罪處罰。

國有保險公司工作人員和國有保險公司委派到非國有保險公司從事公務的人員有前款行為的，依照本法第三百八十二條、第三百八十三條的規定定罪處罰。

第一百八十四條

銀行或者其他金融機構的工作人員在金融業務活動中索取他人財物或者非法收受他人財物，為他人謀取利益的，或者違反國家規定，收受各種名義的回扣、手續費，歸個人所有的，依照本法第一百六十三條的規定定罪處罰。

國有金融機構工作人員和國有金融機構委派到非國有金融機構從事公務的人員有前款行為的，依照本法第三百八十五條、第三百八十六條的規定定罪處罰。

第一百八十五條--- 1999.12.25 修正---

銀行或者其他金融機構的工作人員利用職務上的便利，挪用本單位或者客戶資金的，依照本法第二百七十二條的規定定罪處罰。

國有金融機構工作人員和國有金融機構委派到非國有金融機構從事公務的人員有前款行為的，依照本法第三百八十四條的規定定罪處罰。

第一百八十六條

銀行或者其他金融機構的工作人員違反法律、行政法規規定，向關係人發放信用貸款或者發放擔保貸款的條件優於其他借款人同類貸款的條件，造成較大損失的，處五年以下有期徒刑或者拘役，並處一萬元以上十萬元以下罰金；造成重大損失的，處五年以上有期徒刑，並處二萬元以上二十萬元以下罰金。

銀行或者其他金融機構的工作人員違反法律、行政法規規定，向關係人以外的其他人發放貸款，造成重大損失的，處五年以下有期徒刑或者拘役，並處一萬元以上十萬元以下罰金；造成特別重大損失的，處五年以上有期徒刑，並處二萬元以上二十萬元以下罰金。

單位犯前兩款罪的，對單位判處罰金，並對其直接負責的主管人員和其他直接責任人員，依照前兩款的規定處罰。

關係人的範圍，依照《中華人民共和國商業銀行法》和有關金融法規確定。

第一百八十七條

銀行或者其他金融機構的工作人員以牟利為目的，採取吸收客戶資金不入賬的方式，將資金用於非法拆借、發放貸款，造成重大損失的，處五年以下有期徒刑或者拘役，並處二萬元以上二十萬元以下罰金；造成特別重大損失的，處五年以上有期徒刑，並處五萬元以上五十萬元以下罰金。

單位犯前款罪的，對單位判處罰金，並對其直接負責的主管人員和其他直接責任人員，依照前款的規定處罰。

第一百八十八條

銀行或者其他金融機構的工作人員違反規定，為他人出具信用證或者其他保函、票據、存單、資信證明，造成較大損失的，處五年以下有期徒刑或者拘役；造成重大損失的，處五年以上有期徒刑。

單位犯前款罪的，對單位判處罰金，並對其直接負責的主管人員和其他直接責任人員，依照前款的規定處罰。

第一百八十九條

銀行或者其他金融機構的工作人員在票據業務中，對違反票據法規定的票據予以承兑、付款或者保證，造成重大損失的，處五年以下有期徒刑或者拘役；造成特別重大損失的，處五年以上有期徒刑。

單位犯前款罪的，對單位判處罰金，並對其直接負責的主管人員和其他直接責任人員，依照前款的規定處罰。

第一百九十條

國有公司、企業或者其他國有單位，違反國家規定，擅自將外匯存放境外，或者將境內的外匯非法轉移到境外，情節嚴重的，對單位判處罰金，並對其直接負責的主管人員和其他直接責任人員，處五年以下有期徒刑或者拘役。

第一百九十一條--- 2001.12.29 修正---

明知是毒品犯罪、黑社會性質的組織犯罪、走私犯罪的違法所得及其產生的收益，為掩飾、隱瞞其來源和性質，有下列行為之一的，沒收實施以上犯罪的違法所得及其產生的收益，處五年以下有期徒刑或者拘役，並處或者單處洗錢數額百分之五以上百分之二十以下罰金；情節嚴重的，處五年以上十年以下有期徒刑，並處洗錢數額百分之五以上百分之二十以下罰金：

(一) 提供資金賬戶的；

(二) 協助將財產轉換為現金或者金融票據的；

(三) 通過轉賬或者其他結算方式協助資金轉移的；

(四) 協助將資金匯往境外的；

(五) 以其他方法掩飾、隱瞞犯罪的違法所得及其收益的性質和來源的。

單位犯前款罪的，對單位判處罰金，並對其直接負責的主管人員和其他直接責任人員，處五年以下有期徒刑或者拘役。

第五節　金融詐騙罪

第一百九十二條

以非法占有為目的，使用詐騙方法非法集資，數額較大的，處五年以下有期徒刑或者拘役，並處二萬元以上二十萬元以下罰金；數額巨大或者有其他嚴重情節的，處五年以上十年以下有期徒刑，並處五萬元以上五十萬元以下罰金；數額特別巨大或者有其他特別嚴重情節的，處十年以上有期徒刑或者無期徒刑，並處五萬元以上五十萬元以下罰金或者沒收財產。

第一百九十三條

有下列情形之一，以非法占有為目的，詐騙銀行或者其他金融機構的貸款，數額較大的，處五年以下有期徒刑或者拘役，並處二萬元以上二十萬元以下罰金；數額巨大或者有其他嚴重情節的，處五年以上十年以下有期徒刑，並處五萬元以上五十萬元以下罰金；數額特別巨大或者有其他特別嚴重情節的，處十年以上有期徒刑或者無期徒刑，並處五萬元以上五十萬元以下罰金或者沒收財產：

(一) 編造引進資金、項目等虛假理由的；

(二) 使用虛假的經濟合同的；

(三) 使用虛假的證明文件的；

(四) 使用虛假的產權證明作擔保或者超出抵押物價值重復擔保的；

(五) 以其他方法詐騙貸款的。

第一百九十四條

有下列情形之一，進行金融票據詐騙活動，數額較大的，處五年以下有期徒刑或者拘役，並處二萬元以上二十萬元以下罰金；數額巨大或者有其他嚴重情節的，處五年以上十年以下有期徒刑，並處五萬元以上五十萬元以下罰金；數額特別巨大或者有其他特別嚴重情節的，處十年以上有期徒刑或者無期徒刑，並處五萬元以上五十萬元以下罰金或者沒收財產：

(一) 明知是偽造、變造的匯票、本票、支票而使用的；

(二) 明知是作廢的匯票、本票、支票而使用的；

(三) 冒用他人的匯票、本票、支票的；

(四) 簽發空頭支票或者與其預留印鑑不符的支票，騙取財物的；

(五) 匯票、本票的出票人簽發無資金保證的匯票、本票或者在出票時作虛假記載，騙取財物的。

使用偽造、變造的委托收款憑證、匯款憑證、銀行存單等其他銀行結算憑證的，依照前款的規定處罰。

第一百九十五條

有下列情形之一，進行信用證詐騙活動的，處五年以下有期徒刑或者拘役，並處二萬元以上二十萬元以下罰金；數額巨大或者有其他嚴重情節的，處五年以上十年以下有期徒刑，並處五萬元以上五十萬元以下罰金；數額特別巨大或者有其他特別嚴重情節的，處十年以上有期徒刑或者無期徒刑，並處五萬元以上五十萬元以下罰金或者沒收財產：

(一) 使用偽造、變造的信用證或者附隨的單據、文件的；

(二) 使用作廢的信用證的；

(三) 騙取信用證的；

(四) 以其他方法進行信用證詐騙活動的。

第一百九十六條

有下列情形之一，進行信用卡詐騙活動，數額較大的，處五年以下有期徒刑或者拘役，並處二萬元以上二十萬元以下罰金；數額巨大或者有其他嚴重情節的，處五年以上十年以下有期徒刑，並處五萬元以上五十萬元以下罰金；數額特別巨大或者有其他特別嚴重情節的，處十年以上有期徒刑或者無期徒刑，並處五萬元以上五十萬元以下罰金或者沒收財產：

(一) 使用偽造的信用卡的；

(二) 使用作廢的信用卡的；

(三) 冒用他人信用卡的；

(四) 惡意透支的。

前款所稱惡意透支，是指持卡人以非法占有為目的，超過規定限額或者規定期限透支，並且經發卡銀行催收後仍不歸還的行為。

盜竊信用卡並使用的，依照本法第二百六十四條的規定定罪處罰。

第一百九十七條

使用偽造、變造的國庫券或者國家發行的其他有價證券，進行詐騙活動，數額較大的，處五年以下有期徒刑或者拘役，並處二萬元以上二十萬元以下罰金；數額巨大或者有其他嚴重情節的，處五年以上十年以下有期徒刑，並處五萬元以上五十萬元以下罰金；數額特別巨大或者有其他特別嚴重情節的，處十年以上有期徒刑或者無期徒刑，並處五萬元以上五十萬元以下罰金或者沒收財產。

第一百九十八條

有下列情形之一，進行保險詐騙活動，數額較大的，處五年以下有期徒刑或者拘役，並處一萬元以上十萬元以下罰金；數額巨大或者有其他嚴重情節的，處五年以上十年以下有期徒刑，並處二萬元以上二十萬元以下罰金；數額特別巨大或者有其他特別嚴重情節的，處十年以上有期徒刑，並處二萬元以上二十萬元以下罰金或者沒收財產：

(一) 投保人故意虛構保險標的，騙取保險金的；

(二) 投保人、被保險人或者受益人對發生的保險事故編造虛假的原因或者夸大損失的程度，騙取保險金的；

(三) 投保人、被保險人或者受益人編造未曾發生的保險事故，騙取保險金的；

(四) 投保人、被保險人故意造成財產損失的保險事故，騙取保險金的；

(五) 投保人、受益人故意造成被保險人死亡、傷殘或者疾病，騙取保險金的。

有前款第四項、第五項所列行為，同時構成其他犯罪的，依照數罪並罰的規定處罰。

單位犯第一款罪的，對單位判處罰金，並對其直接負責的主管人員和其他直接責任人員，處五年以下有期徒刑或者拘役；數額巨大或者有其他嚴重情節的，處五年以上十年以下有期徒刑；數額特別巨大或者有其他特別嚴重情節的，處十年以上有期徒刑。

保險事故的鑑定人、證明人、財產評估人故意提供虛假的證明文件，為他人詐騙提供條件的，以保險詐騙的共犯論處。

<u>**第一百九十九條**</u>

犯本節第一百九十二條、第一百九十四條、第一百九十五條規定之罪，數額特別巨大並且給國家和人民利益造成特別重大損失的，處無期徒刑或者死刑，並處沒收財產。

<u>**第二百條**</u>

單位犯本節第一百九十二條、第一百九十四條、第一百九十五條規定之罪的，對單位判處罰金，並對其直接負責的主管人員和其他直接責任人員，處五年以下有期徒刑或者拘役；數額巨大或者有其他嚴重情節的，處五年以上十年以下有期徒刑；數額特別巨大或者有其他特別嚴重情節的，處十年以上有期徒刑或者無期徒刑。

第六節　危害稅收征管罪

<u>**第二百零一條**</u>

納稅人採取偽造、變造、隱匿、擅自銷毀帳簿、記帳憑證，在帳簿上多列支出或者不列、少列收入，經稅務機關通知申報而拒不申報或者進行虛假的納稅申報的手段，不繳或者少繳應納稅款，偷稅數額占應納稅額的百分之十以上不滿百分之三十並且偷稅數額在一萬元以上不滿十萬元的，或者因偷稅被稅務機關給予二次行政處罰又偷稅的，處三年以下有期徒刑或者拘役，並處偷稅數額一倍以上五倍以下罰金；偷稅數額占應納稅額的百分之三十以上並且偷稅數額在十萬元以上的，處三年以上七年以下有期徒刑，並處偷稅數額一倍以上五倍以下罰金。

扣繳義務人採取前款所列手段，不繳或者少繳已扣、已收稅款，數額占應繳稅額的百分之十以上並且數額在一萬元以上的，依照前款的規定處罰。

對多次犯有前兩款行為，未經處理的，按照累計數額計算。

第二百零二條

以暴力、威脅方法拒不繳納稅款的，處三年以下有期徒刑或者拘役，並處拒繳稅款一倍以上五倍以下罰金；情節嚴重的，處三年以上七年以下有期徒刑，並處拒繳稅款一倍以上五倍以下罰金。

第二百零三條

納稅人欠繳應納稅款，採取轉移或者隱匿財產的手段，致使稅務機關無法追繳欠繳的稅款，數額在一萬元以上不滿十萬元的，處三年以下有期徒刑或者拘役，並處或者單處欠繳稅款一倍以上五倍以下罰金；數額在十萬元以上的，處三年以上七年以下有期徒刑，並處欠繳稅款一倍以上五倍以下罰金。

第二百零四條

以假報出口或者其他欺騙手段，騙取國家出口退稅款，數額較大的，處五年以下有期徒刑或者拘役，並處騙取稅款一倍以上五倍以下罰金；數額巨大或者有其他嚴重情節的，處五年以上十年以下有期徒刑，並處騙取稅款一倍以上五倍以下罰金；數額特別巨大或者有其他特別嚴重情節的，處十年以上有期徒刑或者無期徒刑，並處騙取稅款一倍以上五倍以下罰金或者沒收財產。

納稅人繳納稅款後，採取前款規定的欺騙方法，騙取所繳納的稅款的，依照本法第二百零一條的規定定罪處罰；騙取稅款超過所繳納的稅款部分，依照前款的規定處罰。

第二百零五條

虛開增值稅專用發票或者虛開用於騙取出口退稅、抵扣稅款的其他發票的，處三年以下有期徒刑或者拘役，並處二萬元以上二十萬元以下罰金；虛開的稅款數額較大或者有其他嚴重情節的，處三年以上十年以下有期徒刑，並處五萬元以上五十萬元以下罰金；虛開的稅款數額巨大或者有其他特別嚴重情節的，處十年以上有期徒刑或者無期徒刑，並處五萬元以上五十萬元以下罰金或者沒收財產。

有前款行為騙取國家稅款，數額特別巨大，情節特別嚴重，給國家利益造成特別重大損失的，處無期徒刑或者死刑，並處沒收財產。

單位犯本條規定之罪的，對單位判處罰金，並對其直接負責的主管人員和其他直接責任人員，處三年以下有期徒刑或者拘役；虛開的稅款數額較大或者有其他嚴重情節的，處三年以上十年以下有期徒刑；虛開的稅款數額巨大或者有其他特別嚴重情節的，處十年以上有期徒刑或者無期徒刑。

虛開增值稅專用發票或者虛開用於騙取出口退稅、抵扣稅款的其他發票，是指有為他人虛開、為自己虛開、讓他人為自己虛開、介紹他人虛開行為之一的。

第二百零六條

偽造或者出售偽造的增值稅專用發票的，處三年以下有期徒刑、拘役或者管制，並處二萬元以上二十萬元以下罰金；數量較大或者有其他嚴重情節的，處三年以上十年以下有期徒刑，並處五萬元以上五十萬元以下罰金；數量巨大或者有其他特別嚴重情節的，處十年以上有期徒刑或者無期徒刑，並處五萬元以上五十萬元以下罰金或者沒收財產。

偽造並出售偽造的增值稅專用發票，數量特別巨大，情節特別嚴重，嚴重破壞經濟秩序的，處無期徒刑或者死刑，並處沒收財產。

單位犯本條規定之罪的，對單位判處罰金，並對其直接負責的主管人員和其他直接責任人員，處三年以下有期徒刑、拘役或者管制；數量較大或者有其他嚴重情節的，處三年以上十年以下有期徒刑；數量巨大或者有其他特別嚴重情節的，處十年以上有期徒刑或者無期徒刑。

第二百零七條

非法出售增值稅專用發票的，處三年以下有期徒刑、拘役或者管制，並處二萬元以上二十萬元以下罰金；數量較大的，處三年以上十年以下有期徒刑，並處五萬元以上五十萬元以下罰金；數量巨大的，處十年以上有期徒刑或者無期徒刑，並處五萬元以上五十萬元以下罰金或者沒收財產。

第二百零八條

非法購買增值稅專用發票或者購買偽造的增值稅專用發票的，處五年以下有期徒刑或者拘役，並處或者單處二萬元以上二十萬元以下罰金。

非法購買增值稅專用發票或者購買偽造的增值稅專用發票又虛開或者出售的，分別依照本法第二百零五條、第二百零六條、第二百零七條的規定定罪處罰。

第二百零九條

偽造、擅自製造或者出售偽造、擅自製造的可以用於騙取出口退稅、抵扣稅款的其他發票的，處三年以下有期徒刑、拘役或者管制，並處二萬元以上二十萬元以下罰金；數量巨大的，處三年以上七年以下有期徒刑，並處五萬元以上五十萬元以下罰金；數量特別巨大的，處七年以上有期徒刑，並處五萬元以上五十萬元以下罰金或者沒收財產。

偽造、擅自製造或者出售偽造、擅自製造的前款規定以外的其他發票的，處二年以下有期徒刑、拘役或者管制，並處或者單處一萬元以上五萬元以下罰金；情節嚴重的，處二年以上七年以下有期徒刑，並處五萬元以上五十萬元以下罰金。

非法出售可以用於騙取出口退稅、抵扣稅款的其他發票的，依照第一款的規定處罰。

非法出售第三款規定以外的其他發票的，依照第二款的規定處罰。

第二百一十條

盜竊增值稅專用發票或者可以用於騙取出口退稅、抵扣稅款的其他發票的，依照本法第二百六十四條的規定定罪處罰。

使用欺騙手段騙取增值稅專用發票或者可以用於騙取出口退稅、抵扣稅款的其他發票的，依照本法第二百六十六條的規定定罪處罰。

第二百一十一條

單位犯本節第二百零一條、第二百零三條、第二百零四條、第二百零七條、第二百零八條、第二百零九條規定之罪的，對單位判處罰金，並對其直接負責的主管人員和其他直接責任人員，依照各該條的規定處罰。

第二百一十二條

犯本節第二百零一條至第二百零五條規定之罪，被判處罰金、沒收財產的，在執行前，應當先由稅務機關追繳稅款和所騙取的出口退稅款。

第七節　侵犯知識產權罪

第二百一十三條

未經註冊商標所有人許可，在同一種商品上使用與其註冊商標相同的商標，情節嚴重的，處三年以下有期徒刑或者拘役，並處或者單處罰金；情節特別嚴重的，處三年以上七年以下有期徒刑，並處罰金。

第二百一十四條

銷售明知是假冒註冊商標的商品，銷售金額數額較大的，處三年以下有期徒刑或者拘役，並處或者單處罰金；銷售金額數額巨大的，處三年以上七年以下有期徒刑，並處罰金。

第二百一十五條

偽造、擅自製造他人註冊商標標識或者銷售偽造、擅自製造的註冊商標標識，情節嚴重的，處三年以下有期徒刑、拘役或者管制，並處或者單處罰金；情節特別嚴重的，處三年以上七年以下有期徒刑，並處罰金。

第二百一十六條

假冒他人專利，情節嚴重的，處三年以下有期徒刑或者拘役，並處或者單處罰金。

第二百一十七條

以營利為目的，有下列侵犯著作權情形之一，違法所得數額較大或者有其他嚴重情節的，處三年以下有期徒刑或者拘役，並處或者單處罰金；違法所得數額巨大或者有其他特別嚴重情節的，處三年以上七年以下有期徒刑，並處罰金：

(一) 未經著作權人許可，複製發行其文字作品、音樂、電影、電視、錄像作品、計算機軟件及其他作品的；

(二) 出版他人享有專有出版權的圖書的；

(三) 未經錄音錄像製作者許可，複製發行其製作的錄音錄像的；

(四) 製作、出售假冒他人署名的美術作品的。

<u>**第二百一十八條**</u>

以營利為目的，銷售明知是本法第二百一十七條規定的侵權複製品，違法所得數額巨大的，處三年以下有期徒刑或者拘役，並處或者單處罰金。

<u>**第二百一十九條**</u>

有下列侵犯商業秘密行為之一，給商業秘密的權利人造成重大損失的，處三年以下有期徒刑或者拘役，並處或者單處罰金；造成特別嚴重後果的，處三年以上七年以下有期徒刑，並處罰金：

(一) 以盜竊、利誘、脅迫或者其他不正當手段獲取權利人的商業秘密的；

(二) 披露、使用或者允許他人使用以前項手段獲取的權利人的商業秘密的；

(三) 違反約定或者違反權利人有關保守商業秘密的要求，披露、使用或者允許他人使用其所掌握的商業秘密的。

明知或者應知前款所列行為，獲取、使用或者披露他人的商業秘密的，以侵犯商業秘密論。

本條所稱商業秘密，是指不為公眾所知悉，能為權利人帶來經濟利益，具有實用性並經權利人採取保密措施的技術信息和經營信息。

本條所稱權利人，是指商業秘密的所有人和經商業秘密所有人許可的商業秘密使用人。

第二百二十條

單位犯本節第二百一十三條至第二百一十九條規定之罪的，對單位判處罰金，並對其直接負責的主管人員和其他直接責任人員，依照本節各該條的規定處罰。

第八節擾亂市場秩序罪

第二百二十一條

捏造並散布虛偽事實，損害他人的商業信譽、商品聲譽，給他人造成重大損失或者有其他嚴重情節的，處二年以下有期徒刑或者拘役，並處或者單處罰金。

第二百二十二條

廣告主、廣告經營者、廣告發布者違反國家規定，利用廣告對商品或者服務作虛假宣傳，情節嚴重的，處二年以下有期徒刑或者拘役，並處或者單處罰金。

第二百二十三條

投標人相互串通投標報價，損害招標人或者其他投標人利益，情節嚴重的，處三年以下有期徒刑或者拘役，並處或者單處罰金。

投標人與招標人串通投標，損害國家、集體、公民的合法利益的，依照前款的規定處罰。

第二百二十四條

有下列情形之一，以非法占有為目的，在簽訂、履行合同過程中，騙取對方當事人財物，數額較大的，處三年以下有期徒刑或者拘役，並處或者單處罰金；數額巨大或者有其他嚴重情節的，處三年以上十年以下有期徒刑，並處罰金；數額特別巨大或者有其他特別嚴重情節的，處十年以上有期徒刑或者無期徒刑，並處罰金或者沒收財產：

(一) 以虛構的單位或者冒用他人名義簽訂合同的；

(二) 以偽造、變造、作廢的票據或者其他虛假的產權證明作擔保的；

(三) 沒有實際履行能力，以先履行小額合同或者部分履行合同的方法，誘騙對方當事人繼續簽訂和履行合同的；

(四) 收受對方當事人給付的貨物、貨款、預付款或者擔保財產後逃匿的；

(五) 以其他方法騙取對方當事人財物的。

第二百二十五條--- 1999.12.25 修正---

違反國家規定，有下列非法經營行為之一，擾亂市場秩序，情節嚴重的，處五年以下有期徒刑或者拘役，並處或者單處違法所得一倍以上五倍以下罰金；情節特別嚴重的，處五年以上有期徒刑，並處違法所得一倍以上五倍以下罰金或者沒收財產：

(一) 未經許可經營法律、行政法規規定的專營、專賣物品或者其他限制買賣的物品的；

(二) 買賣進出口許可證、進出口原產地證明以及其他法律、行政法規規定的經營許可證或者批準文件的；

(三) 其他嚴重擾亂市場秩序的非法經營行為。

第二百二十六條

以暴力、威脅手段強買強賣商品、強迫他人提供服務或者強迫他人接受服務，情節嚴重的，處三年以下有期徒刑或者拘役，並處或者單處罰金。

第二百二十七條

偽造或者倒賣偽造的車票、船票、郵票或者其他有價票證，數額較大的，處二年以下有期徒刑、拘役或者管制，並處或者單處票證價額一倍以上五倍以下罰金；數額巨大的，處二年以上七年以下有期徒刑，並處票證價額一倍以上五倍以下罰金。

倒賣車票、船票，情節嚴重的，處三年以下有期徒刑、拘役或者管制，並處或者單處票證價額一倍以上五倍以下罰金。

第二百二十八條

以牟利為目的，違反土地管理法規，非法轉讓、倒賣土地使用權，情節嚴重的，處三年以下有期徒刑或者拘役，並處或者單處非法轉讓、倒賣土地使用權價額百分之五以上百分之二十以下罰金；情節特別嚴重的，處三年以上七年以下有期徒刑，並處非法轉讓、倒賣土地使用權價額百分之五以上百分之二十以下罰金。

第二百二十九條

承擔資產評估、驗資、驗證、會計、審計、法律服務等職責的中介組織的人員故意提供虛假證明文件，情節嚴重的，處五年以下有期徒刑或者拘役，並處罰金。

前款規定的人員，索取他人財物或者非法收受他人財物，犯前款罪的，處五年以上十年以下有期徒刑，並處罰金。

第一款規定的人員，嚴重不負責任，出具的證明文件有重大失實，造成嚴重後果的，處三年以下有期徒刑或者拘役，並處或者單處罰金。

第二百三十條

違反進出口商品檢驗法的規定，逃避商品檢驗，將必須經商檢機構檢驗的進口商品未報經檢驗而擅自銷售、使用，或者將必須經商檢機構檢驗的出口商品未報經檢驗合格而擅自出口，情節嚴重的，處三年以下有期徒刑或者拘役，並處或者單處罰金。

第二百三十一條

單位犯本節第二百二十一條至第二百三十條規定之罪的，對單位判處罰金，並對其直接負責的主管人員和其他直接責任人員，依照本節各該條的規定處罰。

第四章　侵犯公民人身權利、民主權利罪

第二百三十二條

故意殺人的，處死刑、無期徒刑或者十年以上有期徒刑；情節較輕的，處三年以上十年以下有期徒刑。

第二百三十三條

過失致人死亡的，處三年以上七年以下有期徒刑；情節較輕的，處三年以下有期徒刑。本法另有規定的，依照規定。

第二百三十四條

故意傷害他人身體的，處三年以下有期徒刑、拘役或者管制。

犯前款罪，致人重傷的，處三年以上十年以下有期徒刑；致人死亡或者以特別殘忍手段致人重傷造成嚴重殘疾的，處十年以上有期徒刑、無期徒刑或者死刑。本法另有規定的，依照規定。

第二百三十五條

過失傷害他人致人重傷的，處三年以下有期徒刑或者拘役。本法另有規定的，依照規定。

第二百三十六條

以暴力、脅迫或者其他手段強姦婦女的，處三年以上十年以下有期徒刑。

姦淫不滿十四週歲的幼女的，以強姦論，從重處罰。

強姦婦女、姦淫幼女，有下列情形之一的，處十年以上有期徒刑、無期徒刑或者死刑：

(一) 強姦婦女、姦淫幼女情節惡劣的；

(二) 強姦婦女、姦淫幼女多人的；

(三) 在公共場所當眾強姦婦女的；

(四) 二人以上輪姦的；

(五) 致使被害人重傷、死亡或者造成其他嚴重後果的。

第二百三十七條

以暴力、脅迫或者其他方法強制猥褻婦女或者侮辱婦女的，處五年以下有期徒刑或者拘役。

聚眾或者在公共場所當眾犯前款罪的，處五年以上有期徒刑。

猥褻兒童的，依照前兩款的規定從重處罰。

第二百三十八條

非法拘禁他人或者以其他方法非法剝奪他人人身自由的，處三年以下有期徒刑、拘役、管制或者剝奪政治權利。具有毆打、侮辱情節的，從重處罰。

犯前款罪，致人重傷的，處三年以上十年以下有期徒刑；致人死亡的，處十年以上有期徒刑。使用暴力致人傷殘、死亡的，依照本法第二百三十四條、第二百三十二條的規定定罪處罰。

為索取債務非法扣押、拘禁他人的，依照前兩款的規定處罰。

國家機關工作人員利用職權犯前三款罪的，依照前三款的規定從重處罰。

第二百三十九條

以勒索財物為目的綁架他人的，或者綁架他人作為人質的，處十年以上有期徒刑或者無期徒刑，並處罰金或者沒收財產；致使被綁架人死亡或者殺害被綁架人的，處死刑，並處沒收財產。

以勒索財物為目的偷盜嬰幼兒的，依照前款的規定處罰。

第二百四十條

拐賣婦女、兒童的，處五年以上十年以下有期徒刑，並處罰金；有下列情形之一的，處十年以上有期徒刑或者無期徒刑，並處罰金或者沒收財產；情節特別嚴重的，處死刑，並處沒收財產：

(一) 拐賣婦女、兒童集團的首要分子；

(二) 拐賣婦女、兒童三人以上的；

(三) 姦淫被拐賣的婦女的；

(四) 誘騙、強迫被拐賣的婦女賣淫或者將被拐賣的婦女賣給他人迫使其賣淫的；

(五) 以出賣為目的，使用暴力、脅迫或者麻醉方法綁架婦女、兒童的；

(六) 以出賣為目的，偷盜嬰幼兒的；

(七) 造成被拐賣的婦女、兒童或者其親屬重傷、死亡或者其他嚴重後果的；

(八) 將婦女、兒童賣往境外的。

拐賣婦女、兒童是指以出賣為目的，有拐騙、綁架、收買、販賣、接送、中轉婦女、兒童的行為之一的。

第二百四十一條

收買被拐賣的婦女、兒童的，處三年以下有期徒刑、拘役或者管制。

收買被拐賣的婦女，強行與其發生性關係的，依照本法第二百三十六條的規定定罪處罰。

收買被拐賣的婦女、兒童，非法剝奪、限制其人身自由或者有傷害、侮辱等犯罪行為的，依照本法的有關規定定罪處罰。

收買被拐賣的婦女、兒童，並有第二款、第三款規定的犯罪行為的，依照數罪並罰的規定處罰。

收買被拐賣的婦女、兒童又出賣的，依照本法第二百四十條的規定定罪處罰。

收買被拐賣的婦女、兒童，按照被買婦女的意願，不阻礙其返回原居住地的，對被買兒童沒有虐待行為，不阻礙對其進行解救的，可以不追究刑事責任。

第二百四十二條

以暴力、威脅方法阻礙國家機關工作人員解救被收買的婦女、兒童的，依照本法第二百七十七條的規定定罪處罰。

聚眾阻礙國家機關工作人員解救被收買的婦女、兒童的首要分子，處五年以下有期徒刑或者拘役；其他參與者使用暴力、威脅方法的，依照前款的規定處罰。

第二百四十三條

捏造事實誣告陷害他人，意圖使他人受刑事追究，情節嚴重的，處三年以下有期徒刑、拘役或者管制；造成嚴重後果的，處三年以上十年以下有期徒刑。

國家機關工作人員犯前款罪的，從重處罰。

不是有意誣陷，而是錯告，或者檢舉失實的，不適用前兩款的規定。

第二百四十四條

用人單位違反勞動管理法規，以限制人身自由方法強迫職工勞動，情節嚴重的，對直接責任人員，處三年以下有期徒刑或者拘役，並處或者單處罰金。

第二百四十五條

非法搜查他人身體、住宅，或者非法侵入他人住宅的，處三年以下有期徒刑或者拘役。

司法工作人員濫用職權，犯前款罪的，從重處罰。

第二百四十六條

以暴力或者其他方法公然侮辱他人或者捏造事實誹謗他人，情節嚴重的，處三年以下有期徒刑、拘役、管制或者剝奪政治權利。

前款罪，告訴的才處理，但是嚴重危害社會秩序和國家利益的除外。

第二百四十七條

司法工作人員對犯罪嫌疑人、被告人實行刑訊逼供或者使用暴力逼取證人證言的，處三年以下有期徒刑或者拘役。致人傷殘、死亡的，依照本法第二百三十四條、第二百三十二條的規定定罪從重處罰。

第二百四十八條

監獄、拘留所、看守所等監管機構的監管人員對被監管人進行毆打或者體罰虐待，情節嚴重的，處三年以下有期徒刑或者拘役；情節特別嚴重的，處三年以上十年以下有期徒刑。致人傷殘、死亡的，依照本法第二百三十四條、第二百三十二條的規定定罪從重處罰。

監管人員指使被監管人毆打或者體罰虐待其他被監管人的，依照前款的規定處罰。

第二百四十九條

煽動民族仇恨、民族歧視，情節嚴重的，處三年以下有期徒刑、拘役、管制或者剝奪政治權利；情節特別嚴重的，處三年以上十年以下有期徒刑。

第二百五十條

在出版物中刊載歧視、侮辱少數民族的內容，情節惡劣，造成嚴重後果的，對直接責任人員，處三年以下有期徒刑、拘役或者管制。

第二百五十一條

國家機關工作人員非法剝奪公民的宗教信仰自由和侵犯少數民族風俗習慣，情節嚴重的，處二年以下有期徒刑或者拘役。

第二百五十二條

隱匿、毀棄或者非法開拆他人信件，侵犯公民通信自由權利，情節嚴重的，處一年以下有期徒刑或者拘役。

第二百五十三條

郵政工作人員私自開拆或者隱匿、毀棄郵件、電報的，處二年以下有期徒刑或者拘役。

犯前款罪而竊取財物的，依照本法第二百六十四條的規定定罪從重處罰。

第二百五十四條

國家機關工作人員濫用職權、假公濟私，對控告人、申訴人、批評人、舉報人實行報複陷害的，處二年以下有期徒刑或者拘役；情節嚴重的，處二年以上七年以下有期徒刑。

第二百五十五條

公司、企業、事業單位、機關、團體的領導人，對依法履行職責、抵制違反會計法、統計法行為的會計、統計人員實行打擊報複，情節惡劣的，處三年以下有期徒刑或者拘役。

第二百五十六條

在選舉各級人民代表大會代表和國家機關領導人員時，以暴力、威脅、欺騙、賄賂、偽造選舉文件、虛報選舉票數等手段破壞選舉或者妨害選民和代表自由行使選舉權和被選舉權，情節嚴重的，處三年以下有期徒刑、拘役或者剝奪政治權利。

第二百五十七條

以暴力干涉他人婚姻自由的，處二年以下有期徒刑或者拘役。

犯前款罪，致使被害人死亡的，處二年以上七年以下有期徒刑。

第一款罪，告訴的才處理。

第二百五十八條

有配偶而重婚的，或者明知他人有配偶而與之結婚的，處二年以下有期徒刑或者拘役。

第二百五十九條

明知是現役軍人的配偶而與之同居或者結婚的，處三年以下有期徒刑或者拘役。

利用職權、從屬關係，以脅迫手段姦淫現役軍人的妻子的，依照本法第二百三十六條的規定定罪處罰。

第二百六十條

虐待家庭成員，情節惡劣的，處二年以下有期徒刑、拘役或者管制。

犯前款罪，致使被害人重傷、死亡的，處二年以上七年以下有期徒刑。

第一款罪，告訴的才處理。

第二百六十一條

對於年老、年幼、患病或者其他沒有獨立生活能力的人，負有扶養義務而拒絕扶養，情節惡劣的，處五年以下有期徒刑、拘役或者管制。

第二百六十二條

拐騙不滿十四週歲的未成年人，脫離家庭或者監護人的，處五年以下有期徒刑或者拘役。

第五章　侵犯財產罪

第二百六十三條

以暴力、脅迫或者其他方法搶劫公私財物的，處三年以上十年以下有期徒刑，並處罰金；有下列情形之一的，處十年以上有期徒刑、無期徒刑或者死刑，並處罰金或者沒收財產：

(一) 入戶搶劫的；

(二) 在公共交通工具上搶劫的；

(三) 搶劫銀行或者其他金融機構的；

(四) 多次搶劫或者搶劫數額巨大的；

(五) 搶劫致人重傷、死亡的；

(六) 冒充軍警人員搶劫的；

(七) 持槍搶劫的；

(八) 搶劫軍用物資或者搶險、救災、救濟物資的。

第二百六十四條

盜竊公私財物，數額較大或者多次盜竊的，處三年以下有期徒刑、拘役或者管制，並處或者單處罰金；數額巨大或者有其他嚴重情節的，處三年以上十年以下有期徒刑，並處罰金；數額特別巨大或者有其他特別嚴重情節的，處十年以上有期徒刑或者無期徒刑，並處罰金或者沒收財產；有下列情形之一的，處無期徒刑或者死刑，並處沒收財產：

(一) 盜竊金融機構，數額特別巨大的；

(二) 盜竊珍貴文物，情節嚴重的。

第二百六十五條

以牟利為目的，盜接他人通信線路、複製他人電信碼號或者明知是盜接、複製的電信設備、設施而使用的，依照本法第二百六十四條的規定定罪處罰。

第二百六十六條

詐騙公私財物，數額較大的，處三年以下有期徒刑、拘役或者管制，並處或者單處罰金；數額巨大或者有其他嚴重情節的，處三年以上十年以下有期徒刑，並處罰金；數額特別巨大或者有其他特別嚴重情節的，處十年以上有期徒刑或者無期徒刑，並處罰金或者沒收財產。本法另有規定的，依照規定。

第二百六十七條

搶奪公私財物，數額較大的，處三年以下有期徒刑、拘役或者管制，並處或者單處罰金；數額巨大或者有其他嚴重情節的，處三年以上十年以下有期徒刑，並處罰金；數額特別巨大或者有其他特別嚴重情節的，處十年以上有期徒刑或者無期徒刑，並處罰金或者沒收財產。

攜帶凶器搶奪的，依照本法第二百六十三條的規定定罪處罰。

第二百六十八條

聚眾哄搶公私財物，數額較大或者有其他嚴重情節的，對首要分子和積極參加的，處三年以下有期徒刑、拘役或者管制，並處罰金；數額巨大或者有其他特別嚴重情節的，處三年以上十年以下有期徒刑，並處罰金。

第二百六十九條

犯盜竊、詐騙、搶奪罪，為窩藏贓物、抗拒抓捕或者毀滅罪證而當場使用暴力或者以暴力相威脅的，依照本法第二百六十三條的規定定罪處罰。

第二百七十條

將代為保管的他人財物非法占為己有，數額較大，拒不退還的，處二年以下有期徒刑、拘役或者罰金；數額巨大或者有其他嚴重情節的，處二年以上五年以下有期徒刑，並處罰金。

將他人的遺忘物或者埋藏物非法占為己有，數額較大，拒不交出的，依照前款的規定處罰。

本條罪，告訴的才處理。

第二百七十一條

公司、企業或者其他單位的人員，利用職務上的便利，將本單位財物非法占為己有，數額較大的，處五年以下有期徒刑或者拘役；數額巨大的，處五年以上有期徒刑，可以並處沒收財產。

國有公司、企業或者其他國有單位中從事公務的人員和國有公司、企業或者其他國有單位委派到非國有公司、企業以及其他單位從事公務的人員有前款行為的，依照本法第三百八十二條、第三百八十三條的規定定罪處罰。

第二百七十二條

公司、企業或者其他單位的工作人員，利用職務上的便利，挪用本單位資金歸個人使用或者借貸給他人，數額較大、超過三個月未還的，或者雖未超過三個月，但數額較大、進行營利活動的，或者進行非法活動的，處三年以下有期徒刑或者拘役；挪用本單位資金數額巨大的，或者數額較大不退還的，處三年以上十年以下有期徒刑。

國有公司、企業或者其他國有單位中從事公務的人員和國有公司、企業或者其他國有單位委派到非國有公司、企業以及其他單位從事公務的人員有前款行為的，依照本法第三百八十四條的規定定罪處罰。

第二百七十三條

挪用用於救災、搶險、防汛、優撫、扶貧、移民、救濟款物，情節嚴重，致使國家和人民群眾利益遭受重大損害的，對直接責任人員，處三年以下有期徒刑或者拘役；情節特別嚴重的，處三年以上七年以下有期徒刑。

第二百七十四條

敲詐勒索公私財物，數額較大的，處三年以下有期徒刑、拘役或者管制；數額巨大或者有其他嚴重情節的，處三年以上十年以下有期徒刑。

第二百七十五條

故意毀壞公私財物，數額較大或者有其他嚴重情節的，處三年以下有期徒刑、拘役或者罰金；數額巨大或者有其他特別嚴重情節的，處三年以上七年以下有期徒刑。

第二百七十六條

由於泄憤報復或者其他個人目的，毀壞機器設備、殘害耕畜或者以其他方法破壞生產經營的，處三年以下有期徒刑、拘役或者管制；情節嚴重的，處三年以上七年以下有期徒刑。

第六章　妨害社會管理秩序罪

第一節　擾亂公共秩序罪

第二百七十七條

以暴力、威脅方法阻礙國家機關工作人員依法執行職務的，處三年以下有期徒刑、拘役、管制或者罰金。

以暴力、威脅方法阻礙全國人民代表大會和地方各級人民代表大會代表依法執行代表職務的，依照前款的規定處罰。

在自然災害和突發事件中，以暴力、威脅方法阻礙紅十字會工作人員依法履行職責的，依照第一款的規定處罰。

故意阻礙國家安全機關、公安機關依法執行國家安全工作任務，未使用暴力、威脅方法，造成嚴重後果的，依照第一款的規定處罰。

第二百七十八條

煽動群眾暴力抗拒國家法律、行政法規實施的，處三年以下有期徒刑、拘役、管制或者剝奪政治權利；造成嚴重後果的，處三年以上七年以下有期徒刑。

第二百七十九條

冒充國家機關工作人員招搖撞騙的，處三年以下有期徒刑、拘役、管制或者剝奪政治權利；情節嚴重的，處三年以上十年以下有期徒刑。

冒充人民警察招搖撞騙的，依照前款的規定從重處罰。

第二百八十條

偽造、變造、買賣或者盜竊、搶奪、毀滅國家機關的公文、證件、印章的，處三年以下有期徒刑、拘役、管制或者剝奪政治權利；情節嚴重的，處三年以上十年以下有期徒刑。

偽造公司、企業、事業單位、人民團體的印章的，處三年以下有期徒刑、拘役、管制或者剝奪政治權利。

偽造、變造居民身份證的，處三年以下有期徒刑、拘役、管制或者剝奪政治權利；情節嚴重的，處三年以上七年以下有期徒刑。

第二百八十一條

非法生產、買賣人民警察制式服裝、車輛號牌等專用標志、警械，情節嚴重的，處三年以下有期徒刑、拘役或者管制，並處或者單處罰金。

單位犯前款罪的，對單位判處罰金，並對其直接負責的主管人員和其他直接責任人員，依照前款的規定處罰。

第二百八十二條

以竊取、刺探、收買方法，非法獲取國家秘密的，處三年以下有期徒刑、拘役、管制或者剝奪政治權利；情節嚴重的，處三年以上七年以下有期徒刑。

非法持有屬於國家絕密、機密的文件、資料或者其他物品，拒不說明來源與用途的，處三年以下有期徒刑、拘役或者管制。

第二百八十三條

非法生產、銷售竊聽、竊照等專用間諜器材的，處三年以下有期徒刑、拘役或者管制。

第二百八十四條

非法使用竊聽、竊照專用器材，造成嚴重後果的，處二年以下有期徒刑、拘役或者管制。

第二百八十五條

違反國家規定，侵入國家事務、國防建設、尖端科學技術領域的計算機信息系統的，處三年以下有期徒刑或者拘役。

第二百八十六條

違反國家規定，對計算機信息系統功能進行刪除、修改、增加、干擾，造成計算機信息系統不能正常運行，後果嚴重的，處五年以下有期徒刑或者拘役；後果特別嚴重的，處五年以上有期徒刑。

違反國家規定，對計算機信息系統中存儲、處理或者傳輸的數據和應用程序進行刪除、修改、增加的操作，後果嚴重的，依照前款的規定處罰。

故意制作、傳播計算機病毒等破壞性程序，影響計算機系統正常運行，後果嚴重的，依照第一款的規定處罰。

第二百八十七條

利用計算機實施金融詐騙、盜竊、貪污、挪用公款、竊取國家秘密或者其他犯罪的，依照本法有關規定定罪處罰。

第二百八十八條

違反國家規定，擅自設置、使用無線電台（站），或者擅自占用頻率，經責令停止使用後拒不停止使用，干擾無線電通訊正常進行，造成嚴重後果的，處三年以下有期徒刑、拘役或者管制，並處或者單處罰金。

單位犯前款罪的，對單位判處罰金，並對其直接負責的主管人員和其他直接責任人員，依照前款的規定處罰。

第二百八十九條

聚眾「打砸搶」，致人傷殘、死亡的，依照本法第二百三十四條、第二百三十二條的規定定罪處罰。毀壞或者搶走公私財物的，除判令退賠外，對首要分子，依照本法第二百六十三條的規定定罪處罰。

第二百九十條

聚眾擾亂社會秩序，情節嚴重，致使工作、生產、營業和教學、科研無法進行，造成嚴重損失的，對首要分子，處三年以上七年以下有期徒刑；對其他積極參加的，處三年以下有期徒刑、拘役、管制或者剝奪政治權利。

聚眾沖擊國家機關，致使國家機關工作無法進行，造成嚴重損失的，對首要分子，處五年以上十年以下有期徒刑；對其他積極參加的，處五年以下有期徒刑、拘役、管制或者剝奪政治權利。

第二百九十一條

聚眾擾亂車站、碼頭、民用航空站、商場、公園、影劇院、展覽會、運動場或者其他公共場所秩序，聚眾堵塞交通或者破壞交通秩序，抗拒、阻礙國家治安管理工作人員依法執行職務，情節嚴重的，對首要分子，處五年以下有期徒刑、拘役或者管制。

第二百九十一條之一--- 2001.12.29 **增修**---

第二百九十二條

聚眾鬥毆的，對首要分子和其他積極參加的，處三年以下有期徒刑、拘役或者管制；有下列情形之一的，對首要分子和其他積極參加的，處三年以上十年以下有期徒刑：

(一) 多次聚眾鬥毆的；

(二) 聚眾鬥毆人數多，規模大，社會影響惡劣的；

(三) 在公共場所或者交通要道聚眾鬥毆，造成社會秩序嚴重混亂的；

(四) 持械聚眾鬥毆的。

聚眾鬥毆，致人重傷、死亡的，依照本法第二百三十四條、第二百三十二條的規定定罪處罰。

第二百九十三條

有下列尋釁滋事行為之一，破壞社會秩序的，處五年以下有期徒刑、拘役或者管制：

(一) 隨意毆打他人，情節惡劣的；

(二) 追逐、攔截、辱罵他人，情節惡劣的；

(三) 強拿硬要或者任意損毀、占用公私財物，情節嚴重的；

(四) 在公共場所起哄鬧事，造成公共場所秩序嚴重混亂的。

第二百九十四條

組織、領導和積極參加以暴力、威脅或者其他手段，有組織地進行違法犯罪活動，稱霸一方，為非作惡，欺壓、殘害群眾，嚴重破壞經濟、社會生活秩序的黑社會性質的組織的，處三年以上十年以下有期徒刑；其他參加的，處三年以下有期徒刑、拘役、管制或者剝奪政治權利。

境外的黑社會組織的人員到中華人民共和國境內發展組織成員的，處三年以上十年以下有期徒刑。

犯前兩款罪又有其他犯罪行為的，依照數罪並罰的規定處罰。

國家機關工作人員包庇黑社會性質的組織，或者縱容黑社會性質的組織進行違法犯罪活動的，處三年以下有期徒刑、拘役或者剝奪政治權利；情節嚴重的，處三年以上十年以下有期徒刑。

第二百九十五條

傳授犯罪方法的，處五年以下有期徒刑、拘役或者管制；情節嚴重的，處五年以上有期徒刑；情節特別嚴重的，處無期徒刑或者死刑。

第二百九十六條

舉行集會、遊行、示威，未依照法律規定申請或者申請未獲許可，或者未按照主管機關許可的起止時間、地點、路線進行，又拒不服從解散命令，嚴重破壞社會秩序的，對集會、遊行、示威的負責人和直接責任人員，處五年以下有期徒刑、拘役、管制或者剝奪政治權利。

第二百九十七條

違反法律規定，攜帶武器、管制刀具或者爆炸物參加集會、遊行、示威的，處三年以下有期徒刑、拘役、管制或者剝奪政治權利。

第二百九十八條

擾亂、沖擊或者以其他方法破壞依法舉行的集會、遊行、示威，造成公共秩序混亂的，處五年以下有期徒刑、拘役、管制或者剝奪政治權利。

第二百九十九條

在公眾場合故意以焚燒、毀損、涂畫、玷污、踐踏等方式侮辱中華人民共和國國旗、國徽的，處三年以下有期徒刑、拘役、管制或者剝奪政治權利。

第三百條

組織和利用會道門、邪教組織或者利用迷信破壞國家法律、行政法規實施的，處三年以上七年以下有期徒刑；情節特別嚴重的，處七年以上有期徒刑。

組織和利用會道門、邪教組織或者利用迷信蒙騙他人，致人死亡的，依照前款的規定處罰。

組織和利用會道門、邪教組織或者利用迷信姦淫婦女、詐騙財物的，分別依照本法第二百三十六條、第二百六十六條的規定定罪處罰。

第三百零一條

聚眾進行淫亂活動的，對首要分子或者多次參加的，處五年以下有期徒刑、拘役或者管制。

引誘未成年人參加聚眾淫亂活動的，依照前款的規定從重處罰。

第三百零二條

盜竊、侮辱尸體的，處三年以下有期徒刑、拘役或者管制。

第三百零三條

以營利為目的，聚眾賭博、開設賭場或者以賭博為業的，處三年以下有期徒刑、拘役或者管制，並處罰金。

第三百零四條

郵政工作人員嚴重不負責任，故意延誤投遞郵件，致使公共財產、國家和人民利益遭受重大損失的，處二年以下有期徒刑或者拘役。

第二節　妨害司法罪

第三百零五條

在刑事訴訟中，證人、鑑定人、記錄人、翻譯人對與案件有重要關係的情節，故意作虛假證明、鑑定、記錄、翻譯，意圖陷害他人或者隱匿罪證的，處三年以下有期徒刑或者拘役；情節嚴重的，處三年以上七年以下有期徒刑。

第三百零六條

在刑事訴訟中，辯護人、訴訟代理人毀滅、偽造證據，幫助當事人毀滅、偽造證據，威脅、引誘證人違背事實改變證言或者作偽證的，處三年以下有期徒刑或者拘役；情節嚴重的，處三年以上七年以下有期徒刑。

辯護人、訴訟代理人提供、出示、引用的證人證言或者其他證據失實，不是有意偽造的，不屬於偽造證據。

第三百零七條

以暴力、威脅、賄買等方法阻止證人作證或者指使他人作偽證的，處三年以下有期徒刑或者拘役；情節嚴重的，處三年以上七年以下有期徒刑。

幫助當事人毀滅、偽造證據，情節嚴重的，處三年以下有期徒刑或者拘役。

司法工作人員犯前兩款罪的，從重處罰。

第三百零八條

對證人進行打擊報復的，處三年以下有期徒刑或者拘役；情節嚴重的，處三年以上七年以下有期徒刑。

第三百零九條

聚眾哄鬧、沖擊法庭，或者毆打司法工作人員，嚴重擾亂法庭秩序的，處三年以下有期徒刑、拘役、管制或者罰金。

第三百一十條

明知是犯罪的人而為其提供隱藏處所、財物，幫助其逃匿或者作假證明包庇的，處三年以下有期徒刑、拘役或者管制；情節嚴重的，處三年以上十年以下有期徒刑。

犯前款罪，事前通謀的，以共同犯罪論處。

第三百一十一條

明知他人有間諜犯罪行為，在國家安全機關向其調查有關情況、收集有關證據時，拒絕提供，情節嚴重的，處三年以下有期徒刑、拘役或者管制。

第三百一十二條

明知是犯罪所得的贓物而予以窩藏、轉移、收購或者代為銷售的，處三年以下有期徒刑、拘役或者管制，並處或者單處罰金。

第三百一十三條

對人民法院的判決、裁定有能力執行而拒不執行，情節嚴重的，處三年以下有期徒刑、拘役或者罰金。

第三百一十四條

隱藏、轉移、變賣、故意毀損已被司法機關查封、扣押、凍結的財產，情節嚴重的，處三年以下有期徒刑、拘役或者罰金。

第三百一十五條

依法被關押的罪犯，有下列破壞監管秩序行為之一，情節嚴重的，處三年以下有期徒刑：

(一) 毆打監管人員的；

(二) 組織其他被監管人破壞監管秩序的；

(三) 聚眾鬧事，擾亂正常監管秩序的；

(四) 毆打、體罰或者指使他人毆打、體罰其他被監管人的。

第三百一十六條

依法被關押的罪犯、被告人、犯罪嫌疑人脫逃的，處五年以下有期徒刑或者拘役。

劫奪押解途中的罪犯、被告人、犯罪嫌疑人的，處三年以上七年以下有期徒刑；情節嚴重的，處七年以上有期徒刑。

第三百一十七條

組織越獄的首要分子和積極參加的，處五年以上有期徒刑；其他參加的，處五年以下有期徒刑或者拘役。

暴動越獄或者聚眾持械劫獄的首要分子和積極參加的，處十年以上有期徒刑或者無期徒刑；情節特別嚴重的，處死刑；其他參加的，處三年以上十年以下有期徒刑。

第三節　妨害國（邊）境管理罪

第三百一十八條

組織他人偷越國（邊）境的，處二年以上七年以下有期徒刑，並處罰金；有下列情形之一的，處七年以上有期徒刑或者無期徒刑，並處罰金或者沒收財產：

(一) 組織他人偷越國（邊）境集團的首要分子；

(二) 多次組織他人偷越國（邊）境或者組織他人偷越國（邊）境人數眾多的；

(三) 造成被組織人重傷、死亡的；

(四) 剝奪或者限制被組織人人身自由的；

(五) 以暴力、威脅方法抗拒檢查的；

(六) 違法所得數額巨大的；

(七) 有其他特別嚴重情節的。

犯前款罪，對被組織人有殺害、傷害、強姦、拐賣等犯罪行為，或者對檢查人員有殺害、傷害等犯罪行為的，依照數罪並罰的規定處罰。

第三百一十九條

以勞務輸出、經貿往來或者其他名義，弄虛作假，騙取護照、簽證等出境證件，為組織他人偷越國（邊）境使用的，處三年以下有期徒刑，並處罰金；情節嚴重的，處三年以上十年以下有期徒刑，並處罰金。

單位犯前款罪的，對單位判處罰金，並對其直接負責的主管人員和其他直接責任人員，依照前款的規定處罰。

第三百二十條

為他人提供偽造、變造的護照、簽證等出入境證件，或者出售護照、簽證等出入境證件的，處五年以下有期徒刑，並處罰金；情節嚴重的，處五年以上有期徒刑，並處罰金。

第三百二十一條

運送他人偷越國（邊）境的，處五年以下有期徒刑、拘役或者管制，並處罰金；有下列情形之一的，處五年以上十年以下有期徒刑，並處罰金：

(一) 多次實施運送行為或者運送人數眾多的；

(二) 所使用的船只、車輛等交通工具不具備必要的安全條件，足以造成嚴重後果的；

(三) 違法所得數額巨大的；

(四) 有其他特別嚴重情節的。

在運送他人偷越國（邊）境中造成被運送人重傷、死亡，或者以暴力、威脅方法抗拒檢查的，處七年以上有期徒刑，並處罰金。

犯前兩款罪，對被運送人有殺害、傷害、強姦、拐賣等犯罪行為，或者對檢查人員有殺害、傷害等犯罪行為的，依照數罪並罰的規定處罰。

第三百二十二條

違反國（邊）境管理法規，偷越國（邊）境，情節嚴重的，處一年以下有期徒刑、拘役或者管制，並處罰金。

第三百二十三條

故意破壞國家邊境的界碑、界樁或者永久性測量標志的，處三年以下有期徒刑或者拘役。

第四節　妨害文物管理罪

第三百二十四條

故意損毀國家保護的珍貴文物或者被確定為全國重點文物保護單位、省級文物保護單位的文物的，處三年以下有期徒刑或者拘役，並處或者單處罰金；情節嚴重的，處三年以上十年以下有期徒刑，並處罰金。

故意損毀國家保護的名勝古跡，情節嚴重的，處五年以下有期徒刑或者拘役，並處或者單處罰金。

過失損毀國家保護的珍貴文物或者被確定為全國重點文物保護單位、省級文物保護單位的文物，造成嚴重後果的，處三年以下有期徒刑或者拘役。

第三百二十五條

違反文物保護法規，將收藏的國家禁止出口的珍貴文物私自出售或者私自贈送給外國人的，處五年以下有期徒刑或者拘役，可以並處罰金。

單位犯前款罪的，對單位判處罰金，並對其直接負責的主管人員和其他直接責任人員，依照前款的規定處罰。

第三百二十六條

以牟利為目的，倒賣國家禁止經營的文物，情節嚴重的，處五年以下有期徒刑或者拘役，並處罰金；情節特別嚴重的，處五年以上十年以下有期徒刑，並處罰金。

單位犯前款罪的，對單位判處罰金，並對其直接負責的主管人員和其他直接責任人員，依照前款的規定處罰。

第三百二十七條

違反文物保護法規，國有博物館、圖書館等單位將國家保護的文物藏品出售或者私自送給非國有單位或者個人的，對單位判處罰金，並對其直接負責的主管人員和其他直接責任人員，處三年以下有期徒刑或者拘役。

第三百二十八條

盜掘具有歷史、藝術、科學價值的古文化遺址、古墓葬的，處三年以上十年以下有期徒刑，並處罰金；情節較輕的，處三年以下有期徒刑、拘役或者管制，並處罰金；有下列情形之一的，處十年以上有期徒刑、無期徒刑或者死刑，並處罰金或者沒收財產：

(一) 盜掘確定為全國重點文物保護單位和省級文物保護單位的古文化遺址、古墓葬的；

(二) 盜掘古文化遺址、古墓葬集團的首要分子；

(三) 多次盜掘古文化遺址、古墓葬的；

(四) 盜掘古文化遺址、古墓葬，並盜竊珍貴文物或者造成珍貴文物嚴重破壞的。

盜掘國家保護的具有科學價值的古人類化石和古脊椎動物化石的，依照前款的規定處罰。

第三百二十九條

搶奪、竊取國家所有的檔案的，處五年以下有期徒刑或者拘役。

違反檔案法的規定，擅自出賣、轉讓國家所有的檔案，情節嚴重的，處三年以下有期徒刑或者拘役。

有前兩款行為，同時又構成本法規定的其他犯罪的，依照處罰較重的規定定罪處罰。

第五節　危害公共衛生罪

第三百三十條

違反傳染病防治法的規定，有下列情形之一，引起甲類傳染病傳播或者有傳播嚴重危險的，處三年以下有期徒刑或者拘役；後果特別嚴重的，處三年以上七年以下有期徒刑：

(一) 供水單位供應的飲用水不符合國家規定的衛生標準的；

(二) 拒絕按照衛生防疫機構提出的衛生要求，對傳染病病原體污染的污水、污物、糞便進行消毒處理的；

(三) 準許或者縱容傳染病病人、病原攜帶者和疑似傳染病病人從事國務院衛生行政部門規定禁止從事的易使該傳染病擴散的工作的；

(四) 拒絕執行衛生防疫機構依照傳染病防治法提出的預防、控制措施的。

單位犯前款罪的，對單位判處罰金，並對其直接負責的主管人員和其他直接責任人員，依照前款的規定處罰。

甲類傳染病的範圍，依照《中華人民共和國傳染病防治法》和國務院有關規定確定。

第三百三十一條

從事實驗、保藏、攜帶、運輸傳染病菌種、毒種的人員，違反國務院衛生行政部門的有關規定，造成傳染病菌種、毒種擴散，後果嚴重的，處三年以下有期徒刑或者拘役；後果特別嚴重的，處三年以上七年以下有期徒刑。

第三百三十二條

違反國境衛生檢疫規定，引起檢疫傳染病傳播或者有傳播嚴重危險的，處三年以下有期徒刑或者拘役，並處或者單處罰金。

單位犯前款罪的，對單位判處罰金，並對其直接負責的主管人員和其他直接責任人員，依照前款的規定處罰。

第三百三十三條

非法組織他人出賣血液的，處五年以下有期徒刑，並處罰金；以暴力、威脅方法強迫他人出賣血液的，處五年以上十年以下有期徒刑，並處罰金。

有前款行為，對他人造成傷害的，依照本法第二百三十四條的規定定罪處罰。

第三百三十四條

非法採集、供應血液或者制作、供應血液製品，不符合國家規定的標準，足以危害人體健康的，處五年以下有期徒刑或者拘役，並處罰金；對人體健康造成嚴重危害的，處五年以上十年以下有期徒刑，並處罰金；造成特別嚴重後果的，處十年以上有期徒刑或者無期徒刑，並處罰金或者沒收財產。

經國家主管部門批準採集、供應血液或者製作、供應血液製品的部門，不依照規定進行檢測或者違背其他操作規定，造成危害他人身體健康後果的，對單位判處罰金，並對其直接負責的主管人員和其他直接責任人員，處五年以下有期徒刑或者拘役。

第三百三十五條

醫務人員由於嚴重不負責任，造成就診人死亡或者嚴重損害就診人身體健康的，處三年以下有期徒刑或者拘役。

第三百三十六條

未取得醫生執業資格的人非法行醫，情節嚴重的，處三年以下有期徒刑、拘役或者管制，並處或者單處罰金；嚴重損害就診人身體健康的，處三年以上十年以下有期徒刑，並處罰金；造成就診人死亡的，處十年以上有期徒刑，並處罰金。

未取得醫生執業資格的人擅自為他人進行節育複通手術、假節育手術、終止妊娠手術或者摘取宮內節育器，情節嚴重的，處三年以下有期徒刑、拘役或者管制，並處或者單處罰金；嚴重損害就診人身體健康的，處三年以上十年以下有期徒刑，並處罰金；造成就診人死亡的，處十年以上有期徒刑，並處罰金。

第三百三十七條

違反進出境動植物檢疫法的規定，逃避動植物檢疫，引起重大動植物疫情的，處三年以下有期徒刑或者拘役，並處或者單處罰金。

單位犯前款罪的，對單位判處罰金，並對其直接負責的主管人員和其他直接責任人員，依照前款的規定處罰。

第六節　破壞環境資源保護罪

第三百三十八條

違反國家規定，向土地、水體、大氣排放、傾倒或者處置有放射性的廢物、含傳染病病原體的廢物、有毒物質或者其他危險廢物，造成重大環境污染事故，致使公私財產遭受重大損失或者人身傷亡的嚴重後果的，處三年以下有期徒刑或者拘役，並處或者單處罰金；後果特別嚴重的，處三年以上七年以下有期徒刑，並處罰金。

第三百三十九條

違反國家規定，將境外的固體廢物進境傾倒、堆放、處置的，處五年以下有期徒刑或者拘役，並處罰金；造成重大環境污染事故，致使公私財產遭受重大損失或者嚴重危害人體健康的，處五年以上十年以下有期徒刑，並處罰金；後果特別嚴重的，處十年以上有期徒刑，並處罰金。

未經國務院有關主管部門許可，擅自進口固體廢物用作原料，造成重大環境污染事故，致使公私財產遭受重大損失或者嚴重危害人體健康的，處五年以下有期徒刑或者拘役，並處罰金；後果特別嚴重的，處五年以上十年以下有期徒刑，並處罰金。

以原料利用為名，進口不能用作原料的固體廢物的，依照本法第一百五十五條的規定定罪處罰。

第三百四十條

違反保護水產資源法規，在禁漁區、禁漁期或者使用禁用的工具、方法捕撈水產品，情節嚴重的，處三年以下有期徒刑、拘役、管制或者罰金。

第三百四十一條

非法獵捕、殺害國家重點保護的珍貴、瀕危野生動物的，或者非法收購、運輸、出售國家重點保護的珍貴、瀕危野生動物及其製品的，處五年以下有期徒刑或者拘役，並處罰金；情節嚴重的，處五年以上十年以下有期徒刑，並處罰金；情節特別嚴重的，處十年以上有期徒刑，並處罰金或者沒收財產。

違反狩獵法規，在禁獵區、禁獵期或者使用禁用的工具、方法進行狩獵，破壞野生動物資源，情節嚴重的，處三年以下有期徒刑、拘役、管制或者罰金。

第三百四十二條--- 2001.0.8.31 修正---

違反土地管理法規，非法占用耕地改作他用，數量較大，造成耕地大量毀壞的，處五年以下有期徒刑或者拘役，並處或者單處罰金。

第三百四十三條

違反礦產資源法的規定，未取得採礦許可證擅自採礦的，擅自進入國家規劃礦區、對國民經濟具有重要價值的礦區和他人礦區範圍採礦的，擅自開採國家規定實行保護性開採的特定礦種，經責令停止開採後拒不停止開採，造成礦產資源破壞的，處三年以下有期徒刑、拘役或者管制，並處或者單處罰金；造成礦產資源嚴重破壞的，處三年以上七年以下有期徒刑，並處罰金。

違反礦產資源法的規定，採取破壞性的開採方法開採礦產資源，造成礦產資源嚴重破壞的，處五年以下有期徒刑或者拘役，並處罰金。

第三百四十四條

違反森林法的規定，非法採伐、毀壞珍貴樹木的，處三年以下有期徒刑、拘役或者管制，並處罰金；情節嚴重的，處三年以上七年以下有期徒刑，並處罰金。

第三百四十五條

盜伐森林或者其他林木，數量較大的，處三年以下有期徒刑、拘役或者管制，並處或者單處罰金；數量巨大的，處三年以上七年以下有期徒刑，並處罰金；數量特別巨大的，處七年以上有期徒刑，並處罰金。

違反森林法的規定，濫伐森林或者其他林木，數量較大的，處三年以下有期徒刑、拘役或者管制，並處或者單處罰金；數量巨大的，處三年以上七年以下有期徒刑，並處罰金。

以牟利為目的，在林區非法收購明知是盜伐、濫伐的林木，情節嚴重的，處三年以下有期徒刑、拘役或者管制，並處或者單處罰金；情節特別嚴重的，處三年以上七年以下有期徒刑，並處罰金。

盜伐、濫伐國家級自然保護區內的森林或者其他林木的，從重處罰。

第三百四十六條

單位犯本節第三百三十八條至第三百四十五條規定之罪的，對單位判處罰金，並對其直接負責的主管人員和其他直接責任人員，依照本節各該條的規定處罰。

第七節　走私、販賣、運輸、製造毒品罪

第三百四十七條

走私、販賣、運輸、製造毒品，無論數量多少，都應當追究刑事責任，予以刑事處罰。

走私、販賣、運輸、製造毒品，有下列情形之一的，處十五年有期徒刑、無期徒刑或者死刑，並處沒收財產：

(一) 走私、販賣、運輸、製造鴉片一千克以上、海洛因或者甲基苯丙胺五十克以上或者其他毒品數量大的；

(二) 走私、販賣、運輸、製造毒品集團的首要分子；

(三) 武裝掩護走私、販賣、運輸、製造毒品的；

(四) 以暴力抗拒檢查、拘留、逮捕，情節嚴重的；

(五) 參與有組織的國際販毒活動的。

走私、販賣、運輸、製造鴉片二百克以上不滿一千克、海洛因或者甲基苯丙胺十克以上不滿五十克或者其他毒品數量較大的，處七年以上有期徒刑，並處罰金。

走私、販賣、運輸、製造鴉片不滿二百克、海洛因或者甲基苯丙胺不滿十克或者其他少量毒品的，處三年以下有期徒刑、拘役或者管制，並處罰金；情節嚴重的，處三年以上七年以下有期徒刑，並處罰金。

單位犯第二款、第三款、第四款罪的，對單位判處罰金，並對其直接負責的主管人員和其他直接責任人員，依照各該款的規定處罰。

利用、教唆未成年人走私、販賣、運輸、製造毒品，或者向未成年人出售毒品的，從重處罰。

對多次走私、販賣、運輸、製造毒品，未經處理的，毒品數量累計計算。

第三百四十八條

非法持有鴉片一千克以上、海洛因或者甲基苯丙胺五十克以上或者其他毒品數量大的，處七年以上有期徒刑或者無期徒刑，並處罰金；非法持有鴉片二百克以上不滿一千克、海洛因或者甲基苯丙胺十克以上不滿五十克或者其他毒品數量較大的，處三年以下有期徒刑、拘役或者管制，並處罰金；情節嚴重的，處三年以上七年以下有期徒刑，並處罰金。

第三百四十九條

包庇走私、販賣、運輸、製造毒品的犯罪分子的，為犯罪分子窩藏、轉移、隱瞞毒品或者犯罪所得的財物的，處三年以下有期徒刑、拘役或者管制；情節嚴重的，處三年以上十年以下有期徒刑。

緝毒人員或者其他國家機關工作人員掩護、包庇走私、販賣、運輸、製造毒品的犯罪分子的，依照前款的規定從重處罰。

犯前兩款罪，事先通謀的，以走私、販賣、運輸、製造毒品罪的共犯論處。

第三百五十條

違反國家規定，非法運輸、攜帶醋酸酐、乙醚、三氯甲烷或者其他用於製造毒品的原料或者配劑進出境的，或者違反國家規定，在境內非法買賣上述物品的，處三年以下有期徒刑、拘役或者管制，並處罰金；數量大的，處三年以上十年以下有期徒刑，並處罰金。

明知他人製造毒品而為其提供前款規定的物品的，以製造毒品罪的共犯論處。

單位犯前兩款罪的，對單位判處罰金，並對其直接負責的主管人員和其他直接責任人員，依照前兩款的規定處罰。

第三百五十一條

非法種植罌粟、大麻等毒品原植物的，一律強制鏟除。有下列情形之一的，處五年以下有期徒刑、拘役或者管制，並處罰金:

(一) 種植罌粟五百株以上不滿三千株或者其他毒品原植物數量較大的；

(二) 經公安機關處理後又種植的；

(三) 抗拒鏟除的。

非法種植罌粟三千株以上或者其他毒品原植物數量大的，處五年以上有期徒刑，並處罰金或者沒收財產。

非法種植罌粟或者其他毒品原植物，在收獲前自動鏟除的，可以免除處罰。

第三百五十二條

非法買賣、運輸、攜帶、持有未經滅活的罌粟等毒品原植物種子或者幼苗，數量較大的，處三年以下有期徒刑、拘役或者管制，並處或者單處罰金。

第三百五十三條

引誘、教唆、欺騙他人吸食、註射毒品的，處三年以下有期徒刑、拘役或者管制，並處罰金；情節嚴重的，處三年以上七年以下有期徒刑，並處罰金。

強迫他人吸食、注射毒品的，處三年以上十年以下有期徒刑，並處罰金。

引誘、教唆、欺騙或者強迫未成年人吸食、注射毒品的，從重處罰。

第三百五十四條

容留他人吸食、注射毒品的，處三年以下有期徒刑、拘役或者管制，並處罰金。

第三百五十五條

依法從事生產、運輸、管理、使用國家管制的麻醉藥品、精神藥品的人員，違反國家規定，向吸食、注射毒品的人提供國家規定管制的能夠使人形成癮癖的麻醉藥品、精神藥品的，處三年以下有期徒刑或者拘役，並處罰金；情節嚴重的，處三年以上七年以下有期徒刑，並處罰金。向走私、販賣毒品的犯罪分子或者以牟利為目的，向吸食、注射毒品的人提供國家規定管制的能夠使人形成癮癖的麻醉藥品、精神藥品的，依照本法第三百四十七條的規定定罪處罰。

單位犯前款罪的，對單位判處罰金，並對其直接負責的主管人員和其他直接責任人員，依照前款的規定處罰。

第三百五十六條

因走私、販賣、運輸、製造、非法持有毒品罪被判過刑，又犯本節規定之罪的，從重處罰。

第三百五十七條

本法所稱的毒品，是指鴉片、海洛因、甲基苯丙胺（冰毒）、嗎啡、大麻、可卡因以及國家規定管制的其他能夠使人形成癮癖的麻醉藥品和精神藥品。

毒品的數量以查證屬實的走私、販賣、運輸、製造、非法持有毒品的數量計算，不以純度折算。

第八節　組織、強迫、引誘、容留、介紹賣淫罪

第三百五十八條

組織他人賣淫或者強迫他人賣淫的，處五年以上十年以下有期徒刑，並處罰金；有下列情形之一的，處十年以上有期徒刑或者無期徒刑，並處罰金或者沒收財產：

(一) 組織他人賣淫，情節嚴重的；

(二) 強迫不滿十四週歲的幼女賣淫的；

(三) 強迫多人賣淫或者多次強迫他人賣淫的；

(四) 強姦後迫使賣淫的；

(五) 造成被強迫賣淫的人重傷、死亡或者其他嚴重後果的。

有前款所列情形之一，情節特別嚴重的，處無期徒刑或者死刑，並處沒收財產。

協助組織他人賣淫的，處五年以下有期徒刑，並處罰金；情節嚴重的，處五年以上十年以下有期徒刑，並處罰金。

第三百五十九條

引誘、容留、介紹他人賣淫的，處五年以下有期徒刑、拘役或者管制，並處罰金；情節嚴重的，處五年以上有期徒刑，並處罰金。

引誘不滿十四週歲的幼女賣淫的，處五年以上有期徒刑，並處罰金。

第三百六十條

明知自己患有梅毒、淋病等嚴重性病賣淫、嫖娼的，處五年以下有期徒刑、拘役或者管制，並處罰金。

嫖宿不滿十四週歲的幼女的，處五年以上有期徒刑，並處罰金。

第三百六十一條

旅館業、飲食服務業、文化娛樂業、出租汽車業等單位的人員，利用本單位的條件，組織、強迫、引誘、容留、介紹他人賣淫的，依照本法第三百五十八條、第三百五十九條的規定定罪處罰。

前款所列單位的主要負責人，犯前款罪的，從重處罰。

第三百六十二條

旅館業、飲食服務業、文化娛樂業、出租汽車業等單位的人員，在公安機關查處賣淫、嫖娼活動時，為違法犯罪分子通風報信，情節嚴重的，依照本法第三百一十條的規定定罪處罰。

第九節　製作、販賣、傳播淫穢物品罪

第三百六十三條

以牟利為目的，製作、複製、出版、販賣、傳播淫穢物品的，處三年以下有期徒刑、拘役或者管制，並處罰金；情節嚴重的，處三年以上十年以下有期徒刑，並處罰金；情節特別嚴重的，處十年以上有期徒刑或者無期徒刑，並處罰金或者沒收財產。

為他人提供書號，出版淫穢書刊的，處三年以下有期徒刑、拘役或者管制，並處或者單處罰金；明知他人用於出版淫穢書刊而提供書號的，依照前款的規定處罰。

第三百六十四條

傳播淫穢的書刊、影片、音像、圖片或者其他淫穢物品，情節嚴重的，處二年以下有期徒刑、拘役或者管制。

組織播放淫穢的電影、錄像等音像製品的，處三年以下有期徒刑、拘役或者管制，並處罰金；情節嚴重的，處三年以上十年以下有期徒刑，並處罰金。

製作、複製淫穢的電影、錄像等音像製品組織播放的，依照第二款的規定從重處罰。

向不滿十八週歲的未成年人傳播淫穢物品的，從重處罰。

第三百六十五條

組織進行淫穢表演的，處三年以下有期徒刑、拘役或者管制，並處罰金；情節嚴重的，處三年以上十年以下有期徒刑，並處罰金。

第三百六十六條

單位犯本節第三百六十三條、第三百六十四條、第三百六十五條規定之罪的，對單位判處罰金，並對其直接負責的主管人員和其他直接責任人員，依照各該條的規定處罰。

第三百六十七條

本法所稱淫穢物品，是指具體描繪性行為或者露骨宣揚色情的誨淫性的書刊、影片、錄像帶、錄音帶、圖片及其他淫穢物品。

有關人體生理、醫學知識的科學著作不是淫穢物品。

包含有色情內容的有藝術價值的文學、藝術作品不視為淫穢物品。

第七章　危害國防利益罪

第三百六十八條

以暴力、威脅方法阻礙軍人依法執行職務的，處三年以下有期徒刑、拘役、管制或者罰金。

故意阻礙武裝部隊軍事行動，造成嚴重後果的，處五年以下有期徒刑或者拘役。

第三百六十九條

破壞武器裝備、軍事設施、軍事通信的，處三年以下有期徒刑、拘役或者管制；破壞重要武器裝備、軍事設施、軍事通信的，處三年以上十年以下有期徒刑；情節特別嚴重的，處十年以上有期徒刑、無期徒刑或者死刑。戰時從重處罰。

第三百七十條

明知是不合格的武器裝備、軍事設施而提供給武裝部隊的，處五年以下有期徒刑或者拘役；情節嚴重的，處五年以上十年以下有期徒刑；情節特別嚴重的，處十年以上有期徒刑、無期徒刑或者死刑。

過失犯前款罪，造成嚴重後果的，處三年以下有期徒刑或者拘役；造成特別嚴重後果的，處三年以上七年以下有期徒刑。

單位犯第一款罪的，對單位判處罰金，並對其直接負責的主管人員和其他直接責任人員，依照第一款的規定處罰。

第三百七十一條

聚眾沖擊軍事禁區，嚴重擾亂軍事禁區秩序的，對首要分子，處五年以上十年以下有期徒刑；對其他積極參加的，處五年以下有期徒刑、拘役、管制或者剝奪政治權利。

聚眾擾亂軍事管理區秩序，情節嚴重，致使軍事管理區工作無法進行，造成嚴重損失的，對首要分子，處三年以上七年以下有期徒刑；對其他積極參加的，處三年以下有期徒刑、拘役、管制或者剝奪政治權利。

第三百七十二條

冒充軍人招搖撞騙的，處三年以下有期徒刑、拘役、管制或者剝奪政治權利；情節嚴重的，處三年以上十年以下有期徒刑。

第三百七十三條

煽動軍人逃離部隊或者明知是逃離部隊的軍人而雇用，情節嚴重的，處三年以下有期徒刑、拘役或者管制。

第三百七十四條

在征兵工作中徇私舞弊，接送不合格兵員，情節嚴重的，處三年以下有期徒刑或者拘役；造成特別嚴重後果的，處三年以上七年以下有期徒刑。

第三百七十五條

偽造、變造、買賣或者盜竊、搶奪武裝部隊公文、證件、印章的，處三年以下有期徒刑、拘役、管制或者剝奪政治權利；情節嚴重的，處三年以上十年以下有期徒刑。

非法生產、買賣武裝部隊制式服裝、車輛號牌等專用標志，情節嚴重的，處三年以下有期徒刑、拘役或者管制，並處或者單處罰金。

單位犯第二款罪的，對單位判處罰金，並對其直接負責的主管人員和其他直接責任人員，依照該款的規定處罰。

第三百七十六條

預備役人員戰時拒絕、逃避征召或者軍事訓練，情節嚴重的，處三年以下有期徒刑或者拘役。

公民戰時拒絕、逃避服役，情節嚴重的，處二年以下有期徒刑或者拘役。

第三百七十七條

戰時故意向武裝部隊提供虛假敵情，造成嚴重後果的，處三年以上十年以下有期徒刑；造成特別嚴重後果的，處十年以上有期徒刑或者無期徒刑。

第三百七十八條

戰時造謠惑眾，擾亂軍心的，處三年以下有期徒刑、拘役或者管制；情節嚴重的，處三年以上十年以下有期徒刑。

第三百七十九條

戰時明知是逃離部隊的軍人而為其提供隱蔽處所、財物，情節嚴重的，處三年以下有期徒刑或者拘役。

第三百八十條

戰時拒絕或者故意延誤軍事訂貨，情節嚴重的，對單位判處罰金，並對其直接負責的主管人員和其他直接責任人員，處五年以下有期徒刑或者拘役；造成嚴重後果的，處五年以上有期徒刑。

第三百八十一條

戰時拒絕軍事征用，情節嚴重的，處三年以下有期徒刑或者拘役。

第八章　貪污賄賂罪

第三百八十二條

國家工作人員利用職務上的便利，侵吞、竊取、騙取或者以其他手段非法占有公共財物的，是貪污罪。

受國家機關、國有公司、企業、事業單位、人民團體委托管理、經營國有財產的人員，利用職務上的便利，侵吞、竊取、騙取或者以其他手段非法占有國有財物的，以貪污論。

與前兩款所列人員勾結，伙同貪污的，以共犯論處。

第三百八十三條

對犯貪污罪的，根據情節輕重，分別依照下列規定處罰：

(一) 個人貪污數額在十萬元以上的，處十年以上有期徒刑或者無期徒刑，可以並處沒收財產；情節特別嚴重的，處死刑，並處沒收財產。

(二) 個人貪污數額在五萬元以上不滿十萬元的，處五年以上有期徒刑，可以並處沒收財產；情節特別嚴重的，處無期徒刑，並處沒收財產。

(三) 個人貪污數額在五千元以上不滿五萬元的，處一年以上七年以下有期徒刑；情節嚴重的，處七年以上十年以下有期徒刑。個人貪污數額在五千元以上不滿一萬元，犯罪後有悔改表現、積極退贓的，可以減輕處罰或者免予刑事處罰，由其所在單位或者上級主管機關給予行政處分。

(四) 個人貪污數額不滿五千元，情節較重的，處二年以下有期徒刑或者拘役；情節較輕的，由其所在單位或者上級主管機關酌情給予行政處分。

對多次貪污未經處理的，按照累計貪污數額處罰。

第三百八十四條

國家工作人員利用職務上的便利，挪用公款歸個人使用，進行非法活動的，或者挪用公款數額較大、進行營利活動的，或者挪用公款數額較大、超過三個月未還的，是挪用公款罪，處五年以下有期徒刑或者拘役；情節嚴重的，處五年以上有期徒刑。挪用公款數額巨大不退還的，處十年以上有期徒刑或者無期徒刑。

挪用用於救災、搶險、防汛、優撫、扶貧、移民、救濟款物歸個人使用的，從重處罰。

第三百八十五條

國家工作人員利用職務上的便利，索取他人財物的，或者非法收受他人財物，為他人謀取利益的，是受賄罪。

國家工作人員在經濟往來中，違反國家規定，收受各種名義的回扣、手續費，歸個人所有的，以受賄論處。

第三百八十六條

對犯受賄罪的，根據受賄所得數額及情節，依照本法第三百八十三條的規定處罰。索賄的從重處罰。

第三百八十七條

國家機關、國有公司、企業、事業單位、人民團體，索取、非法收受他人財物，為他人謀取利益，情節嚴重的，對單位判處罰金，並對其直接負責的主管人員和其他直接責任人員，處五年以下有期徒刑或者拘役。

前款所列單位，在經濟往來中，在帳外暗中收受各種名義的回扣、手續費的，以受賄論，依照前款的規定處罰。

第三百八十八條

國家工作人員利用本人職權或者地位形成的便利條件，通過其他國家工作人員職務上的行為，為請托人謀取不正當利益，索取請托人財物或者收受請托人財物的，以受賄論處。

第三百八十九條

為謀取不正當利益，給予國家工作人員以財物的，是行賄罪。

在經往來中，違反國家規定，給予國家工作人員以財物，數額較大的，或者違反國家規定，給予國家工作人員以各種名義的回扣、手續費的，以行賄論處。

因被勒索給予國家工作人員以財物，沒有獲得不正當利益的，不是行賄。

第三百九十條

對犯行賄罪的，處五年以下有期徒刑或者拘役；因行賄謀取不正當利益，情節嚴重的，或者使國家利益遭受重大損失的，處五年以上十年以下有期徒刑；情節特別嚴重的，處十年以上有期徒刑或者無期徒刑，可以並處沒收財產。

行賄人在被追訴前主動交待行賄行為的，可以減輕處罰或者免除處罰。

第三百九十一條

為謀取不正當利益，給予國家機關、國有公司、企業、事業單位、人民團體以財物的，或者在經濟往來中，違反國家規定，給予各種名義的回扣、手續費的，處三年以下有期徒刑或者拘役。

單位犯前款罪的，對單位判處罰金，並對其直接負責的主管人員和其他直接責任人員，依照前款的規定處罰。

第三百九十二條

向國家工作人員介紹賄賂，情節嚴重的，處三年以下有期徒刑或者拘役。

介紹賄賂人在被追訴前主動交待介紹賄賂行為的，可以減輕處罰或者免除處罰。

第三百九十三條

單位為謀取不正當利益而行賄，或者違反國家規定，給予國家工作人員以回扣、手續費，情節嚴重的，對單位判處罰金，並對其直接負責的主管人員和其他直接責任人員，處五年以下有期徒刑或者拘役。因行賄取得的違法所得歸個人所有的，依照本法第三百八十九條、第三百九十條的規定定罪處罰。

第三百九十四條

國家工作人員在國內公務活動或者對外交往中接受禮物，依照國家規定應當交公而不交公，數額較大的，依照本法第三百八十二條、第三百八十三條的規定定罪處罰。

第三百九十五條

國家工作人員的財產或者支出明顯超過合法收入，差額巨大的，可以責令說明來源。本人不能說明其來源是合法的，差額部分以非法所得論，處五年以下有期徒刑或者拘役，財產的差額部分予以追繳。

國家工作人員在境外的存款，應當依照國家規定申報。數額較大、隱瞞不報的，處二年以下有期徒刑或者拘役；情節較輕的，由其所在單位或者上級主管機關酌情給予行政處分。

第三百九十六條

國家機關、國有公司、企業、事業單位、人民團體，違反國家規定，以單位名義將國有資產集體私分給個人，數額較大的，對其直接負責的主管人員和其他直接責任人員，處三年以下有期徒刑或者拘役，並處或者單處罰金；數額巨大的，處三年以上七年以下有期徒刑，並處罰金。

司法機關、行政執法機關違反國家規定，將應當上繳國家的罰沒財物，以單位名義集體私分給個人的，依照前款的規定處罰。

第九章　瀆職罪

第三百九十七條

國家機關工作人員濫用職權或者玩忽職守，致使公共財產、國家和人民利益遭受重大損失的，處三年以下有期徒刑或者拘役；情節特別嚴重的，處三年以上七年以下有期徒刑。本法另有規定的，依照規定。

國家機關工作人員徇私舞弊，犯前款罪的，處五年以下有期徒刑或者拘役；情節特別嚴重的，處五年以上十年以下有期徒刑。本法另有規定的，依照規定。

第三百九十八條

國家機關工作人員違反保守國家秘密法的規定，故意或者過失泄露國家秘密，情節嚴重的，處三年以下有期徒刑或者拘役；情節特別嚴重的，處三年以上七年以下有期徒刑。

非國家機關工作人員犯前款罪的，依照前款的規定酌情處罰。

第三百九十九條

司法工作人員徇私枉法、徇情枉法，對明知是無罪的人而使他受追訴、對明知是有罪的人而故意包庇不使他受追訴，或者在刑事審判活動中故意違背事實和法律作枉法裁判的，處五年以下有期徒刑或者拘役；情節嚴重的，處五年以上十年以下有期徒刑；情節特別嚴重的，處十年以上有期徒刑。

在民事、行政審判活動中故意違背事實和法律作枉法裁判，情節嚴重的，處五年以下有期徒刑或者拘役；情節特別嚴重的，處五年以上十年以下有期徒刑。

司法工作人員貪贓枉法，有前兩款行為的，同時又構成本法第三百八十五條規定之罪的，依照處罰較重的規定定罪處罰。

第四百條

司法工作人員私放在押的犯罪嫌疑人、被告人或者罪犯的，處五年以下有期徒刑或者拘役；情節嚴重的，處五年以上十年以下有期徒刑；情節特別嚴重的，處十年以上有期徒刑。

司法工作人員由於嚴重不負責任，致使在押的犯罪嫌疑人、被告人或者罪犯脫逃，造成嚴重後果的，處三年以下有期徒刑或者拘役；造成特別嚴重後果的，處三年以上十年以下有期徒刑。

第四百零一條

司法工作人員徇私舞弊，對不符合減刑、假釋、暫予監外執行條件的罪犯，予以減刑、假釋或者暫予監外執行的，處三年以下有期徒刑或者拘役；情節嚴重的，處三年以上七年以下有期徒刑。

第四百零二條

行政執法人員徇私舞弊，對依法應當移交司法機關追究刑事責任的不移交，情節嚴重的，處三年以下有期徒刑或者拘役；造成嚴重後果的，處三年以上七年以下有期徒刑。

第四百零三條

國家有關主管部門的國家機關工作人員，徇私舞弊，濫用職權，對不符合法律規定條件的公司設立、登記申請或者股票、債券發行、上市申請，予以批準或者登記，致使公共財產、國家和人民利益遭受重大損失的，處五年以下有期徒刑或者拘役。

上級部門強令登記機關及其工作人員實施前款行為的，對其直接負責的主管人員，依照前款的規定處罰。

第四百零四條

稅務機關的工作人員徇私舞弊，不征或者少征應征稅款，致使國家稅收遭受重大損失的，處五年以下有期徒刑或者拘役；造成特別重大損失的，處五年以上有期徒刑。

第四百零五條

稅務機關的工作人員違反法律、行政法規的規定，在辦理發售發票、抵扣稅款、出口退稅工作中，徇私舞弊，致使國家利益遭受重大損失的，處五年以下有期徒刑或者拘役；致使國家利益遭受特別重大損失的，處五年以上有期徒刑。

其他國家機關工作人員違反國家規定，在提供出口貨物報關單、出口收匯核銷單等出口退稅憑證的工作中，徇私舞弊，致使國家利益遭受重大損失的，依照前款的規定處罰。

第四百零六條

國家機關工作人員在簽訂、履行合同過程中，因嚴重不負責任被詐騙，致使國家利益遭受重大損失的，處三年以下有期徒刑或者拘役；致使國家利益遭受特別重大損失的，處三年以上七年以下有期徒刑。

第四百零七條

林業主管部門的工作人員違反森林法的規定，超過批準的年採伐限額發放林木採伐許可證或者違反規定濫發林木採伐許可證，情節嚴重，致使森林遭受嚴重破壞的，處三年以下有期徒刑或者拘役。

第四百零八條

負有環境保護監督管理職責的國家機關工作人員嚴重不負責任，導致發生重大環境污染事故，致使公私財產遭受重大損失或者造成人身傷亡的嚴重後果的，處三年以下有期徒刑或者拘役。

第四百零九條

從事傳染病防治的政府衛生行政部門的工作人員嚴重不負責任，導致傳染病傳播或者流行，情節嚴重的，處三年以下有期徒刑或者拘役。

第四百一十條

國家機關工作人員徇私舞弊，違反土地管理法規，濫用職權，非法批準征用、占用土地，或者非法低價出讓國有土地使用權，情節嚴重的，處三年以下有期徒刑或者拘役；致使國家或者集體利益遭受特別重大損失的，處三年以上七年以下有期徒刑。

第四百一十一條

海關工作人員徇私舞弊，放縱走私，情節嚴重的，處五年以下有期徒刑或者拘役；情節特別嚴重的，處五年以上有期徒刑。

第四百一十二條

國家商檢部門、商檢機構的工作人員徇私舞弊，偽造檢驗結果的，處五年以下有期徒刑或者拘役；造成嚴重後果的，處五年以上十年以下有期徒刑。

前款所列人員嚴重不負責任，對應當檢驗的物品不檢驗，或者延誤檢驗出證、錯誤出證，致使國家利益遭受重大損失的，處三年以下有期徒刑或者拘役。

第四百一十三條

動植物檢疫機關的檢疫人員徇私舞弊，偽造檢疫結果的，處五年以下有期徒刑或者拘役；造成嚴重後果的，處五年以上十年以下有期徒刑。

前款所列人員嚴重不負責任，對應當檢疫的檢疫物不檢疫，或者延誤檢疫出證、錯誤出證，致使國家利益遭受重大損失的，處三年以下有期徒刑或者拘役。

第四百一十四條

對生產、銷售偽劣商品犯罪行為負有追究責任的國家機關工作人員，徇私舞弊，不履行法律規定的追究職責，情節嚴重的，處五年以下有期徒刑或者拘役。

第四百一十五條

負責辦理護照、簽證以及其他出入境證件的國家機關工作人員，對明知是企圖偷越國（邊）境的人員，予以辦理出入境證件的，或者邊防、海關等國家機關工作人員，對明知是偷越國（邊）境的人員，予以放行的，處三年以下有期徒刑或者拘役；情節嚴重的，處三年以上七年以下有期徒刑。

第四百一十六條

對被拐賣、綁架的婦女、兒童負有解救職責的國家機關工作人員，接到被拐賣、綁架的婦女、兒童及其家屬的解救要求或者接到其他人的舉報，而對被拐賣、綁架的婦女、兒童不進行解救，造成嚴重後果的，處五年以下有期徒刑或者拘役。

負有解救職責的國家機關工作人員利用職務阻礙解救的，處二年以上七年以下有期徒刑；情節較輕的，處二年以下有期徒刑或者拘役。

第四百一十七條

有查禁犯罪活動職責的國家機關工作人員，向犯罪分子通風報信、提供便利，幫助犯罪分子逃避處罰的，處三年以下有期徒刑或者拘役；情節嚴重的，處三年以上十年以下有期徒刑。

第四百一十八條

國家機關工作人員在招收公務員、學生工作中徇私舞弊，情節嚴重的，處三年以下有期徒刑或者拘役。

第四百一十九條

國家機關工作人員嚴重不負責任，造成珍貴文物損毀或者流失，後果嚴重的，處三年以下有期徒刑或者拘役。

第十章　軍人違反職責罪

第四百二十條

軍人違反職責，危害國家軍事利益，依照法律應當受刑罰處罰的行為，是軍人違反職責罪。

第四百二十一條

戰時違抗命令，對作戰造成危害的，處三年以上十年以下有期徒刑；致使戰鬥、戰役遭受重大損失的，處十年以上有期徒刑、無期徒刑或者死刑。

第四百二十二條

故意隱瞞、謊報軍情或者拒傳、假傳軍令，對作戰造成危害的，處三年以上十年以下有期徒刑；致使戰鬥、戰役遭受重大損失的，處十年以上有期徒刑、無期徒刑或者死刑。

第四百二十三條

在戰場上貪生怕死，自動放下武器投降敵人的，處三年以上十年以下有期徒刑；情節嚴重的，處十年以上有期徒刑或者無期徒刑。

投降後為敵人效勞的，處十年以上有期徒刑、無期徒刑或者死刑。

第四百二十四條

戰時臨陣脫逃的，處三年以下有期徒刑；情節嚴重的，處三年以上十年以下有期徒刑；致使戰鬥、戰役遭受重大損失的，處十年以上有期徒刑、無期徒刑或者死刑。

第四百二十五條

指揮人員和值班、值勤人員擅離職守或者玩忽職守，造成嚴重後果的，處三年以下有期徒刑或者拘役；造成特別嚴重後果的，處三年以上七年以下有期徒刑。

戰時犯前款罪的，處五年以上有期徒刑。

第四百二十六條

以暴力、威脅方法，阻礙指揮人員或者值班、值勤人員執行職務的，處五年以下有期徒刑或者拘役；情節嚴重的，處五年以上有期徒刑；致人重傷、死亡的，或者有其他特別嚴重情節的，處無期徒刑或者死刑。戰時從重處罰。

第四百二十七條

濫用職權，指使部屬進行違反職責的活動，造成嚴重後果的，處五年以下有期徒刑或者拘役；情節特別嚴重的，處五年以上十年以下有期徒刑。

第四百二十八條

指揮人員違抗命令，臨陣畏縮，作戰消極，造成嚴重後果的，處五年以下有期徒刑；致使戰鬥、戰役遭受重大損失或者有其他特別嚴重情節的，處五年以上有期徒刑。

第四百二十九條

在戰場上明知友鄰部隊處境危急請求救援，能救援而不救援，致使友鄰部隊遭受重大損失的，對指揮人員，處五年以下有期徒刑。

第四百三十條

在履行公務期間，擅離崗位，叛逃境外或者在境外叛逃，危害國家軍事利益的，處五年以下有期徒刑或者拘役；情節嚴重的，處五年以上有期徒刑。

駕駛航空器、艦船叛逃的，或者有其他特別嚴重情節的，處十年以上有期徒刑、無期徒刑或者死刑。

第四百三十一條

以竊取、刺探、收買方法，非法獲取軍事秘密的，處五年以下有期徒刑；情節嚴重的，處五年以上十年以下有期徒刑；情節特別嚴重的，處十年以上有期徒刑。

為境外的機構、組織、人員竊取、刺探、收買、非法提供軍事秘密的，處十年以上有期徒刑、無期徒刑或者死刑。

第四百三十二條

違反保守國家秘密法規，故意或者過失泄露軍事秘密，情節嚴重的，處五年以下有期徒刑或者拘役；情節特別嚴重的，處五年以上十年以下有期徒刑。

戰時犯前款罪的，處五年以上十年以下有期徒刑；情節特別嚴重的，處十年以上有期徒刑或者無期徒刑。

第四百三十三條

戰時造謠惑眾，動搖軍心的，處三年以下有期徒刑；情節嚴重的，處三年以上十年以下有期徒刑。

勾結敵人造謠惑眾，動搖軍心的，處十年以上有期徒刑或者無期徒刑；情節特別嚴重的，可以判處死刑。

第四百三十四條

戰時自傷身體，逃避軍事義務的，處三年以下有期徒刑；情節嚴重的，處三年以上七年以下有期徒刑。

第四百三十五條

違反兵役法規，逃離部隊，情節嚴重的，處三年以下有期徒刑或者拘役。

戰時犯前款罪的，處三年以上七年以下有期徒刑。

第四百三十六條

違反武器裝備使用規定，情節嚴重，因而發生責任事故，致人重傷、死亡或者造成其他嚴重後果的，處三年以下有期徒刑或者拘役；後果特別嚴重的，處三年以上七年以下有期徒刑。

第四百三十七條

違反武器裝備管理規定，擅自改變武器裝備的編配用途，造成嚴重後果的，處三年以下有期徒刑或者拘役；造成特別嚴重後果的，處三年以上七年以下有期徒刑。

第四百三十八條

盜竊、搶奪武器裝備或者軍用物資的，處五年以下有期徒刑或者拘役；情節嚴重的，處五年以上十年以下有期徒刑；情節特別嚴重的，處十年以上有期徒刑、無期徒刑或者死刑。

盜竊、搶奪槍枝、彈藥、爆炸物的，依照本法第一百二十七條的規定處罰。

第四百三十九條

非法出賣、轉讓軍隊武器裝備的，處三年以上十年以下有期徒刑；出賣、轉讓大量武器裝備或者有其他特別嚴重情節的，處十年以上有期徒刑、無期徒刑或者死刑。

第四百四十條

違抗命令，遺棄武器裝備的，處五年以下有期徒刑或者拘役；遺棄重要或者大量武器裝備的，或者有其他嚴重情節的，處五年以上有期徒刑。

第四百四十一條

遺失武器裝備，不及時報告或者有其他嚴重情節的，處三年以下有期徒刑或者拘役。

第四百四十二條

違反規定，擅自出賣、轉讓軍隊房地產，情節嚴重的，對直接責任人員，處三年以下有期徒刑或者拘役；情節特別嚴重的，處三年以上十年以下有期徒刑。

第四百四十三條

濫用職權，虐待部屬，情節惡劣，致人重傷或者造成其他嚴重後果的，處五年以下有期徒刑或者拘役；致人死亡的，處五年以上有期徒刑。

第四百四十四條

在戰場上故意遺棄傷病軍人，情節惡劣的，對直接責任人員，處五年以下有期徒刑。

第四百四十五條

戰時在救護治療職位上，有條件救治而拒不救治危重傷病軍人的，處五年以下有期徒刑或者拘役；造成傷病軍人重殘、死亡或者有其他嚴重情節的，處五年以上十年以下有期徒刑。

第四百四十六條

戰時在軍事行動地區，殘害無辜居民或者掠奪無辜居民財物的，處五年以下有期徒刑；情節嚴重的，處五年以上十年以下有期徒刑；情節特別嚴重的，處十年以上有期徒刑、無期徒刑或者死刑。

第四百四十七條

私放俘虜的，處五年以下有期徒刑；私放重要俘虜、私放俘虜多人或者有其他嚴重情節的，處五年以上有期徒刑。

第四百四十八條

虐待俘虜，情節惡劣的，處三年以下有期徒刑。

第四百四十九條

在戰時，對被判處三年以下有期徒刑沒有現實危險宣告緩刑的犯罪軍人，允許其戴罪立功，確有立功表現時，可以撤銷原判刑罰，不以犯罪論處。

第四百五十條

本章適用於中國人民解放軍的現役軍官、文職干部、士兵及具有軍籍的學員和中國人民武裝警察部隊的現役警官、文職干部、士兵及具有軍籍的學員以及執行軍事任務的預備役人員和其他人員。

第四百五十一條

本章所稱戰時，是指國家宣布進入戰爭狀態、部隊受領作戰任務或者遭敵突然襲擊時。

部隊執行戒嚴任務或者處置突發性暴力事件時，以戰時論。

附　則

第四百五十二條

本法自 1997 年 10 月 1 日起施行。

列於本法附件一的全國人民代表大會常務委員會制定的條例、補充規定和決定，已納入本法或者已不適用，自本法施行之日起，予以廢止。

列於本法附件二的全國人民代表大會常務委員會制定的補充規定和決定予以保留，其中，有關行政處罰和行政措施的規定繼續有效；有關刑事責任的規定已納入本法，自本法施行之日起，適用本法規定。

附件一

全國人民代表大會常務委員會制定的下列條例、補充規定和決定，已納入本法或者已不適用，自本法施行之日起，予以廢止：

1. 中華人民共和國懲治軍人違反職責罪暫行條例
2. 關於嚴懲嚴重破壞經濟的罪犯的決定
3. 關於嚴懲嚴重危害社會治安的犯罪分子的決定
4. 關於懲治走私罪的補充規定
5. 關於懲治貪污罪、賄賂罪的補充規定
6. 關於懲治洩露國家秘密犯罪的補充規定
7. 關於懲治捕殺國家重點保護的珍貴、瀕危野生動物犯罪的補充規定
8. 關於懲治侮辱中華人民共和國國旗國徽罪的決定
9. 關於懲治盜掘古文化遺址古墓葬犯罪的補充規定
10. 關於懲治劫持航空器犯罪分子的決定
11. 關於懲治假冒註冊商標犯罪的補充規定
12. 關於懲治生產、銷售偽劣商品犯罪的決定
13. 關於懲治侵犯著作權的犯罪的決定
14. 關於懲治違反公司法的犯罪的決定
15. 關於處理逃跑或者重新犯罪的勞改犯和勞教人員的決定

附件二

全國人民代表大會常務委員會制定的下列補充規定和決定予以保留，其中，有關行政處罰和行政措施的規定繼續有效；有關刑事責任的規定已納入本法，自本法施行之日起，適用本法規定：

1. 關於禁毒的決定
2. 關於懲治走私、製作、販賣、傳播淫穢物品的犯罪分子的決定
3. 關於嚴懲拐賣、綁架婦女、兒童的犯罪分子的決定
4. 關於嚴禁賣淫嫖娼的決定
5. 關於懲治偷稅、抗稅犯罪的補充規定
6. 關於嚴懲組織、運送他人偷越國（邊）境犯罪的補充規定
7. 關於懲治破壞金融秩序犯罪的決定
8. 關於懲治虛開、偽造和非法出售增值稅專用發票犯罪的決定

國家圖書館出版品預行編目

投資中國需預防的 72 種經濟犯罪陷阱 ： 投資中國自我保護法律完全手冊 / 彭思舟著. -- 一版. -- 臺北市 ： 秀威資訊科技, 2006[民 95]
面 ； 公分. -- (商業企管 ; PI0004)

ISBN 978-986-7080-52-3(平裝)

1. 經濟犯罪 － 中國大陸 － 案例 2. 經濟刑法 － 中國大陸 － 法規論述

548.546 95009326

商業企管類 PI0004

投資中國需預防的 72 種經濟犯罪陷阱
——投資中國自我保護法律完全手冊

作　　者 / 彭思舟
發 行 人 / 宋政坤
執行編輯 / 林世玲
圖文排版 / 張慧雯
封面設計 / 羅季芬
數位轉譯 / 徐真玉　沈裕閔
圖書銷售 / 林怡君
法律顧問 / 毛國樑　律師
出版印製 / 秀威資訊科技股份有限公司
台北市內湖區瑞光路 76 巷 65 號 1 樓
電話：02-2796-3638　　傳真：02-2796-1377
E-mail：service@showwe.com.tw
經 銷 商 / 紅螞蟻圖書有限公司
台北市內湖區舊宗路二段 121 巷 28、32 號 4 樓
電話：02-2795-3656　　傳真：02-2795-4100
http://www.e-redant.com

2006 年 5 月 BOD 一版
定價：380 元

讀者回函卡

感謝您購買本書，為提升服務品質，請填妥以下資料，將讀者回函卡直接寄回或傳真本公司，收到您的寶貴意見後，我們會收藏記錄及檢討，謝謝！如您需要了解本公司最新出版書目、購書優惠或企劃活動，歡迎您上網查詢或下載相關資料：http:// www.showwe.com.tw

您購買的書名：______________________________

出生日期：________年________月________日

學歷：□高中（含）以下　□大專　□研究所（含）以上

職業：□製造業　□金融業　□資訊業　□軍警　□傳播業　□自由業
□服務業　□公務員　□教職　□學生　□家管　□其它______

購書地點：□網路書店　□實體書店　□書展　□郵購　□贈閱　□其他

您從何得知本書的消息？

□網路書店　□實體書店　□網路搜尋　□電子報　□書訊　□雜誌
□傳播媒體　□親友推薦　□網站推薦　□部落格　□其他__________

您對本書的評價：（請填代號　1.非常滿意　2.滿意　3.尚可　4.再改進）

封面設計____　版面編排____　內容____　文／譯筆____　價格____

讀完書後您覺得：

□很有收穫　□有收穫　□收穫不多　□沒收穫

對我們的建議：______________________________

____

____

____

請貼
郵票

11466
台北市內湖區瑞光路 76 巷 65 號 1 樓
秀威資訊科技股份有限公司　收
BOD 數位出版事業部

....

（請沿線對折寄回，謝謝！）

姓　名：__________　年齡：_____　性別：□女　□男

郵遞區號：□□□□□

地　址：____________________

聯絡電話：(日) __________ (夜) __________

E-mail：____________________